DU MÊME AUTEUR

VAL PARADIS, *roman*, Paris, Gallimard, coll. « L'Infini », 2004 (« Folio », *n° 4313*).

UNE NUIT À POMPÉI, *roman*, Gallimard, 2008.

Essais

LE COMMISSARIAT AUX ARCHIVES, Barrault, 1986.

PALETTES, Paris, Gallimard, coll. « L'Infini », 1998.

MICHEL FOUCAULT, UNE JOURNÉE PARTICULIÈRE, Lyon, Aedelsa, 2004.

L'ART PRIS AU MOT, *en collaboration avec Henri Scepi, Dominique Moncond'huy et Valérie Lagier*, Paris, Gallimard, 2007.

LUMIÈRE DE L'IMAGE, Paris, Gallimard, 2008 (« Folio » *n° 4683*).

Entretiens

UNE VIE POUR L'ART. ENTRETIENS AVEC DINA VIERNY, Paris, Gallimard, coll. « Témoins de l'art », à paraître en 2009.

Traductions

Allen Ginsberg, OM…, *documents et entretiens*, Paris, Éd. du Seuil, coll. « Tel Quel », 1973.

Edgar Allan Poe, NE PARIEZ JAMAIS VOTRE TÊTE AU DIABLE, et autres nouvelles non traduites par Baudelaire, Paris, Gallimard, 1989 (« Folio classique », *n° 2048*).

Préfaces

Alexandre Corréard et Jean-Baptiste Savigny, LE NAUFRAGE DE LA MÉDUSE, Gallimard, 2005 (« Folio classique », *n° 4262*).

UNE NUIT À POMPÉI

ALAIN JAUBERT

UNE NUIT
À POMPÉI

roman

nrf

GALLIMARD

Hic habitamus. Felices nos dii faciant.
(Nous habitons ici. Que les dieux nous rendent heureux.)

Inscription sur un mur de Pompéi.

Elle est debout devant moi, très nue, très blanche. Elle me tourne le dos. C'est une toute jeune femme à la chevelure frisée et coiffée en longues et savantes torsades. En appui sur sa jambe gauche, la droite un peu levée de façon à créer une légère dissymétrie dans son dos, elle penche la tête sur son épaule droite et tente de jeter un coup d'œil vers ses fesses comme pour vérifier qu'elles sont bien dénudées et tournées vers moi. Et, en effet, elle relève du bras gauche sa grande tunique plissée, découvrant ses jambes, ses cuisses, ses fesses et ses hanches. À la hauteur des reins, deux petites fossettes surmontent l'espèce de vallonnement en fourche qui précède la raie. Chaque fesse se rattache aux chairs de sa hanche par une ondulation délicate puis tombe, bien ronde et pleine, légèrement débordante vers le haut, refermant sa course en se soudant à l'arrière de la cuisse par une nouvelle ondulation. Les deux courbes, bordant et soulignant le bas des fesses, remontent un peu et se rejoignent sous la raie centrale. Dans le creux assez profond ouvert par la jonction de la raie, des anses charnues des fesses et du haut des cuisses, l'ombre est dense. J'aimerais m'approcher, passer la main sur ces chairs lisses et douces, me baisser, embrasser ces reins et ces rondeurs tendres, étreindre ces hanches, regarder de près cette zone creuse et ombreuse, essayer de voir au plus intime de cette région mystérieuse. Interdit de toucher ! Je ne peux aller plus loin. La jeune femme est de marbre et ne répondra ni à mes caresses ni à ma curiosité.

Elle s'est imposée à moi alors que j'observais d'autres courbes, d'autres plis, un autre trou sombre. Pourquoi ? Pourquoi cette figure vient-elle se superposer à ce paysage terrible que j'ai devant les yeux ? J'étais au sommet du Vésuve, je regardais le cratère lorsque cette statue de l'Aphrodite callipyge, « Aphrodite aux belles fesses », cette émouvante statue du musée de Naples, s'est soudain rappelée à mon souvenir.

Il faudrait peut-être commencer par le commencement. Je vais essayer de vous raconter une histoire. Une histoire brève et simple. Comme vous les aimez, n'est-ce pas ? Pourquoi celle-là plutôt qu'une autre ? Et brève et simple, facile à dire, c'est seulement « une nuit à Pompéi », une nuit c'est bref, mais en une nuit il peut se passer bien des choses, et pour comprendre la nuit il faut aussi raconter le jour qui précède et aussi un peu de ce qui suit, et puis rien n'est jamais très simple même dans les histoires les plus simples, parce qu'au moment où vous vous y attendez le moins il y a parfois quelqu'un qui vient perturber le bon déroulement des choses ou qui vient vous raconter une autre histoire, si bien que votre beau récit finit par être plutôt embrouillé, et sans doute que l'histoire ne sera ni brève ni simple. Enfin, essayons toujours. Je pourrais donc placer ce récit sous une invocation à Vénus-Aphrodite, comme le fait mon ami Lucrèce au début de son grand livre, et lui dire « Donne plus encore à mes mots, Ô Divine, une éternelle beauté » (*Quo magis aeternum da dictis, diva, leporem*, pour ceux qui aiment le latin).

Et d'ailleurs comment la raconter cette histoire ? Au passé simple, comme si je vous racontais une histoire déjà ancienne ? Au passé composé, comme si elle venait de se dérouler ? Au présent, comme si vous la viviez en même temps que moi ? Les trois à la fois ? Voyons si c'est possible. C'est une histoire d'amour, comme la plupart des histoires. Enfin d'une certaine forme d'amour, tout le monde ne s'entend pas sur le mot, n'est-ce pas ? Avec de vrais personnages qui existent et à qui, je crois, il vaudra mieux que je donne de vrais faux noms. Et ça parle aussi d'un lieu que tout le monde connaît et qui fait rêver, Pompéi. Vous pouvez considérer à votre guise tout ce qui va suivre comme le récit d'une aventure qui m'est bien arrivée ou comme un rêve qui m'est venu ce jour-là, au sommet d'un volcan et à la veille de mon anniversaire. Ainsi il est normal que ça commence avec le Vésuve, car peut-être que tout finira avec lui.

Ce matin, je suis donc monté au sommet et, à l'heure où commence pour vous mon récit, j'y suis toujours. Voilà, l'histoire a débuté. D'abord, je dois vous le dire, la vision fait peur, vraiment peur. Bien sûr, en arrière, il y a l'horizon à perte de vue, du côté de la terre, les montagnes, les collines, les routes et les villages, entre Caserte et Avellino, moutonnement gracieux qui se perd dans une brume violette, et, du côté de la mer, la baie bleu cobalt, sombre et lisse, avec ses caps et ses îles enchantées, Ischia, Procida, Nisida, Capri. Mais la splendeur attirante des lointains contraste avec ce qui s'ouvre devant moi, ce gouffre affreux,

13

effrayant qui semble prêt à m'aspirer. Immense, vide et silencieux, ce paysage-là. Dévasté, sec, rocheux, poudreux, apparemment sans vie. Mortel.

Lorsque je suis arrivé par avion de bonne heure, j'ai eu droit à une première séance de séduction du monstre. L'autorisation d'atterrir à Capodichino n'ayant pas été accordée tout de suite au pilote, celui-ci a commencé à faire de larges cercles autour de la ville et de son volcan. Éclairé à contre-jour par le soleil encore assez bas, le Vésuve ressemblait à une maquette de carton. C'était comme une bizarre maladie de peau de la croûte terrestre. Une sorte de grosse pustule dressée haut, mais une pustule crevée, vidée, grande ouverte, et dont les brides de la plaie se seraient depuis longtemps desséchées. Tronc de cône presque parfait, décapité et creusé. L'éclairage accentuait encore l'ombre du trou profond. Sommet ocre, mélange de jaune et de rose, trônant au-dessus de pentes plus grises et vertes sillonnées de fines rides creusées par l'érosion et peu à peu gagnées par la verdure sauvage du maquis, puis se métamorphosant à mesure que s'adoucissaient les pentes, en forêts, champs, terrasses de vignobles et d'oliviers, ponctuées par la touche claire des bâtiments isolés, maisons forestières, fermes, bassins d'irrigation, puis les pentes mourant dans cette étroite plaine du bord de mer où la densité des villages, des villes, des voies ferrées, des usines, des entrepôts, des rues et des routes a fini par former le cordon continu d'une immense banlieue étirée sur des kilomètres au sud de la ville. Et, au-delà, on retrouvait le vide de cette mer bleue juste striée de minces sillages d'un blanc vif. À mesure que l'avion tournait pour se rapprocher de l'aéroport, le cratère se déployait, montrant maintenant sa face intérieure ouest bien éclairée par le soleil levant et son arête tranchante. L'image du volcan dans le hublot fit place aux chantiers navals, aux citernes pétrolières géantes et aux usines de la zone industrielle, on atterrit bientôt.

Le volcan vu d'avion m'avait donné une envie subite de le revoir de plus près. Et même, je ne sais pourquoi, de le revoir tout de suite. Pour le reste, je n'étais pas pressé. Je pris un taxi, me fis conduire au port, laissai mon sac à la consigne de la gare maritime et demandai au chauffeur de m'amener au pied du Vésuve. Traversée de la ville et des banlieues, autoroute jusqu'à la sortie d'Herculanum, puis la route de la montagne. Le chauffeur était assez content de sa course. Belle journée pour lui ! Il m'a déposé au bout du parking, à l'entrée même du chemin. Je lui ai demandé de revenir me prendre trois heures plus tard. Il me promit d'être là à deux heures pile. J'ai acheté un ticket, évité les guides qui vous proposent avec empressement leurs services et pris la direction du sommet. Impossible d'aller tout droit, la pente est trop forte. Un large chemin a été aménagé, bordé de barrières de troncs d'arbres entrecroisés empêchant les visiteurs d'aller s'égarer sur les pentes raides et friables du volcan. Deux lacets très pentus, puis la piste directement jusqu'en haut. Ce cheminement à flanc de versant me faisait retrouver de vieilles sensations : sol poudreux crissant sous la semelle, d'une épaisseur molle parfois, rendant la progression fatigante. La cendre gris bleuté, les lapilli gris, roses, mauves, violine. Des rochers noirâtres en chou-fleur, enfouis dans la pente. Il y a des groupes qui montent, des touristes rigolards, et de vrais marcheurs bien équipés. Peu dans l'autre sens, il est encore trop tôt. À mesure que je m'élève, je découvre la baie, la splendeur de la mer d'un bleu strident, les îles, les villes. Après une trentaine de minutes d'ascension, une sorte de grande cabane sur pilotis plantée au bord du sentier. Bar, souvenirs, cartes postales et pierres du Vésuve… Quelques mètres encore et je suis au bord du gouffre. Le paradoxe, c'est qu'il s'agit bien d'une montagne mais, à la différence d'une montagne ordinaire, celle-ci est creuse. Pas de sommet, la pente s'arrête net et, au-delà de cette crête, ça replonge, ça s'effrite en permanence, pierre et poudre, il n'y a qu'une piste au bord de l'immense caldeira, six cents mètres de diamètre, deux cents de profondeur, commentent les guides autour de moi, et dans toutes les langues possibles…

Je m'empresse de fuir les touristes, peu nombreux à cette heure, en me lançant sur le sentier qui contourne le cratère. Je pars vers le sud-est, face au soleil. Je marche quelques centaines de mètres. Il y a de moins en moins de promeneurs. Le sol du chemin est à peine différent : juste le tassement de la poudre et de la ponce sous les pieds des visiteurs qui se succèdent d'heure en heure, de jour en jour, d'année en année, lent cheminement obstiné, pèlerinage de mortels fascinés venant contempler l'image du désastre absolu, de la mort foudroyante mais, semble-t-il, toujours différée. La piste se transforme parfois, un escalier de ciment a été aménagé, ou bien elle borde le gouffre au ras de la pente la plus récente laissée par l'érosion, et elle doit changer souvent de parcours, tantôt au bord d'un à-pic, tantôt au sommet d'une pente plus douce. Des rochers en surplomb, pas encore entraînés dans la pente, bouchent un instant la vue. Des morceaux de piste déjà avalés par les monstrueux éboulis du cratère sont fermés par des chaînes tendues entre des piquets de fer rouillés, le piétinement les contourne alors et recrée un autre sentier, de brusques belvédères d'où l'on perçoit presque tout le trou, sauf les pentes immédiates, d'autres endroits où, s'étant éloigné du bord, on se retrouve sur une sorte d'espla-

16

nade lunaire surplombant les pentes fortes qui descendent vers le sud. Aucune végétation développée sinon de rares herbes rêches jaillies au creux des roches grises et des lichens. Quelques genêts qui, lentement, saison après saison, montent vers le sommet. Des oiseaux bizarres qui fendent l'air avec des sifflements aigus plutôt désagréables. Je pense aux sinistres oiseaux gardiens des Enfers. Sans doute seulement des espèces de martinets.

Je finis par trouver un petit belvédère bordé d'une barrière métallique tordue et rouillée. La vue porte sur toute la face opposée du cratère et, en se penchant un peu, je peux même voir un peu du fond. Vers l'est, à ma droite, une falaise abrupte, en demi-cercle, à consistance de marbre lourd et massif, striée de couches compactes horizontales. Vers la mer, au contraire, affleurant dans une pente plus douce, des rochers effrités, crevassés, cernés de coulées sableuses, croulant en perpétuelles cascades vers le gouffre. Au fond, le rassemblement inégal, chaotique et multicolore d'une douzaine d'éboulis de tailles les plus diverses, le plus gros venant tel un torrent sableux du bord sud de la falaise, entre roche dure et terrains plus meubles. Au creux d'un rocher, une belle fumerolle, la dernière survivante, paresseux petit panache de vapeur blanche.

Au centre de la falaise, un grand banc plus clair, couleur crème. Les autres teintes sont celles de la terre nue et stérile, toutes les variétés d'ocre, de rouge, de marron, de rose sale, de sable, de carbone, de latérite, avec parfois une fissure d'un rouge plus vif ou un filon d'un mortier verdâtre, mais le mélange de toutes ces nuances donne une dominante rose et grise, poussiéreuse, poudreuse… Tout est pente, vertige, pure angoisse pétrifiée ou cristallisée. Une sorte de ventouse à l'envers, vénéneuse, aspirante. D'autant plus étrange, ce chancre ouvert et stérile, que dans les environs, aussi loin que porte la vue, la terre est riche, grasse, généreuse et que la végétation partout prolifère. Comme si la terre voulait montrer, par cette image de désolation plantée au cœur du pays le plus fertile, les menaces funestes qu'elle cache en son sein. Il vaut mieux ne pas regarder trop longtemps parce que cette vision engendre peu à peu la peur. L'étonnement principal vient du trou et de son fond. On voudrait comprendre comment un gouffre aussi abrupt, aussi béant, peut résister à l'érosion, au comblement, aux remaniements permanents d'une terre aussi remuante.

La première fois que je suis venu ici, j'avais dix-huit ans. J'avais fait tout le chemin de Paris vers l'Italie du Sud en auto-stop et je ne m'en étais pas mal tiré puisqu'il m'avait fallu à peine plus de trois jours pour gagner Naples. La dernière éruption remontait à quatorze ans, m'apprirent des Napolitains de rencontre. On voyait en permanence un panache blanc au-dessus du volcan. Les habitants l'observaient avec attention et humour chaque jour. On ne pouvait monter seul. Il fallait être accompagné d'un guide officiel. On grimpait au sommet à dos de mulet par un chemin à peine tracé et de moins d'un mètre de large, une simple piste sommairement tassée dans la poudre, les pierres et les lapilli, avec à son côté le vertige fascinant de la pente très forte. Le mulet trébuchait parfois, vous faisant battre le cœur un instant. Il n'y avait alors rien au bord du gouffre, plus étroit qu'aujourd'hui, ni barrières ni chemin ni baraquement ni cartes postales. Seulement un léger piétinement de la cendre, à distance prudente du précipice. C'était impressionnant. Et dangereux. À l'intérieur du cratère, tout autour, et à différentes hauteurs, des fumerolles, des jets de vapeur, des crachote-

18

ments de fumées soufrées. Une rumeur d'orage. Il fallait faire attention à sa respiration. Si le vent rabattait un petit nuage de vapeur, il fallait s'empresser de se couvrir le visage sous peine de suffocation. On ne pouvait s'attarder au sommet. Juste le temps de découvrir les restes tordus et rouillés du funiculaire détruit par l'éruption récente. Et aussi de plonger le regard dans le gouffre. Mais, ce jour-là, je ne vis rien. Les brumes, les fumées m'empêchaient de percevoir le fond, sombre, trop lointain et dont le guide me dit qu'il était à plus de quatre cents mètres, peut-être cinq cents, personne n'avait mesuré vraiment. Naïf, j'imaginai qu'en fait le cratère était encore ouvert et en communication directe avec les entrailles de la Terre.

Je suis revenu à Naples au printemps 1974. Nous étions deux. Une excursion au Vésuve s'imposait. Tout en bas, il y avait une sorte de barrière de péage avec boutique où l'on vendait des camées et des colliers de corail de Torre del Greco. Il fallait prendre un guide et monter soit à pied, soit à dos de mulet. Nous avons choisi la marche à pied. Les pentes basses du volcan étaient jaune vif : des milliers de petits genêts nichés au creux des ravins du versant ouest étaient en fleur et me rappelèrent le fameux poème de Leopardi, « La Ginestra » : *Odorata ginestra / Contenta dei deserti* (Odorant genêt / Satisfait des déserts). Arrivés au sommet, émerveillés malgré l'appréhension, nous étions si fatigués que nous fûmes plutôt contents de nous allonger au bord de la crête nord pour regarder le gouffre dont le guide nous dit qu'il avait maintenant trois cents mètres de profondeur, « la hauteur de la tour Eiffel ». Des fumerolles jaillissaient encore ici ou là, à mi-pente, de petites fissures ou de plus grandes crevasses. Le gouffre faisait entendre une sorte de bruissement permanent : cascade des cailloux s'éboulant presque en permanence des pentes trop abruptes, sifflements, crachotements, pulvérisations des fumerolles, chutes des eaux refoulées des fissures après une pluie d'orage récente. Tout donnait une sensation d'émiettement, de morcellement, de bourgeonnement et, en fin de compte, d'un bouillonnement vital, d'une sorte de persévérance dans l'éruption.

J'étais repassé par Naples en 1985, cinq ans après le grand tremblement de terre, et je n'avais pas résisté à la tentation d'une nouvelle ascension, c'était devenu une habitude maintenant. Ascension solitaire, cette fois. Des aménagements touristiques avaient eu lieu. Les mulets avaient disparu. Le chemin de montée était encore différent. Et, du sommet, je vis qu'il n'y avait plus que de rares fumerolles. La circonférence du cratère me parut plus grande : les bords abrupts s'étaient beaucoup effondrés au cours de la dernière décennie. L'altitude du volcan devait donc décroître, le gouffre se combler peu à peu. Aujourd'hui, quinze ans plus tard, nous en étions à deux cents mètres. Cela signifiait que, si je revenais dans une douzaine d'années, le trou, à force d'érosion, n'aurait plus que cent mètres de fond. Et dans vingt ou vingt-cinq ans, si j'étais encore vivant, le gouffre serait à peu près comblé. Le cône et son cratère ne formeraient plus qu'un dôme lisse et bien fermé, peut-être plus tard recouvert par la végétation comme les volcans d'Auvergne.

Cent mètres de fond puis cinquante puis trente puis… À condition qu'il ne se passe rien dans le cœur d'ici là. Car, impossible de ne pas y songer à chaque seconde, le Vésuve était loin d'être mort. Aucun volcan l'est-il jamais ? Les visiteurs savent qu'il pourrait se réveiller à l'instant où ils parviennent au bord du cratère ou un peu plus tard lorsqu'ils déambulent sur ce faux chemin sans cesse bousculé et sans cesse remanié. Depuis toujours c'est un sport non seulement pour les Napolitains mais pour les touristes du monde entier. Une sorte de jeu avec le destin, la fatalité. On y pense. On y pensait davantage lorsque le cratère était encore chaud et fumant, que les bouffées de soufre vous suffoquaient et vous faisaient pleurer, ou même, un bon siècle plus tôt, lorsque l'ancien cratère vomissait de grandes coulées de lave qui éclairaient la nuit de lueurs rouges fantastiques et qu'il faisait entendre des grondements cent fois plus violents que le tonnerre. Les curieux montaient, en jaquette et en tricorne, et s'approchaient des coulées rougeoyantes.

Une éruption pourrait survenir. Toute la montagne se soulèverait, exploserait, projetant à des kilomètres de hauteur les roches accumulées dans l'immense cheminée cachée et profonde, les laves soudain décomprimées, les gaz enflammés. Un ébranlement monstrueux de toute la région, une explosion terrible et cette nuée ardente prévue, déferlant sur les pentes et sur la ville, réduisant à néant les constructions humaines les plus ambitieuses. Évidemment, se trouver au lieu même de l'abomination ne laissait aucune chance de survie. Vous seriez instantanément carbonisé, écrasé, pulvérisé. Certes, les spécialistes prétendaient qu'il devrait y avoir des signes avant-coureurs, des séismes, des coulées, des fumées, des éruptions limitées avant la grande catastrophe et, dans ce cas, personne n'irait se promener autour de la bouche du monstre. Mais qui sait ? La chose pouvait aussi bien se produire sans prévenir. D'un seul coup, là, à l'instant où je suis au bord du trou et que je contemple ces murailles sinistres. J'aurais à peine le temps de m'en apercevoir. Tout sauterait. Grandiose explosion cosmique. Une belle mort, en fin de compte.

Je regardais un de ces drôles d'oiseaux planer devant moi au-dessus des pentes crevassées. Un petit groupe de promeneurs est arrivé à ma hauteur. Un enfant s'est mis à crier. Son père et sa mère lui donnaient la main. Le garçon venait de découvrir l'écho formidable répercuté par la falaise courbe qui lui faisait face et il jouait de toutes les modulations possibles de sa voix haut perchée, aigre, désagréable. Les parents se sont mis à leur tour à pousser des cris ou à applaudir, épatés d'entendre revenir vers eux, pour un seul battement de paumes, des salves d'échos semblables aux croassements d'un vol de corbeaux géants. Je me suis éloigné. Il n'y avait plus un endroit au monde où l'on pouvait se retirer dans la solitude et le silence. Le moine méditant assis devant sa cabane à l'écart du monde n'existait plus que dans les peintures chinoises anciennes. Plus une seule plage déserte, un alpage silencieux, un bosquet printanier enchanté d'oiseaux, une courbe de rivière paisible et bordée d'herbes. Partout on se heurtait à ces touristes imbéciles qui piétinaient, se répandaient, s'interpellaient, riaient trop fort, et même, c'était la folie en Italie depuis peu, laissaient sonner à l'infini leurs téléphones portables pour bien montrer leur opulence. Et pas seulement le bruit, il y avait aussi la vue. Ces gens étaient vêtus comme des explorateurs polaires : blousons, chemisettes, impers, capuches, casquettes dont les couleurs agressives blessaient les yeux. Ces jaunes vifs, ces rouges éclatants, ces verts fluorescents étaient une ignoble injure aux teintes raffinées des paysages. Une sorte de blessure obscène de la nature, de triomphe général du mauvais goût. Impossible d'y échapper. Sauf à rester toujours cloîtré.

Le décor se brouille un peu, devient plus terne puis trouble, le soleil disparaît, l'autre versant du cratère s'efface, les rares promeneurs présents sur le chemin un peu plus loin deviennent des fantômes blêmes. Tout est plus sombre, grisâtre. Un silence spongieux s'établit. Un nuage qu'on n'avait pas vu venir a pris possession du sommet. Maintenant la visibilité est à peine de dix mètres. Le brouillard blanc et glacé a tout envahi. Il fait froid. J'ai le visage mouillé. Ne plus faire un pas, danger. L'enfant continue à crier pour tester l'écho mais il n'y a plus d'écho et sa voix me parvient étouffée, diminuée, comme ayant traversé des épaisseurs énormes de coton. Le froid du nuage ravive la fumerolle qui devient un beau petit panache blanc. J'attends debout au bord du gouffre. Ce serait le bon moment pour se jeter dans le vide. Personne n'entendrait, personne ne verrait. Une fin élégante, à la Empédocle. Je ne laisserais pas mes sandales.

Un coup de vent soulève la poudre à mes pieds. Un vers d'Horace : *Pulvis et umbra sumus* (Nous sommes cendre et ombre). Aussi vite que le phénomène était survenu un instant auparavant, tout se dissipe, s'éclaircit, le nuage est passé, on le voit bien maintenant, il s'éloigne, modeste, rond et rebondi, l'air espiègle, traînant derrière lui quelques filaments d'étoupe blanche et grise qui s'accrochent encore aux rochers les plus saillants. La fumerolle s'assoupit. Les promeneurs figés bougent et se remettent en marche. Les parents du gamin ont fini par le faire taire. Quelqu'un rit fort, son rire est répercuté par la falaise. On perçoit de très lointains tintamarres, tout en bas, dans la plaine côtière. Je me tourne vers le sud, vers l'extérieur du cratère. Le versant me tente. Pourquoi ne pas redescendre directement par là ? Les pentes sont très rudes, le sol peu praticable et les distances illusoires. Il faudrait marcher deux heures, peut-être plus, dans les éboulis instables puis dans un maquis sans doute plein d'arbustes épineux avant de parvenir aux premières terrasses cultivées, celles qui dominent Pompéi. Pompéi que je cherche des yeux. À cette distance, la ville antique se distingue à peine de la Pompéi nouvelle et des villages environnants, Scarfati, Angri, Boscoreale, et on ne peut la retrouver dans ce paysage aux mailles si serrées que grâce à des repères simples, sa forme si régulière, son absence d'édifices élevés, les grands pins et cyprès qui bordent l'enceinte, quelques palmiers dans ses jardins. Voilà, Pompéi, je la distingue maintenant, c'est la raison de mon voyage. J'irai bientôt. En attendant, je vais redescendre vers Naples. Et c'est au moment où je jette un dernier coup d'œil à ce cratère étrange que soudain je pense à l'Aphrodite aux belles fesses. La vie contre la cendre…

C'était le matin de bonne heure. J'étais sorti du métro Porte d'Italie. J'avais marché jusqu'à l'extérieur de Paris et je m'étais posté avec mon petit sac, juste à l'entrée du Kremlin-Bicêtre, sur le trottoir de droite. En plus de mon sac, je n'emportais que ma grosse veste en velours côtelé. Elle était trop grande pour moi mais elle possédait des tas de poches à fermeture où je pouvais ranger toutes sortes de choses et elle était d'une solidité à toute épreuve. Elle m'avait servi bien des fois de sac de couchage et même, tendue entre deux branches, de toile de tente. Un camion s'est arrêté un peu plus loin. Le chauffeur s'est penché pour ouvrir la portière. J'ai couru.

— Où vas-tu ?

— À Naples !

Il a ri.

— Je ne vais pas jusque-là mais je peux t'offrir un bout de chemin. Je vais à Vienne, Vienne en France, bien sûr ! Monte !

— Merci !

Vienne, ça faisait une belle tranche d'un coup. J'étais plutôt content d'avoir décroché dès les premières minutes un aussi long trajet. Le chauffeur, la trentaine, costaud, l'air du Parigot rigolard, sifflotait.

— Dis donc, tu t'en fais pas ! Naples ! Tu comptes arriver quand ?

— Je ne sais pas. Dans deux ou trois jours !

— C'est la première fois que je me rends compte que Porte d'Italie ça veut vraiment dire que c'est la porte de l'Italie !

Il a encore ri un bon coup. Le camion allait vite. À cette heure matinale, peu de circulation. Les banlieues défilaient, ensoleillées mais moroses. J'avais hâte d'être sorti de la ville et de voir enfin de la verdure. C'était le printemps. Le chauffeur s'est tu pendant plusieurs minutes. Vers l'entrée de Ris-Orangis, il s'est tourné vers moi.

— Tu es bien jeune pour faire du stop. T'as pas peur de t'attirer des ennuis ?

— Quels ennuis ?

— J'sais pas, moi ! Les flics, les voyous, les putes, les pédés... ce sont pas les dangers qui manquent. Quel âge as-tu ?

C'était le genre de question auquel je m'étais attendu. J'ai répondu sans hésiter.

— Vingt et un ans !

Il a haussé les épaules.

— Tu parais bien plus jeune ! On ne t'en donne pas seize !

Je n'ai pas répondu. Je n'allais pas lui dire que j'en avais dix-huit. J'avais décidé de me faire passer pour majeur afin d'éviter tout tracas. Et il fallait que je me tienne à ce scénario jusqu'au bout et quoi qu'il arrive.

— Et qu'est-ce que tu vas faire en Italie ?

— Me promener, visiter...

26

— Tu en as de la veine. J'aimerais bien prendre des vacances moi aussi un de ces jours. Mais je ne sais pas si je partirais en stop. On perd trop de temps et les vacances sont courtes…

— Ça dépend. Parfois on reste des heures sur le bord de la route, parfois on trouve tout de suite et on arrive à destination aussi vite que par le train.

— Pour Naples, ça m'étonnerait. Enfin, on ne sait jamais. Et puis, tu sais, question vacances et auto-stop, les patrons nous font travailler dur et quand arrivent les vacances, on n'a plus qu'une idée, c'est se reposer ! Tu verras quand tu auras l'âge de travailler !

Il n'a plus rien dit. J'ai un peu somnolé. Je n'avais pas l'intention de travailler dans ma vie, ni d'avoir un patron, ni d'être fatigué pour les autres. En tout cas, c'est ce que je pensais. Nous roulions dans la campagne, maintenant. Puis la nationale 7 a pénétré dans la forêt de Fontainebleau. Un peu plus tard, j'ai dû m'endormir car, lorsque j'ai émergé à nouveau, nous étions dans un tout autre paysage. Des champs, des haies, des vignobles, des petites forêts.

— Tu as bien dormi. Il va falloir qu'on s'arrête pour déjeuner.

— Où sommes-nous ?

— À Tarare. Un peu avant Lyon. Tu as dormi depuis Montargis. Près de quatre heures ! Tu as raté Nevers, Moulins et Roanne. Bravo ! Tu devais être fatigué !

— Non, mais je m'endors toujours en voiture. Je ne peux pas résister. Et puis je m'étais levé très tôt, je n'ai pas l'habitude. Quelle heure est-il ?

— Midi et demi. On a bien roulé ! On va faire un tout petit détour sur la route de Montrond, c'est là que j'ai mes habitudes.

Il a quitté la nationale et a roulé encore quelques minutes. Sur la droite de la route, en rase campagne, un coquet restaurant de routiers. Un parking où une quinzaine de camions les plus divers étaient garés. Une maison blanche cernée de glycines en fleur, une terrasse pleine de convives attablés. Mon chauffeur a garé son camion en bout de rangée. Nous sommes descendus.

— Je vais vous attendre là. Je vais un peu marcher…

— Quoi, tu ne viens pas avec moi ?

— Non.

— Pourquoi ?

— C'est que… euh… j'ai très peu d'argent pour aller en Italie et je préfère économiser. Je ferai un vrai dîner ce soir !

— Ah, c'est ça ! Allons viens, ne fais pas de chichis. Je t'invite.

Il y avait au menu des pommes de terre à l'huile et de la blanquette de veau. Le routier me présenta à plusieurs de ses amis. Il leur raconta que j'allais à Naples. Chacun y alla de son anecdote sur l'Italie, sur les Italiens, sur l'invention des spaghettis par Marco Polo, sur la rivalité entre Coppi et Bartali, sur l'espresso napolitain tellement plus serré que le romain. Mon chauffeur reprit sa route aussitôt après le café. Arrivé à Vienne vers cinq heures de l'après-midi, il traversa la ville pour me déposer au-delà, toujours sur la nationale 7. Je le remerciai chaleureusement. On n'en rencontrait pas souvent des comme lui ! Je me mis à faire signe aux automobilistes. Pas mal de circulation. Bientôt une voiture s'arrêta. C'était un couple d'une cinquantaine d'années. Ils me firent signe de monter à l'arrière de leur longue Aronde bordeaux. Ils étaient habillés avec élégance. Ils venaient du mariage de leur fille aînée à Lyon et ils retournaient chez eux à Toulon. C'était bien ma veine, encore un bon bout de chemin. La femme me tendit une à une par-dessus son épaule toutes les photos de sa fille qu'elle avait emmenées, en vrac dans une grande enveloppe, pour les montrer au cours de la noce. Le mari m'énumérait tous les plats qui avaient été servis au banquet, un vrai repas lyonnais. Je finis par m'endormir et ils me laissèrent tranquille. Il était près de minuit lorsqu'ils me déposèrent en ville. Je ne savais pas très bien quoi faire. Je descendis jusqu'au port. Je marchai longtemps jusqu'à ce que je parvienne à la plage du Mourillon. Je me couchai sur le sable au pied des rochers, m'enroulai dans ma veste de velours et m'endormis.

Je me réveillai en sursaut. Il faisait encore nuit. Trois policiers étaient autour de moi. L'un d'eux me secouait l'épaule. Il était interdit de dormir sur la plage. Est-ce que j'avais des papiers ? Je sortis mon passeport. Ils me demandèrent où j'allais. Je répondis Naples. Ils me demandèrent de les suivre. En haut, sur la chaussée du bord de mer, il y avait un car de police. Ils me firent monter à l'arrière. Sur la banquette un clochard ronflait. Au commissariat central, l'un des policiers me conduisit dans un bureau. Il passa un bon quart d'heure à consulter des listes, disparus, « recherches dans l'intérêt des familles », puis il leva les yeux et me dit que je pouvais m'en aller. Je suis sorti du commissariat et je suis parti vers l'est de la ville en commençant à lever le pouce dès que j'entendais une voiture s'approcher. Les horloges marquaient cinq heures trente et je ressentais très fort le manque de sommeil. J'étais presque à la sortie de Toulon lorsqu'une belle voiture de sport s'arrêta à ma hauteur. C'était un Italien qui allait à La Spezia. Décidément, j'avais eu beaucoup de chance depuis mon départ de Paris. J'avais rarement fait d'aussi longues étapes d'un seul coup. Le chauffeur ne semblait pas très désireux d'engager la conversation. Il fonçait la nuque raide vers la frontière. Je fermai les yeux et m'endormis. Je fus réveillé parce que la voiture était à l'arrêt. Nous étions sur la moyenne corniche, juste après Menton, au poste frontière, et un policier était penché à la fenêtre du conducteur. L'homme montra ses papiers et ceux de la voiture. Le policier fit le tour et me demanda les miens. Je tendis mon passeport. Le policier l'examina attentivement.

— Mais tu n'as pas encore dix-huit ans !

— Oh, dans quelques semaines.

— Quelques semaines ou pas, il te faut une autorisation parentale !

Je fouillai dans mon sac et je sortis la lettre que ma mère m'avait rédigée. Elle était un peu froissée et salie par son séjour au fond du sac. Le policier la lut, la retourna, haussa les épaules.

— Hum, c'est pas très légal tout ça… Où vas-tu ?

— À Naples !

— Naples ! *Napoli !* Formidable ! Les parents de ma femme sont de Naples. C'est la première fois ?

— Oui.

— Tu verras, c'est la plus belle ville du monde. Mais attention : « Voir Naples et mourir » !

Il rit, me rendit mon passeport et ma lettre, et nous fit signe de passer. Mon chauffeur commençait à s'impatienter.

Au-delà de La Spezia, ce fut un peu moins facile. Après deux heures d'attente, un automobiliste me conduisit à Lucques. Un autre me proposa de m'emmener jusqu'à Arezzo. Ce n'était pas tout à fait le meilleur chemin mais c'était plus au sud. Quelques sauts de puce ensuite, avec des bonnes sœurs d'un couvent de Cortone jusqu'à Montepulciano puis, avec un représentant en casseroles d'aluminium, un détour par Spolète. Et c'était le soir. Je dormis dans un champ, non loin de la route et le lendemain matin, de très bonne heure, je revins vers la ville pour la visiter et pour me bourrer de tartines et de café noir. À dix heures, j'étais à nouveau sur la route. Terni, d'un seul coup. Puis Rieti. Puis Avezzano : en regardant la carte, je constatai que j'avais réussi à éviter Rome. Je me réservais la Ville éternelle pour un autre voyage. Je préférais la laisser intacte, la découvrir quand je me sentirais prêt à l'aborder. Je traversai les merveilleux paysages des Abruzzes en quatre ou cinq courtes étapes. Je dormis à nouveau dans les champs, bien à l'abri d'une meule de foin. Quand je repartis, c'était l'aube du quatrième jour depuis mon départ, j'étais tout près de Cassino. Il me restait encore pas mal de route. Mais une voiture s'arrêta, l'homme allait à Salerne, il avait l'intention de prendre l'autostrade mais il se proposa gentiment de faire un léger détour à la hauteur de Naples, si bien que, moins d'une heure plus tard, il me déposait juste à l'une des sorties indiquées NAPOLI. Je n'avais plus qu'à marcher le long d'une rampe de quelques centaines de mètres pour me retrouver en pleine ville.

À peine arrivé, je descendis jusqu'au port et je longeai la mer vers le nord-ouest de la ville. Je savais que c'était par là que se trouvait l'auberge de jeunesse de Mergellina, une des plus fameuses d'Italie. Je la découvris facilement. J'y trouvai de la place. J'y pris une des meilleures douches de ma vie. Je me restaurai. Je dormis peu. J'étais réveillé à l'aube par les premiers trains qui passaient en contrebas et s'arrêtaient à la gare de Mergellina. Mais ainsi, j'étais dans les rues dès sept heures. Et dans les six jours qui suivirent je visitai la ville, toute la ville, de long en large. La place du Plébiscite, la galerie Umberto, le Palais royal, le théâtre San Carlo, la via Roma, le quartier espagnol, Spaccanapoli… Les églises, le Gesù et ses ex-voto, les Clarisses, San Paolo, San Lorenzo, San Domenico, San Gennaro bien sûr. Au Musée archéologique, je me gorgeai de fresques romaines et de statues. Je tombai en extase pour la première fois devant le dos de la Vénus callipyge. À Capodimonte, je m'attardai devant Mantegna, Caravage, Bruegel, Reni, Giordano. Je savourai la *Danaé* de Titien. J'allai voir les statues et les momies du duc de Sansevero, et aussi le château de l'Œuf. Je bus un espresso à l'une des terrasses de Santa Lucia. Je pris le petit train pour Pompéi où je restai toute une journée dans la ville déserte, errant de long en large au soleil, à la fois heureux et frustré de ne pas tout connaître et de ne pas tout visiter d'un seul coup. Un autre jour, je montai et marchai jusqu'au bout du Pausilippe, me récitant la « Myrtho » de Nerval, *Je pense à toi Myrtho, divine enchanteresse, / Au Pausilippe altier, de mille feux brillant, / À ton front inondé des clartés de l'Orient, / Aux raisins noirs mêlés avec l'or de ta tresse.* Je sortis de Naples par l'autre bout du Pausilippe vers Pouzzoles, marchai pendant des kilomètres dans la campagne déserte pour aller voir la Solfatare, le lac d'Averne, les ruines de Cumes. Un matin, je grimpai au Vésuve. Il n'y avait que les îles que je n'avais pu visiter. J'aurais dû prendre le bateau. Je manquais d'argent, il fallait que je garde de quoi rentrer et aussi de quoi… de quoi… j'avais une idée derrière la tête.

Je marchai le long des quais du port, déchiffrant les noms des navires et leurs ports d'attache. C'était fascinant. À Naples, on pouvait s'embarquer pour Capri, Ischia, Procida, Sorrente, c'était le premier cercle, mais aussi pour Palau,

Cagliari, Palerme, Messine, le Stromboli, c'était le deuxième cercle... Et pour La Valette, Le Pirée, Rhodes, Nicosie, Istanbul, Marseille, Barcelone, Valence, c'était le troisième cercle, celui de la grande Méditerranée. Mais ensuite, il y avait le quatrième cercle, celui du monde sans limites, celui des cinq continents. Les quais étaient saturés de cargos et de paquebots. Toutes sortes de vaisseaux étaient en partance pour New York ou La Nouvelle-Orléans, pour Colombo ou Shanghai, pour Rio ou Buenos Aires, pour Sydney ou Papeete... Je prenais des notes, je faisais des inventaires, je rêvais.

Je ne sais pas pourquoi j'avais choisi Naples comme premier but d'un voyage en Italie. Le second fut Venise et ce fut un autre émerveillement, une autre histoire, un autre roman. Peut-être que Naples était la ville la plus éloignée possible. Ou bien parce que Stendhal en parlait avec passion. Ou encore parce que Gérard de Nerval s'y fait séduire par une étrange fille de la nuit. Et justement, l'avant-dernier jour, je décidai d'explorer les quartiers les plus proches de l'auberge de jeunesse que j'avais négligés, le petit port de Mergellina, le quartier de Piedigrotta. Je m'en étais d'abord éloigné par la riviera de Chiaia. J'étais arrivé par le bord de mer jusqu'à la place du Plébiscite. Pour revenir vers Piedigrotta, je montai d'abord vers la Chartreuse. Ruelles et escaliers jusqu'au corso Vittorio Emanuele. Je repris le corso vers l'ouest et flânai une bonne heure en observant les petites scènes de rue. Je retardais le plus possible l'instant fatal.

Je me retrouvai au bout du corso, au pied des rampes qui serpentaient vers les hauteurs du Vomero. Les rues étaient très pentues, elles s'élevaient en lacets étroits. Je montai l'une d'entre elles, perdu dans mes pensées. Je ne regardais pas autour de moi. J'entendis soudain des chuchotements, des sortes de petits « ppffuitt ppffuitt », et je m'aperçus que ces légers appels m'étaient destinés. Dans la rampe, sur la longueur d'un lacet, il y avait quatre ou cinq arcades formant des sortes de granges aux doubles portes de bois grandes ouvertes. Devant chaque grange, une femme était assise sur une chaise. L'une d'entre elles tricotait, une autre lisait le journal, la troisième peignait avec soin sa longue chevelure brune, la dernière jouait avec un petit chat. Dès que je passais devant l'une des femmes, elle levait les yeux et me souriait. Au fond des granges, de vastes lits élégants et, au-dessus des lits, des crucifix semés de petites ampoules ou des images de la Madone illuminées par des cadres de néon. J'avais à peine enregistré toutes ces images que j'étais déjà au tournant. Je continuai à monter. Dans la rampe suivante, les portes étaient fermées et le long de la troisième aussi. La rue débouchait sur une place plantée d'arbres. Vers le sud, la place était bordée d'une rambarde. Je m'approchai. Tous les lacets se déployaient à mes pieds et je pouvais donc observer les femmes toujours assises devant leurs portes, quelques étages plus bas.

Un train passa non loin, son bruit disparut aussi vite qu'il avait surgi. Il devait y avoir tout près une tranchée de chemin de fer qui sortait de la montagne et y replongeait aussitôt. « Je compte jusqu'à cent. Si un autre train arrive dans cet intervalle, je redescends par la même rue… » J'eus le temps de compter jusqu'à trente-trois avant qu'un nouveau bolide perce un instant le silence de la colline. Je commençai à explorer les environs, remettant à un peu plus tard l'exécution de mon vœu. Je vis la tranchée du train, celui de Cumes sans doute, et les deux bouches de tunnel. Je fis semblant de m'intéresser aux jardins, aux arbres, fort beaux d'ailleurs, aux fleurs, lauriers roses et blancs, bougainvillées, hibiscus, passiflores, valérianes, mais bien vite je revins vers ma placette. Il fallait redescendre vers le bord de mer, donc revoir les mêmes femmes.

À l'avant-dernier lacet, juste avant les granges, je fis encore un vœu. « Je n'y vais que si un oiseau passe en vol de droite à gauche de la rue. » Et l'oiseau passa aussitôt. Il fallait donc y aller absolument. Un autre pari. « La première, celle qui caressait le petit chat, si elle parle. La deuxième, celle qui se peignait, si elle a fini de se peigner. La troisième, si elle a replié son journal. La quatrième, si elle a cessé de tricoter. » Mais, arrivé au tournant, le petit chat avait disparu et la femme s'était tournée vers sa voisine qui, ayant fini de se peigner, bavardait avec elle. La troisième, ayant posé son journal, regardait dans le vide. Enfin, la quatrième avait rangé son tricot et grattait le bord de sa jupe où elle venait peut-être de découvrir une petite tache. « Bon, la première qui tournera la tête vers moi… » Mais comme je n'étais plus qu'à quatre ou cinq mètres de la première grange, elles tournèrent toutes la tête à peu près en même temps. « Alors, plus rien à faire. La première qui parlera ! » Ce fut la fille au petit chat. Elle me regarda droit dans les yeux et me dit « *Che vuoi ?* ». Oh, merveille ! La phrase même de Belzébuth dans *Le Diable amoureux* de Cazotte et je me souvins soudain que l'histoire avait lieu précisément à Naples ou peut-être même à Portici. Mais, comme si tout l'enchantement était passé d'un seul coup, les trois autres femmes se détournèrent aussitôt et ne firent pas plus attention à nous que si nous n'avions été que des fourmis.

La fille se leva, me prit par la main, me tira vite dans son antre et elle me lâcha pour aller refermer sur nous les deux battants de sa grange. Instantanément, les murs blanchis à la chaux devinrent mauves. En fait de grange, c'était une petite grotte taillée dans le rocher et qui aurait pu aussi bien servir de cave à vins ou de resserre à outils. Excepté l'étrange lueur violette d'un néon, aucune source de lumière. Au centre de la pièce, poussé contre la paroi de pierre, un lit de cuivre avec des boules brillantes aux quatre coins et une jolie courtepointe brodée de fleurs et de personnages des marionnettes napolitaines. Sur le mur, au-dessus du lit, une grande croix composée de tubes fluorescents violets. En travers de la croix, avait été glissée une longue branche d'olivier encore fraîche, les Rameaux avaient été fêtés un mois plus tôt. Punaisées de chaque côté, une image assez kitsch d'un Christ, barbu, chevelu, les yeux bons, et une photo de Victor-Emmanuel III la main sur la poignée de son épée. Il n'y avait qu'à Naples que les gens ignoraient ou voulaient ignorer qu'ils vivaient en république et que le petit roi était mort en exil depuis belle lurette. Elle s'est approchée. Elle avait un beau visage, un peu massif, grec, avec le nez dans le prolongement du front comme plusieurs statues du musée. Des yeux splendides. Elle parla. Elle avait quelques dents gâtées.

— Toi Français ?

— Oui.

— Très jeune. Toi majeur ?

— Oui.

— Attention ! Dangereux. Police… Papiers ?

— Oui.

— Argent ?

— Oui, c'est combien ?

— *Tre mille lire !*

— C'est beaucoup. *Molto caro !*

— Moi, trois bébés. *Mille lire per bambino !* Manger. Pas cher. Les autres demander *quattro mille.*

— Je rentre en France. J'ai un long voyage. Il faut encore que je mange. Je n'ai plus que quatre mille lires...

— Moi rien comprendre. Mais toi très gentil. Donne-moi *due mille e cinque cento.*

— *Mille grazie.* Tu es très gentille toi aussi. Comment t'appelles-tu ?

— Rosa ! Toi ?

— Alain !

— Comme Alan Ladd !

Je lui donnai deux billets de mille et des pièces. Elle les prit et alla les cacher dans un petit placard taillé dans le roc de l'alcôve.

— Toi enlever pantalon.

— D'accord !

Elle me fit approcher d'une sorte de desserte sur laquelle était posée une cuvette. Elle prit un broc, versa de l'eau dans la cuvette et saisit un petit savon.

— Moi laver toi.

Elle me fit retirer mon slip. Elle s'empara de mon sexe et se mit à le savonner sur la cuvette. Au-dessus de la desserte il y avait un miroir très fané, avec même des plaques entières de tain qui manquaient. Sous le cadre, des cartes postales étaient glissées. À gauche, des femmes, des portraits de Gina Lollobrigida, Sofia Loren, Silvana Mangano. À droite, des hommes, Toto, Amedeo Nazzari, Vittorio de Sica, et un tout jeune homme, presque l'air d'un enfant, que je ne connaissais pas.

— C'est qui ?

— Marcello Mastroianni. *Bello ragazzo !*

Elle saisit une serviette et m'essuya avec soin. Puis elle détacha sa jupe, la fit glisser sur ses jambes et alla la poser sur une chaise. Je restais là debout, en chemisette, le sexe ballant, l'air penaud mais le cœur battant. Elle avait une grande culotte blanche qu'elle ôta aussi.

— Toi vouloir moi toute nue ?

Elle déboutonna sa blouse bleue, la posa sur la chaise, vint vers moi, se détourna, me présentant son dos. J'eus du mal à décrocher les trois agrafes tarabiscotées du gros soutien-gorge blanc, baleiné, assez défraîchi. Elle prit l'objet et le jeta vers la chaise puis elle m'entraîna sur le lit. Nous avions une allure étrange, nos peaux étaient blafardes, violettes. Je me sentis ridicule. Elle n'était pas vraiment belle. Si elle l'avait été jadis, les soucis, la pauvreté et les maternités l'avaient bien abîmée. Large ventre rond, comme coupé en deux par un trait brun sombre vertical, très larges seins longs et un peu flasques avec de gros tétins caoutchouteux, mais au bas du ventre une jolie touffe noire qui lui gardait un je-ne-sais-quoi de jeunesse et même de tendresse. Elle s'allongea, écarta les cuisses, m'ouvrant généreusement son entrejambes, et me fit allonger sur elle. Je lui saisis les seins et les remuai. Je m'agitai un peu, mon sexe mou touchait la touffe et les plis doux de son sexe chaud mais je ne parvenais pas à bander. Alors elle se releva et se mit à me caresser avec une délicatesse charmante. Elle le faisait avec deux doigts puis elle me déposait des petits baisers, me donnait des petits coups de langue. En moins de deux minutes, elle me fit venir une solide érection. Elle se recoucha, me reprit entre ses cuisses. Et alors, le cœur battant, j'entrai en elle, dans cette chose ferme et douce, humide et brûlante, remuante et onctueuse, naïve et savante. Pour la première fois de ma vie ! Et à la seconde même, je n'avais pas eu le temps de faire le moindre mouvement, je n'avais pu me retenir, j'avais joui. Et c'était déjà fini.

Elle me fit basculer sur le côté, sauta du lit, prit la cuvette, la posa à terre, s'accroupit au-dessus et se lava à grandes éclaboussures sonores. Allongé sur le dos, un peu penaud, je regardais le plafond voûté, le sol en terre battue, les parois de ce qui n'était en fin de compte qu'une grotte de plus. Il y avait à Naples des grottes pour tout. Des grottes tunnels pour la circulation des gens et des machines. Des grottes temples où l'on célébrait tous les mystères possibles depuis l'Antiquité. Des grottes où des devineresses rendaient des oracles. Des grottes garages consacrées au dieu Fiat. Des grottes caves où l'on rangeait amoureusement le vin né sur les pentes des volcans. Des grottes marines illuminées de bleu ou d'orange vif. Des grottes catacombes où l'on empilait depuis des générations les ossements des morts. J'étais dans une grotte spéciale, une sorte d'alcôve bâtie pour l'initiation des jeunes gens.

Rosa jeta le contenu de la cuvette dans un grand seau hygiénique émaillé dont elle referma le couvercle, dans cette caverne le moindre son prenait une résonance étrange, puis elle revint s'allonger près de moi. Son ventre mou flottait un peu autour de ses hanches, ses seins striés de vergetures tombaient de chaque côté de sa poitrine. Mais je fus pris d'une grande sympathie pour elle. Son sexe exhalait un arôme âcre, très fort. Ses aisselles sentaient la sueur. Elle avait dans les cheveux un parfum floral bon marché, légèrement exotique, un peu écœurant. Pourtant, je ne sais pourquoi, j'aimai d'un seul coup toutes ces odeurs. C'était un univers olfactif particulier dans lequel j'entrais pour la première fois et il me plaisait... Rosa resta allongée près de moi. Elle mit sa main sur mon sexe amolli.

— Recommencer, si toi vouloir...

Le soir même je quittai Naples. Une première voiture m'entraîna jusqu'au lac de Bracciano : arrivé très tard dans la nuit, je dormis dans un fossé herbeux assez confortable. Le lendemain matin, une voiture m'amena au nord de Florence. Une autre me prit jusqu'à Parme. De là je gagnai Turin. Je buvais et me lavais dans les fontaines. Je mangeais des parts de pizza ou de petits sandwiches au pain de mie et au salami. Le troisième jour, une voiture me mena jusqu'au col du Grand-Saint-Bernard. Il faisait froid, je couchai dans une grange. Au matin, je sortis de la paille et contemplai l'extraordinaire paysage de montagnes. La neige était toute proche, à la lisière des champs de fleurs qui s'étendaient devant moi. Je n'avais plus qu'une ou deux journées de navigation pour regagner Paris. Je pouvais bien prendre un moment de détente parmi les alpages. J'avais avec moi un peu de pain et de fromage que j'avais acheté à Turin avec mes dernières lires. Vers midi, je grignotai mes maigres provisions. Je bus de l'eau de source, glacée. Ensuite je m'allongeai dans l'herbe et dormis deux ou trois heures en plein soleil. Au réveil, je me sentis reposé, allégé. Je pensai à Rosa et à sa grotte. Tous les détails fastidieux du voyage, toutes mes errances dans la ville, toutes mes visites aux églises et aux musées semblaient avoir disparu de ma mémoire. C'était comme si j'étais sorti du métro Porte d'Italie pour pousser directement la porte de la magicienne napolitaine. D'une porte à l'autre, j'avais l'impression d'avoir franchi quelque chose d'important, mais en fait je ne savais pas très bien quoi, ni même si c'était vraiment aussi important que ça.

La soixante-dix-neuvième année de notre ère, dans le sud de ce que nous appelons aujourd'hui l'Italie, en plein été, le 24 août exactement, une montagne fertile, réputée pour son vin, ses olives, ses fruits, que les habitants de cette province romaine appelaient Vesuvius, explosa et, en quelques heures, ensevelit sous plusieurs mètres de cendres et de lapilli une grande partie de la région située à ses pieds, faisant disparaître villes, hameaux, fermes et luxueuses villas dispersées dans la campagne. Toute trace humaine s'effaça. Le Sénat romain envoya une mission récupérer des statues de dieux naguère placées sur de hauts monuments et qui dépassaient du désert cendreux, quelques pillards creusèrent des puits pour récupérer vaisselles et pièces d'or, la végétation au cours des siècles envahit peu à peu la plaine, on défricha les bois et on en fit des champs. Le souvenir même de Pompéi, d'Herculanum, de Stabies et d'autres lieux s'atténua.

En 1748, un chantier de fouilles est ouvert à la demande du roi des Deux-Siciles, Charles III. On découvre des murs, des mosaïques, des pavements de rues, des objets, des trésors. Depuis, Herculanum et Pompéi ont surgi des profondeurs de la croûte volcanique. Les deux villes sont visitées chaque année par des millions de touristes. Le chantier n'a jamais cessé. La brosse, le scalpel et le pinceau ont remplacé la pioche, la pelle et la brouette. À la fin du XXᵉ siècle, deux cent cinquante ans après les premières fouilles, on n'avançait plus que millimètre par millimètre dans les couches de cendres et de lapilli. Un tiers de Pompéi restait sous la cendre.

L'impatience de célébrer l'anniversaire de l'éruption était bien trop grande pour attendre 2079. On avait alors décidé de célébrer le passage à l'an 2000 par un colloque, « Pompéi, 2 000 ans d'histoire », rassemblant érudits et archéologues venus du monde entier et s'achevant par une fête à la hauteur de l'événement. Mais on craignait que le 24 août ne soit une période trop chaude, trop chargée de touristes, la direction des fouilles choisit donc de placer ce colloque un mois plus tôt, du lundi 24 au samedi 29 juillet, période pourtant pas moins chargée de touristes mais jugée relativement moins chaude. Sur ce point surtout, on s'était trompé. De toute façon, comme le dit au cours du colloque l'un des organisateurs, rien n'empêcherait leurs successeurs, les archéologues et autres chercheurs des générations suivantes, de fêter en son temps le vrai deuxième millénaire. Si une nouvelle éruption ne se produisait pas d'ici là, précisa quelqu'un en ricanant, une éruption qui effacerait, en même temps que les ruines de Pompéi, les travaux de restauration effectués depuis le XVIIIᵉ siècle et les précieuses archives accumulées dans le grand bâtiment de la Surintendance des fouilles, près de l'entrée du site, et, pourquoi pas, les fresques, statues, objets, inscriptions lapidaires, papyrus, tablettes de cire et documents divers conservés au Musée archéologique, et, comme on s'y attend aussi, la ville de Naples en partie ou tout entière. Une éruption toujours envisagée et qui mettait un peu de piment à ce colloque scientifique qui, ailleurs, aurait sans doute été bien ennuyeux.

Congrès, conférence, réunion, assemblée, forum, séminaire, colloque, le milieu scientifique dispose de nombreux termes pour baptiser ses propres réunions. Le colloque prend aussi parfois le nom de « symposium ». « Congrès scientifique réunissant un nombre restreint de spécialistes et traitant d'un sujet particulier », disent les dictionnaires modernes. Mais il semble que les hommes de science aient oublié le sens premier du mot. Le symposium grec, c'est le banquet. Le *Banquet* comme celui de Platon : des hommes couchés sur des lits, buvant abondamment, jouant ou écoutant de la musique, se livrant à des conversations poétiques et philosophiques de plus en plus embrumées par la chaleur du vin, et pratiquant caresses et pénétrations selon les usages pédérastiques de l'époque. Les jeunes sucent les vieux, les vieux sodomisent les jeunes, au son de la flûte et de la lyre, tout le monde est content. Le symposium scientifique moderne est bien loin de ces pratiques antiques. Encore que les plaisirs de la table et les concerts fassent en général partie des petits extras offerts aux congressistes et à leurs compagnes, les éphèbes s'étant faits plus rares ou du moins plus secrets à l'époque moderne. Ces services annexes du symposium font vivre une armée d'agents de voyages, d'attachées de presse, d'hôtesses d'accueil, de restaurateurs, d'hôteliers, et j'en oublie sans doute.

Je n'avais pas voulu m'installer dans l'un des hôtels proposés par les organisateurs à Pompéi même ou à Naples. Je jugeais les deux villes trop bruyantes. J'avais demandé à faire cavalier seul. J'avais mes habitudes. Lorsque je venais à Naples, je m'installais soit à Sorrente, soit à Ischia, et j'empruntais le bateau chaque jour pour aller en ville ou

43

dans n'importe quel autre lieu de la baie. Si je désirais aller à Pompéi, je quittais Sorrente par le petit train qui, en une demi-heure, me déposait à quelques mètres de l'entrée des fouilles. J'y passais la journée, ne sortant brièvement, vers une ou deux heures de l'après-midi, que pour un bref repas au restaurant situé près de la villa des Mystères. Si je préférais explorer les environs des champs Phlégréens, Baïes ou Cumes, je m'installais à Ischia et, lorsque je venais à terre, je débarquais à Pouzzoles et j'explorais le pays à pied ou, lorsque les distances étaient trop importantes, je me faisais déposer en taxi le plus loin possible, quitte à revenir par étapes le soir vers mon débarcadère. Si je voulais faire du tourisme en ville, je prenais le bateau à Ischia ou à Sorrente, et j'étais au cœur de Naples en moins d'une heure. C'étaient mes habitudes depuis des années et, grâce à quelques aménagements, elles m'avaient toujours été utiles.

Donc, cette fois, j'ai réservé une chambre à l'hôtel des Oliviers, une auberge de Sorrente perdue dans une oliveraie et noyée dans les lauriers-roses, à l'écart de l'agitation. Vers le milieu de l'après-midi, à mon retour du Vésuve, et après avoir pris le bateau au port de Naples, je débarque sur le quai familier. Quatre minutes de marche et je suis à l'hôtel. Je me douche, je me change, je ressors. La petite gare de Sorrente est à trois pas. Train jusqu'à Pompéi. Je me rends à la direction des fouilles. Une charmante attachée de presse m'explique dans un français parfait le déroulement du colloque. Il a lieu en deux endroits, ici, bien sûr, et au Musée archéologique. Ici, dans l'auditorium, il y a actuellement un cycle de conférences : archéologie, histoire des fouilles, prévisions pour l'avenir, comptes rendus de campagnes récentes, discussions sur les styles picturaux pompéiens, et aussi géologie, sismologie, prédiction par satellite, protection civile… Et même une série

44

de péplums qui sont projetés le soir sur grand écran en ville. Et des documentaires dont celui que j'avais réalisé sur la villa des Mystères. À Naples, des visites particulières sont organisées pour les congressistes, par exemple celle du « cabinet secret » qui vient d'être enfin ouvert au public après deux siècles de semi-clandestinité. Une visite commentée en français a lieu demain vendredi à dix heures du matin. Je m'inscris, je m'empare du gros dossier de presse à lire plus tard dans le calme de ma chambre d'hôtel, puis je pars vers l'auditorium. Dans le hall, une petite foule. Une conférence vient de se terminer. Une autre va bientôt commencer.

Et soudain, là, au milieu des officiels qui sourient, s'agitent, se congratulent, s'exclament, bourdonnent en tous sens, je découvre Marina Wilson. Marina ! L'actrice britannique, la Natacha de *Guerre et Paix*, le grand film de Richard Hayes qui l'a rendue célèbre en 1960, alors qu'elle était encore toute jeune. Que fait-elle donc ici ? Je consulte mon dossier et je comprends aussitôt qu'elle a été nommée il y a peu ambassadrice des Nations unies pour la sauvegarde des grands sites archéologiques, de ceux qui composent ce qu'on nomme pompeusement le « patrimoine de l'humanité ». Elle préside conférences et manifestations. Elle ne semble pas mécontente. Que faire ? Si je m'approche, elle va me reconnaître et je ne sais comment elle réagira. Je fais demi-tour. Mais Marina a une vue d'aigle et, en une seconde, m'a rattrapé, quittant son cercle d'admirateurs. Ses grands yeux toujours étonnés. Son inimitable petite pointe d'accent british.
— Eh bien, on ne dit plus bonjour aux amis ?
— Euh, je ne voulais pas te déranger !
— Comment ! Toi ! Mais tu ne me dérangeras jamais ! Je suis contente de te voir !

— Ainsi tu es devenue présidente d'honneur ?

— Et toi ?

— On se racontera ça plus tard !

— Écoute, j'en ai un peu assez. J'avais envie d'aller me baigner. Tu veux venir avec moi ?

— Mais où ?

— Eh bien, tout près, à Sorrente. Je suis à l'Excelsior-Vittoria. L'hôtel de Wagner et de Caruso...

— Je connais, c'est aussi célèbre que le Vésuve. Décidément, après le Plaza, tu les collectionnes !

Elle me regarde en souriant.

— Je vais leur dire que je suis fatiguée et que j'aimerais aller me reposer un peu. Tu n'as qu'à m'attendre dehors sur le parking. Ils ont mis une voiture à ma disposition. Tu verras, c'est une Alfa Romeo violette.

Je sors. Il est cinq heures mais il fait encore très chaud. J'erre un peu sur l'esplanade, à l'ombre des poivriers et des eucalyptus odorants. Je finis par repérer la voiture. Le chauffeur, appuyé sur le capot, fume en regardant vers les remparts de Pompéi. Marina ne tarde pas. Nous montons. Le chauffeur démarre.

— Ils ont eu pitié de moi, une pauvre femme. De plus ils doivent se douter que, pour faire bonne figure ce soir à leur banquet, il faut que je me prépare un peu...

— Tu es très bien comme ça !

— Tu l'imagines, mais ce n'est pas vrai. Je ne suis plus si jeune, je dois me préparer pendant au moins deux heures !

— Oh, tu exagères !

— Mais non, on voit que tu es un homme ! Déjà à dix-huit ans, quand j'ai commencé, j'avais trois heures de maquillage et de coiffure par jour.

— Mais c'était du cinéma !

46

— Et tu crois que ce n'est pas toujours du cinéma ?

Nous pénétrons dans les rues de Sorrente. Pour une fois, beaucoup de touristes mais pas trop de circulation. Nous passons sous le porche fleuri du Vittoria. J'admire les énormes grappes mauves des glycines, presque artificielles. La voiture longe l'allée d'orangers, eux aussi tellement beaux qu'ils semblent faux, et les élégants bosquets d'agaves, de rosiers, de pins, de cèdres, de hêtres rouges, de cycas. Le chauffeur vient se garer en face de l'entrée.

— Monte avec moi, si tu veux. Tu as un maillot de bain ?

— Oui. J'avais prévu d'aller me mouiller.

Marina m'entraîne à travers une succession de salons luxueux où paressent quelques riches touristes cosmopolites. On la regarde. Certains se demandent qui elle est. Ils la dévisagent plus intensément, cruels et blasés. Couloirs aux épais tapis. Nous entrons dans sa suite. Salon cossu, avec sofas, tables chargées de coupes de fruits et de friandises, bouquets de fleurs. Chambre grande comme un appartement, lit géant qui pourrait accueillir quatre personnes. Salle de bains où les marbres de diverses couleurs rivalisent d'éclat. Et, au-delà du salon, devant les baies vitrées grandes ouvertes, une terrasse en bordure de falaise, à pic sur la mer. Toute la baie de Naples devant nous. Au fond, les îles d'Ischia et de Procida, confondues, noyées dans une brume de chaleur, le mont Misène, puis Naples, et à droite du panorama, toujours lui, le Vésuve, impérial, l'air paisible.

— Il paraît que c'est l'emplacement de l'appartement des Wagner ! Tout a été transformé. Si tu as ton maillot, tu peux laisser ton pantalon ici et prendre un peignoir. Moi, je vais me changer.

Elle passe dans la salle de bains. J'ai envie de la suivre.

47

Mais je ne sais trop que faire. Après tout, cela fait dix ans…
Je vais vers la terrasse pour regarder l'horizon marin, je
reviens dans la suite pour examiner les gravures accrochées
au mur, grignotant au passage un raisin ou une figue. J'ai
connu Marina par le plus pur des hasards. Au cours d'une
émission à la radio. J'avais été invité par une chaîne cultu-
relle, si je me souviens bien. Une de ces émissions d'actua-
lité de fin d'après-midi : les livres, les films, les concerts…
Elle était là parce qu'à l'époque elle avait été nommée présidente d'honneur de je ne sais quelle campagne pour la protection de l'enfance esclave dans le monde. Et moi, aucun
rapport, pour parler d'un film que je venais de terminer.
J'étais arrivé le premier. Lorsqu'elle a surgi dans le studio,
accompagnée de son attachée de presse, ç'a été un choc. Je
l'avais vue dans *Guerre et Paix* et peut-être quatre ou cinq
fois à la télévision ou au cinéma, dans des films de moindre
importance. Je m'attendais, trente ans après, à voir apparaître une dame d'un certain âge, élégante, sans plus.

Lors de son premier film, l'année de mes vingt ans, à la
veille de mon départ au service militaire, je m'en souviens
fort bien, elle avait à peine plus de dix-huit ans et, comme
tout le monde, j'étais aussitôt tombé amoureux de cette
créature, incroyable, virginale, divine, tout juste éclose, tendre et d'une beauté à vous couper le souffle. Mais bon, c'est
ainsi avec les stars. On y pense pendant des jours, parfois
des semaines, on s'imagine toutes sortes de scénarios, de
coups de hasard, de rencontres mais peu à peu la tension
retombe, elles restent inaccessibles, lointaines, dans leurs
Olympes qui se nomment Hollywood, Beverly Hills ou
Cinecittà. Leur existence réelle n'est que peu avérée. Et puis
les échos de leur vie mythologique les rendent moins subli-

mes. Elles se marient avec des banquiers, des bellâtres sadiques ou de vieux alcooliques qui les battent et les séquestrent. Divorcent. Se remarient avec le même genre de riches imbéciles, on se demande bien pourquoi. Et nous, de notre côté, nos beaux rêves de cinéma sont remplacés par les drôles de réalités de la vie qu'on s'est choisie. Et puis ça continue, d'autres visages remplacent les premiers visages aimés. Or, ce vieux rêve de rencontre de hasard que j'avais sans doute partagé avec des milliers d'hommes de ma génération, voilà qu'il se réalisait plus de trente ans après ! Et, surprise, à mes yeux, elle n'avait pas changé, elle semblait toujours avoir dix-huit ans ou, disons, à peine dix de plus !

L'animateur de l'émission nous a présentés. J'ai balbutié quelques banalités du genre « Je vous admire depuis toujours ». Je n'osais pas en dire plus pour ne pas souligner l'immense abîme de temps qui séparait cet instant de la première vision que j'avais eue d'elle. On était tout de même en 1990 et c'était comme si Audrey Hepburn, ou Marilyn Monroe, ou Harriett Anderson, ou Lea Massari, ou toute autre actrice inspirée de la fin des années cinquante ou du début des années soixante, était soudain revenue, telle quelle. La beauté, le sourire, la présence, la grâce en un mot… Je me sentais comme un adolescent amoureux et confus. C'était à moi que le présentateur avait décidé de donner la parole d'abord. Pendant les premières secondes, j'ai un peu bafouillé. Elle me regardait avec son petit sourire amusé qui est d'ailleurs l'une de ses spécialités comme l'air de vierge farouche qu'elle avait dans *Guerre et Paix*. Je me suis ressaisi, je crois que j'ai été brillant, très brillant même, rien que pour elle.

Ensuite elle a parlé. Nous devions tenir une heure. Vers la cinquantième minute, tout était dit. Le présentateur s'est tourné vers moi et, à brûle-pourpoint, m'a demandé ce que je pensais de Marina Wilson. Il ne m'a pas pris de court, parce que, pendant tout le temps qu'elle parlait, je me le demandais moi-même. Et j'ai improvisé une sorte de rêverie à voix haute, trois, quatre, cinq minutes peut-être, une envolée très lyrique, poétique sur ses yeux, sa bouche, ses cheveux, son visage, sa voix, sa silhouette souple et féline, son personnage de fée… Quelque chose que je n'aimerais pas réécouter aujourd'hui. Ça devait être d'un ridicule ! Mais ça a plu au présentateur et aussi aux techniciens qui, derrière la vitre, hochaient la tête et levaient le pouce en signe d'acquiescement. Elle me regardait, un peu abasourdie. L'émission s'est terminée. Tout le monde était content. J'étais ému. Et, à ma grande surprise, elle aussi.

Son attachée de presse lui a proposé de repartir tout de suite en taxi : elle semblait pressée. Comme le présentateur nous avait offert un ultime verre, elle a préféré rester encore un instant. Elle a suggéré à l'autre de rentrer, de ne pas s'occuper d'elle. Tu es sûre ? a demandé l'attachée. Oui, je me débrouillerai, ne t'en fais pas. J'ai senti, juste à cet instant, qu'elle, Marina, avait une idée derrière la tête. Ça a duré encore vingt minutes. Nous avons bu du champagne avec le présentateur et les techniciens qui l'aimaient bien et la trouvaient « sympa ». Enfin, il était six heures et demie, il a fallu se séparer. Le présentateur nous a fait appeler un taxi.

Cinq minutes plus tard, nous étions au pied de la Maison de la Radio, une Mercedes attendait. Elle ne m'avait pas adressé la parole depuis la fin de l'émission. Dans la voiture, elle a tourné la tête vers moi :

— Et maintenant, où allons-nous ?

— Je ne sais pas, boire un verre, un dernier, quelque part…

— Alors, allons à mon hôtel, c'est un des meilleurs bars du monde…

C'était le Plaza. Nous y sommes arrivés en moins d'un quart d'heure. Nous sommes allés tout droit au bar. Elle était l'objet des attentions les plus chaleureuses de la part du personnel. Il est vrai que tout le monde l'aimait. Nous avons commandé une bouteille de champagne. Elle s'est levée.

— Je monte un instant chez moi, je reviens tout de suite…

Je suis resté là, regardant le va-et-vient des gens à travers les halls et les salons. Je me demandais ce qu'elle était partie faire. Mettre de l'ordre dans sa tenue ? Pisser ? Se laver ? Téléphoner à son amant ? À son mari ? À sa fille ? En fait je ne savais rien de sa vie privée. À l'époque, elle vivait encore à Londres et ne gagnait Paris que pour de brefs séjours. L'image qui me plaisait le plus ce jour-là, c'était elle, accroupie sur son bidet. Mais y avait-il encore des bidets au Plaza ? Elle est revenue. Elle s'est assise le plus naturellement du monde à mon côté sur le canapé tendu de velours grenat. Elle a saisi sa coupe de champagne.

— À quoi penses-tu ?

Une phrase typique entre personnes qui sont déjà intimes. J'étais énervé et excité à la fois. Et voilà qu'en plus, soudain, elle me tutoyait ! J'ai été direct.

— Je pensais aux bidets et je me demandais s'il y en avait au Plaza !

Elle a pouffé de rire.

— Des bidets ! Mais pourquoi donc ?.

— Tu veux vraiment le savoir ?

— Oui, pourquoi pas ?

— Non, c'est trop fou !

— Mais encore ?

— Je me demandais si tu étais montée pour pisser ou pour te laver ou pour téléphoner à ton amant ou à ton mari ou à ta fille !

Elle a éclaté de rire, elle a vidé d'un trait sa coupe de champagne puis elle s'est tournée vers moi, toute rouge, avec un sourire radieux et tellement d'ironie dans ses yeux brillants.

— Eh bien, tu as raison sur toute la ligne ! J'ai fait tout ça ! Oui, il y a des bidets dans les salles de bains du Plaza. Mais je dois t'avouer que j'ai expédié mon ex-mari en trois mots. Je n'ai pas d'amant actuellement. Quant à mon fils, et non pas ma fille, il était absent et j'ai laissé un message. Tu es un véritable voyant !

Nous sommes sortis, nous avons dîné tout près, place de l'Alma, Chez Francis… Nous avons parlé de tout, de rien. Je lui ai raconté que c'est dans ce restaurant que Marcel Proust s'était installé pour écrire à Stravinsky un mot après *Le Sacre du Printemps*, qu'à vingt mètres en remontant l'avenue George-V il y avait eu l'un des plus grands couturiers du monde, José de Balenciaga. Qu'en face il y avait eu l'ambassade d'Espagne et que des gens, montés sur les toits de l'avenue, avaient canardé de pierres et de bouts de bois les policiers qui la gardaient lorsque Franco avait fait fusiller le militant communiste Julian Grimau. Étonnée, elle m'a demandé comment je savais tout cela. Tout simplement parce que j'étais né dans ce pâté de maisons, mais de l'autre côté. Et je faisais partie des assaillants de l'ambassade. Nous nous étions cachés chez moi, nous étions cinq ou six camarades, et nous étions montés sur les toits juste avant l'attaque. Les flics ont eu beau fouiller tout le quartier et établir des barrages, ils n'avaient rien trouvé. De retour dans ma chambre, nous avions joué au poker tranquillement pendant deux heures en attendant que les rues redeviennent calmes. Et je lui ai raconté quelques autres pages de ma vie au fil de ces moments où, tout en dînant, nous absorbions des quantités déraisonnables de champagne. Et, en particulier, je lui ai raconté que l'année de mes dix-huit ans j'étais descendu jusqu'à Naples en auto-stop et que, par hasard, j'avais perdu là mon pucelage… « Voir Naples et ne pas mourir ! », ce fut son seul commentaire.

Nous sommes rentrés, assez éméchés, à son hôtel. Nous nous sommes jetés dans les bras l'un de l'autre… Marina est une femme superbe. Elle s'est déshabillée, jetant vêtements et sous-vêtements à travers son salon, elle m'a déshabillé moi-même, elle a allumé la radio, tombant sur l'un des morceaux de *Kind of Blue* de Miles Davis, et nous avons dansé des slows ainsi, sur les épaisses moquettes, frôlant les bouquets de roses. Nus, étroitement enlacés, peau contre peau, excités, nous caressant. Il faudrait être poète pour décrire le sexe de Marina, son goût suave et le délire de ma bouche, la fermeté de ses fesses, toujours froides, que j'ai adoré réchauffer de mes caresses, de mon haleine et de mes baisers, ses seins, encore juvéniles. La délicieuse gymnastique soudant nos corps qui semblaient destinés l'un à l'autre depuis toujours. Nous avons joui comme des fous et nous l'avons un peu crié sur tous les tons.

Lorsque j'ai entrouvert les yeux, hésitant à me réveiller pour de bon, il devait être près de midi, Marina dormait encore, nue à côté de moi, et je voyais sa peau toute rouge, les draps rouges, la fenêtre rouge. Je me suis demandé si je ne rêvais pas. Peu à peu mes yeux se sont habitués et j'ai compris. Nous n'avions pas fermé les rideaux, le soleil donnait dans le patio du Plaza presque à la verticale et, en m'approchant de la fenêtre, j'ai vu que les quatre façades étaient tapissées, à chaque fenêtre, de bacs de géraniums d'un rouge clair très lumineux, plus que lumineux, éclatant. Étrange phénomène. Je me suis glissé dans le lit, je me suis rendormi. Quand je me suis réveillé à nouveau, tout était redevenu normal. Marina était toujours endormie, me tournant le dos, les fesses en arrière, je me suis glissé vers elle, je l'ai pénétrée très doucement. Évidemment, elle a fait semblant de dormir le plus longtemps possible jusqu'à ce que son émoi devienne trop évident.

Vers le début de l'après-midi, nous avons déjeuné dans la chambre et encore beaucoup bu. Nous sommes restés alanguis, écoutant de la musique, regardant distraitement la télé dont nous avions coupé le son, nous caressant tendrement. Je suis rentré chez moi en fin de journée. Je ne l'avais jamais revue jusqu'à cette rencontre surprenante, à l'instant, à Pompéi... Nous avions échangé nos adresses. Elle m'envoyait des cartes de vœux ou bien, de temps en temps, lorsqu'elle était en tournage, une carte postale de Bangkok, d'Honolulu, de Mexico... J'en ai toute une collection. Chaque fois, elle faisait une petite allusion, une toute petite, un mot, un signe, à notre complicité d'une nuit parisienne, à notre *symposium* à nous...

Puis je n'ai eu de ses nouvelles que rarement, au hasard d'échos dispersés dans des revues que je feuilletais dans des salles d'attente de dentistes ou de médecins. Parfois sa photo paraissait en première page des magazines et je les achetais. Je savais qu'elle avait fini par s'installer à Paris mais je n'avais eu aucune occasion de la rencontrer à nouveau. Elle vivait avec des lunettes noires et même cette barrière ne la protégeait pas tout à fait. Le monde entier la connaissait et l'aimait. Impossible de vivre normalement, de faire ses courses dans son quartier, de chiner chez les antiquaires ou au marché aux Puces, d'aller chez un coiffeur ordinaire. Le film qui l'avait rendue célèbre au sortir de l'adolescence avait eu un succès mondial, repassait régulièrement sur toutes les chaînes de télévision, doublé dans toutes les langues possibles, et comme son visage avait à peine changé… Tous les autres films de sa carrière avaient été effacés par celui-ci. Il faut dire qu'elle n'avait guère eu de discernement dans le choix de ses rôles. Elle avait tourné dans quelques épouvantables navets mexicains ou même japonais. Pendant longtemps elle avait reçu mille lettres par mois, provenant des contrées les plus diverses. Des admirateurs lui demandaient sa photo ou l'interrogeaient sur tel ou tel épisode de sa vie que rapportaient les gazettes. Beaucoup clamaient leur passion. Elle continuait à recevoir des centaines de lettres enflammées chaque mois, c'est du moins ce que rapportaient les gazettes. Les correspondants ne songeaient pas qu'elle avait quarante ans de plus que la Natacha qu'ils venaient de voir au cinéma ou à la télévision et que peut-être ses charmes pourraient être un peu fanés. En fait, il n'en était rien.

Marina revient dans la pièce. Elle a glissé ses cheveux dans un bonnet de bain vert grenouille et posé dessus un grand chapeau de paille blonde. Elle porte une robe de plage en tissu à fleurs qu'elle a laissée ouverte sur un curieux maillot de bain une pièce, noir, tout brodé de petites écailles vert bronze qui la font ressembler à un drôle d'animal marin, svelte et charmant.

— Tu veux la piscine de l'hôtel ou la mer ?

— Je crois que j'ai envie de la mer pour cette première fois de la saison…

— Très bien. Mais ce n'est pas juste en dessous. Il faudra un peu marcher.

Nous descendons vers la terrasse de l'hôtel, prenons l'ascenseur qui, à travers la falaise, nous permet d'accéder au bord de mer. Nous gagnons la marina où se trouvent les pontons réservés à la baignade, les plages de Sorrente dépassant rarement les deux mètres de large. Matelas, parasols, petites tables. Nous commandons des martinis gin. Nous allons nager. Le soleil est déjà très bas. L'eau est chaude, agréable. Marina nage à mes côtés.

— Tu sais, je pense parfois à toi et je me dis que nous allons bientôt nous revoir...

— Peut-être. Mais cela fait dix ans qu'on s'est rencontrés... et pas revus !

— Plus que rencontrés !

— Oui. Plus que rencontrés... et tu n'as jamais donné signe de vie autrement que par tes cartes postales.

— Eh bien, et toi ? Rien du tout ! Au moins les cartes postales, ça prouve que je pense à toi parfois.

— Tu crois qu'on pourrait trouver un autre moment à nous ? Une nuit ?

— Ici ?

— Oui, bien sûr, ici.

— Ce soir, je préside un dîner de généreux mécènes. Ça va être d'un ennui ! Sans doute rien de plus qu'une assemblée de la camorra !

— Et moi, je dois présenter mon film à l'auditorium.

— Demain soir, autre dîner, avec les autorités de la région, cette fois. Je ne peux m'y dérober. Et samedi, le dernier soir, il y a cette grande fête au forum de Pompéi. Tu y seras ?

— Oui.

— On peut se voir après, si tu veux... Ou même avant ! J'ai une idée. Samedi matin, tu m'emmènes visiter la région.

Ce que tu veux, où tu veux ! J'ai leur voiture à ma disposition, on peut aller loin. Puisque tu connais si bien Naples et ses environs, sois mon cicérone. Et choisis surtout un bon restaurant pour le déjeuner. Bonne idée, non ?

— Tu es toujours aussi merveilleuse. J'ai envie de toi.

— Ici, dans l'eau ? Tu crois qu'on pourrait ?

— Ça m'est déjà arrivé…

— Ah bon. Où donc ?

— Pas loin d'ici. Mais c'est une longue histoire, je te la raconterai. De toute façon, ici, c'est impossible, il y a au moins trente personnes sur le ponton et plusieurs t'ont certainement reconnue…

— Et puis, moi, il va falloir que j'aille me préparer. J'ai apporté six robes du soir pour ce colloque et je ne sais laquelle choisir. Tu ne voudrais pas m'aider tout à l'heure ?

Je nage jusqu'à un plongeoir flottant. Je me hisse, je pique deux ou trois têtes. Marina applaudit. Elle rit. Nous jouons un peu, nous nous éclaboussons. Nous sortons de l'eau, nous nous allongeons dans l'ultime rayon de soleil. C'est le moment de se rappeler cette invocation à Vénus qu'on attribue à Virgile : « Viens, ô déesse de Cythère ! / Viens, descends de l'Olympe ! / Ton empereur t'appelle. Et la douce plage de Sorrente. » Je regarde la mer striée de reflets d'or et peu à peu gagnée par les encres du soir. Moment toujours magique. Les eaux du rivage n'ont plus de limites, elles ne semblent plus bordées par les caps ou les îles, elles communiquent avec les grands espaces du large, elles invitent au voyage, à la fuite, aux lointains inconnus, aux adieux, au grand plongeon.

De toutes les escales de ma courte vie de marin, la première véritable fut Naples. J'avais dix-huit ans depuis six mois. J'étais pilotin sur le *Provence*, l'un des paquebots de la Société générale des transports maritimes affectés à la ligne de l'Amérique du Sud. Cent soixante-seize mètres de long, vingt-deux de large, une capacité de mille trois cents passagers. Le paquebot appareilla de Marseille, son port d'attache, au début du mois de décembre, pour aller d'abord à Gênes charger les éléments en pièces détachées d'une usine automobile que le célèbre coureur Juan Manuel Fangio voulait bâtir en Argentine. Le chargement ne prit qu'une demi-journée, le port était immense, je n'eus pas le temps de mettre pied à terre. Ensuite le navire devait mettre le cap sur Naples pour un tout autre genre de chargement et, là, l'escale devait durer une vingtaine d'heures. Après, nous rentrerions à Marseille et, dès le lendemain de notre retour, nous embarquerions les passagers français et nous ferions notre vrai départ, notre appareillage officiel pour l'Amérique.

Nous avons quitté Gênes un après-midi afin d'arriver en vue de la baie de Naples le lendemain matin à l'aube. Tard le soir, j'ai erré d'un bout à l'autre du grand paquebot. C'était étrange. Il y avait bien ici ou là un employé en train de procéder à d'ultimes aménagements, empilements de transatlantiques et de fauteuils sur les ponts promenades, installation de filets autour des espaces de jeux, retouches de peinture, mise à l'heure des horloges murales. Mais c'étaient des taches diurnes et même ces retardataires étaient rares. Je marchais le long d'immenses coursives vides. Je passais devant les salons éclairés. À l'intérieur, personne. Tout était déjà installé, matelots, serveurs, chambrières, stewards s'étaient retirés dans leurs quartiers. Le pont arrière était lui aussi désert, les apparaux partout étroitement saisis. Dans le sillage furieux, les remous avaient des reflets phosphorescents. Il faisait froid. En revenant vers le château où se trouvait ma cabine, j'essayais d'imaginer quelle allure devait avoir, vu de loin, ce grand navire tout illuminé : aucune trace de vie mais une intense vélocité, une sorte de navire fantôme fendant la Méditerranée vers une destination secrète.

Au matin, le Vésuve était là, couronné d'un peu de neige, posé sur l'eau bleue. Même rituel chaque fois, le pilote amené par une vedette rapide grimpe à bord bien avant les digues du port, les remorqueurs viennent nous chercher à l'entrée des digues, l'un pour tirer, un autre pour ralentir l'énorme masse du paquebot, un troisième en fin de manœuvre pour le pousser du nez contre l'un des môles de la gare maritime. À quelques encablures de nous, mouillé dans l'avant-port, se trouvait un gros et long porte-avions américain, le *Saratoga*. Il y régnait une agitation insensée. Des marins couraient en tous sens sur la piste de décollage. D'autres galopaient dans les échelles et les coursives s'ouvrant sous le pont supérieur. Des chaloupes se maintenaient à grands coups d'embrayage à la hauteur de deux plates-formes déployées au ras de l'eau où piétinaient des groupes de marins braillards. Les échos incompréhensibles d'ordres brefs beuglés par les haut-parleurs du bord ricochaient sur les bassins du port et amplifiaient encore le chahut.

Nous étions amarrés. On avait descendu la grosse échelle de coupée destinée aux passagers. Il y avait chez nous aussi tout un va-et-vient mais plus modeste. Notre attention a été attirée par un autre brouhaha qui provenait des grilles du port. Elles avaient été fermées entièrement, ce qui est rare. Un cordon de policiers casqués était déployé à l'intérieur. Derrière les grilles, hurlantes, remuantes, faisant de grands signes des bras, agitant des châles ou des mouchoirs, des centaines de femmes aux vêtements bariolés. Elles chantaient, criaient, lançaient des plaisanteries qui relançaient les rires. Certaines étaient montées assez haut sur les grilles en s'appuyant contre des réverbères et se trémoussaient en essayant de mimer des danses lascives. Plusieurs avaient les cheveux coiffés en grands rouleaux comme c'était la mode quinze ou vingt ans plus tôt. Beaucoup portaient des robes très courtes et très décolletées. Quelques-unes levaient furtivement leurs jupes et montraient leurs cuisses et leurs jarretelles.

— La ville de Naples a mobilisé toutes ses putes ! dit sur un ton maussade le premier lieutenant, debout, ses jumelles à la main, sur l'aileron bâbord du paquebot.

La première chaloupe du *Saratoga* accosta juste devant nous. Une vingtaine de marins en tenue d'hiver, vareuse bleue et calot blanc, sautèrent sur le quai et se précipitèrent vers les grilles. Les policiers entrouvrirent les portes sur moins d'un mètre, se placèrent en travers pour canaliser les Américains et les laissèrent sortir un par un. Ils disparaissaient aussitôt, happés par la horde hurlante des filles. La scène dura une bonne demi-heure, les chaloupes faisant d'incessantes tournées, déversant des centaines de marins, jusqu'à ce que le flot se tarisse un peu. Après le débarquement des hommes, elles continuèrent cependant, sur un rythme plus lent, amenant cette fois à terre des petits groupes d'officiers. Les filles étaient reparties vers les bas quartiers avec leurs proies et les policiers avaient rouvert les grilles, les laissant sous la surveillance des habituels gardiens du port. On n'appareillerait pas avant huit ou neuf heures du soir. J'avais la possibilité de passer quelques heures à terre. Je sortis et j'allai flâner en ville, refaisant les parcours auxquels je m'étais habitué lors de mon précédent passage huit mois plus tôt.

J'errai un peu dans Spaccanapoli. On voyait encore de grandes inscriptions blanches peintes au pochoir sur le ciment gris des hauts pignons, à l'entrée des rues borgnes :

US ARMY
No trespassing
DANGER !

Les points d'exclamation abondaient. Une de ces inscriptions faisait suite à une grande tête de mort avec des tibias entrecroisés, peinture du meilleur effet. Mais c'étaient des mises en garde qui dataient d'une quinzaine d'années auparavant quand l'armée américaine occupait la ville, que certains secteurs étaient rigoureusement interdits et que toutes sortes de dangers étranges menaçaient les militaires. Aujourd'hui les marins, vêtus de leur vareuse de sortie bien repassée, s'étaient égaillés dans toute la ville et l'on en voyait déjà émerger en titubant des tavernes. D'autres sortaient de petits hôtels misérables au bras de filles habillées de faux chic et maquillées comme des stars. Des couples d'une drôle d'élégance qui juraient bizarrement avec le décor pouilleux des rues napolitaines, murs noirs, portes et fenêtres cassées et rafistolées, amoncellement de cageots et de vieux pneus dans les ruelles, tas d'ordures fétides, petits marchands ambulants qui couraient pieds nus dans l'ordure au-devant d'hypothétiques clients pour vendre des bricoles insignifiantes et sales à force d'avoir été cent fois manipulées. Naples suçait avec avidité les dollars yankees, tous les moyens seraient mis en œuvre pour dépouiller les deux mille marins du porte-avions à mesure que le roulement des sorties les mettrait à la merci des filles, des mauvais garçons, des joueurs de bonneteau, de dés ou de poker, des voleurs à la tire, des taverniers indélicats, et de tant d'autres petits malins à l'affût.

Je quittai le centre et montai vers le Musée archéologique. Quand j'y parvins, je découvris que la piazza Cavour toute proche était noire de monde et couverte de drapeaux rouges. Il y en avait des centaines, certains unis, d'autres frappés de la faucille et du marteau, d'autres encore portaient des écussons et des inscriptions qu'à distance je ne parvenais pas à lire. J'ai traversé la place en observant la foule. Des jeunes, des vieux, des femmes avec des enfants. Beaucoup étaient en bleu de travail, d'autres en costume noir et chemise blanche, simples, sans cravate. Les petites filles, bien coiffées, avec des nœuds de couleur dans les cheveux, tenaient de grands bouquets de fleurs. La manifestation avait déjà commencé à bouger. J'ai longé, en passant sur le trottoir, une longue colonne d'hommes portant des drapeaux et qui descendait la via Foria, bientôt rejointe par d'autres qui débouchaient des rues de droite, cheminots montant de la gare, dockers et marins arrivant du port, employés de la manufacture de tabac, ouvriers de la raffinerie. Chaque fois, les nouveaux manifestants étaient chaleureusement applaudis. Ils chantaient *L'Internationale* et d'autres chants que je ne connaissais pas. Ou bien scandaient des slogans que je ne comprenais pas bien. À la moitié de la via Foria, à la hauteur du Jardin botanique, la foule était considérable, s'étalant sur toute la chaussée, compacte, impressionnante. Je montai sur un banc et je la vis piétiner encore place Cavour. Ils étaient des milliers, peut-être des dizaines de milliers et, sur deux kilomètres, la rue était rouge de drapeaux qui flottaient joyeusement dans le petit vent frisquet.

Sur la place Carlo III, devant l'interminable façade de l'Albergo dei Poveri, une estrade était bordée de touffes géantes de drapeaux rouges. Et des orateurs en costume noir attendaient que toute la foule se soit déversée aux alentours avant de commencer des discours que devaient répercuter de gros haut-parleurs en forme de corolle. En face, sur l'avenue qui prolongeait la via Foria, une autre colonne de manifestants arrivait à la rencontre de la première, venant des quartiers ouvriers. Même mer de drapeaux rouges avec, çà et là, quelques nuances tirant tantôt sur le rouge brique, tantôt sur le rouge cerise. Du corso Garibaldi débouchait une autre troupe encore et, très vite, la place fut entièrement saturée et les gens commencèrent à piétiner.

Je passai près d'un groupe qui chantait *Bella Ciao*. Je leur souris. Ces hommes et ces femmes endimanchés venaient d'un village de la région de Caserte. Ils avaient apporté deux grands paniers couverts de torchons de cuisine rouges ou bleus d'où dépassaient les goulots de longues fiasques. Ils m'arrêtèrent, me demandèrent d'où je venais et me pro-

63

posèrent de rester avec eux. Nos échanges étaient difficiles. Je ne parlais pas un mot d'italien à cette époque et, dans leur groupe, il y avait bien un homme, un cordonnier qui avait vécu deux ans en exil en France, mais il avait passablement perdu son français. De toute façon, le vacarme et les chants révolutionnaires dominaient toutes les conversations. Cris, salves d'applaudissements, chansons, slogans. Bientôt tout se calma pour faire place à la puissante voix des haut-parleurs. Debout à l'entrée du corso, j'écoutai les discours ponctués de longs applaudissements. Cela n'en finissait pas mais je ne pouvais fausser compagnie à mes nouveaux amis.

Quand tout fut fini, la foule mit près d'une heure à se disperser. Je redescendis le corso avec mes compagnons. Ils décidèrent de s'arrêter sur la piazza, face à la gare. Il y avait des bancs dans les jardins et justement, à un endroit, deux bancs très rapprochés où nous pourrions tenir tous les neuf, le père, la mère, leurs deux filles, de mon âge à peu près, leur neveu, un couple de voisins et le cordonnier un peu bougon qu'ils avaient entraîné presque contre son gré. Ils se sont tassés tant bien que mal sur les bancs. Le neveu a voulu s'asseoir par terre pour laisser de la place aux femmes. Je l'ai imité. Le père de famille a déballé les victuailles, une miche de pain craquante, des petits pâtés de lièvre préparés par sa femme, un gros salami, des œufs durs, de la mozzarelle, des oranges. En plus des fiasques de vin, un thermos de café. Nous avons échangé nos impressions. Sur Naples, sur la manifestation, sur la France, sur l'Italie. Mon interprète essayait de traduire ce que je disais. Les filles me souriaient. Ils se demandaient tous comment je pouvais être si jeune et déjà marin, et j'avais toutes les peines du monde à leur expliquer que ce n'était pas mon vrai métier, que c'était pour le bonheur de voyager, que j'étais encore étudiant et que je n'avais pas l'intention, mais pas du tout, d'être marin plus tard. Ils devaient repartir vers leur village en autocar. Nous nous sommes quittés vers cinq heures de l'après-midi après avoir échangé nos noms et nos adresses. Ils me firent promettre de leur envoyer des cartes postales de Dakar, de Rio ou de Buenos Aires.

Je suis revenu vers le port. En franchissant les grilles près de la gare maritime, je tombai sur un autre curieux rassemblement. Plusieurs centaines de personnes étaient regroupées autour d'un immense tas de bagages. Une montagne de malles d'osier, de valises sanglées, de ballots ventrus, de couffins renforcés par des harnais de cordes, de filets gonflés jusqu'à l'éclatement. Des vieux et des vieilles tournaient autour de groupes plus jeunes. Les vieux étaient en costume noir, gilet sombre et chemise blanche, chapeautés, plusieurs s'appuyaient sur des cannes. Les vieilles étaient en noir aussi, avec d'amples jupes-tabliers et souvent des capes noires ou marron, des petits bonnets ou des chapeaux de paille démodés. Ceux de la génération suivante étaient habillés de façon plus disparate. C'étaient des hommes et des femmes, beaucoup plus d'hommes que de femmes, d'une quarantaine d'années, mains et visages hâlés, souvent entourés d'enfants, et d'origine paysanne, des solides, des musclés, habitués aux travaux des champs. Tous avaient le regard grave. Enfin, des jeunes, des garçons essentiellement, de quinze à vingt-cinq ans, et qui s'agitaient en tous sens, essayant de donner une apparence de fête, de départ en vacances à cet instant qui, je le compris très vite, était beaucoup plus dramatique.

Un autocar arriva en klaxonnant pour se frayer un chemin. D'autres paysans en sortirent. Le chauffeur, aidé par deux ou trois jeunes gens, se mit à décharger les monceaux de pauvres bagages empilés sur le toit du car sous l'œil des passagers qui étaient sortis, avaient fait quelques pas, se regroupaient par familles ou par villages. Un deuxième car arriva, puis un troisième. Bientôt la foule fut considérable. Des femmes portaient des bouquets de fleurs. Un petit groupe de musiciens allait et venait sur le quai, un violon, une clarinette et un accordéon. Ils jouaient des airs de Calabre, de Sicile et des Pouilles et, dans les différents groupes, les gens applaudissaient. Jeunes couples et jeunes célibataires, couples ou célibataires entre deux âges s'embarquaient pour l'Argentine, les vieux les avaient accompagnés pour leur dire adieu sur le dernier quai de l'exil. Beaucoup pleuraient. Certains criaient fort comme pour exorciser leur peine. Quelques bambins couraient un peu partout, se jetaient dans les jambes des vieux, et leurs mères, énervées, les poursuivaient à travers les groupes en criant.

Soudain on entendit des chants. Tous les regards se tournèrent vers le parking où s'étaient rangés les cars. Un curé en chasuble tenant un encensoir et une douzaine d'enfants de chœur, habillés de robes rouges et de surplis blancs, sortaient d'un car où ils avaient dû se changer et avançaient vers la foule des émigrants en chantant le *Veni Creator*. L'un des enfants de chœur tenait bien haut une grande bannière dorée aux armes d'un village de Sicile. La procession marcha jusqu'à l'étrave du *Provence*. Le curé leva la tête vers les hauteurs du navire, prononça quelques phrases que je n'entendis pas et fit une large bénédiction. Puis il se tourna vers la foule et à nouveau la bénit. Tous se signaient. Les pleurs redoublaient.

Je grimpai à bord par l'échelle de coupée des passagers et des officiers. Mais, pour ces passagers-là regroupés sur le quai à ce moment, une autre échelle, un peu plus bas, donnait directement dans les aménagements de la troisième classe. Les familles auraient droit à quelques cabines. Les autres iraient dans de grands dortoirs qui occupaient tout l'avant, la partie considérée comme la plus remuante du navire.

— Ah, vous voilà ! me dit le commissaire du bord comme je mettais le pied sur le pont. Vous tombez bien, je vais avoir besoin de vous. Suivez-moi.

— À vos ordres, commissaire ! Mais qui sont donc tous ces gens ?

— Enfin, vous savez bien que c'est notre principal commerce ! Ce sont les habitants de trois ou quatre villages de Sicile, des Pouilles, de Calabre et de la région de Naples qui partent en Amérique du Sud pour échapper à la misère. C'est l'ordinaire des paquebots. Pourquoi croyez-vous que nous ayons neuf cent soixante-dix-huit places en troisième classe ?

Il m'a entraîné vers les profondeurs du navire, dans une zone où je n'avais pas encore eu le temps d'aller. Nous nous sommes retrouvés dans le petit hall d'accès de la troisième classe. L'élève commissaire avait installé une longue table avec des registres, des listes de passagers, du papier et une grande boîte pleine de cartons imprimés à en-tête de la Société générale des transports maritimes.

— Voilà comment nous allons procéder. Ils vont entrer un par un. Vous prenez leur passeport et vous criez leur nom au commissaire adjoint qui va les pointer sur cette liste. Vous lui tendez le passeport. Il me le passe, je vérifie et je donne son carton d'identification à la personne. Le passeport va dans cette caisse et, à la fin, la caisse ira dans mon coffre-fort. Et dans quinze jours, à Buenos Aires, au débarquement, ce sera la même chose mais à l'envers !

— Et comment je lis les noms, je ne connais rien à l'italien !

— Pas grave. Vous apprendrez vite. L'italien, c'est très simple. Toutes les lettres se prononcent : *c-e* se dit *tche*, *c-i* se dit *tchi*, *c-h* se dit *k*, et puis, si vous commettez des erreurs, ne vous en faites pas, ils corrigeront d'eux-mêmes. Souvenez-vous juste de *tche* et *tchi*. Et aussi de *ki* : *Chi va piano va sano !*

Ce fut ma première leçon d'italien. Je restai debout près de la coupée, derrière les trois solides gaillards qui contrôlaient l'accès au bord tandis que le commissaire et son élève s'installaient derrière la table. Deux autres matelots dans le hall étaient prêts à faire la police si nécessaire. Le commissaire donna l'ordre à ceux de l'entrée de faire signe à la foule. L'un d'eux saisit un sifflet qui pendait à son cou et lança trois ou quatre coups brefs. Ce ne fut pas la ruée. Sur le quai, les adieux s'éternisaient. Le garde siffla encore une fois et fit de grands gestes. Les premiers passagers se présentèrent. J'avais une position privilégiée : je voyais à la fois le quai avec la foule mouvante et tendue qui s'apprêtait à monter à bord, et le hall où les passagers prendraient contact avec le paquebot. Le premier qui se présenta était un jeune homme d'une vingtaine d'années. Je lus son passeport, je criai « Angeli, Luigi ! », ça c'était facile. Luigi Angeli prit le carton que lui tendait le commissaire et s'avança, intimidé. L'un des matelots lui fit signe de suivre la coursive vers l'avant. Le jeune homme disparut au tournant. Presque tous les passagers se rendirent droit sur le pont avant dont tous les sas étaient maintenus grands ouverts.

Plusieurs hommes, des vignerons, se présentèrent avec des couffins de paille contenant, bien rangés les uns à côté des autres, des douzaines de boutures de vigne qui dépassaient de menus paquets de terre ficelée dans de la grosse toile à sac. Le commissaire voulut les empêcher de pénétrer à bord avec ces bagages plus ou moins illégaux mais, devant la détermination des Italiens, il finit par céder. Pendant ce temps, la grue hissait les montagnes de bagages du quai dans de vastes filets et les déposait délicatement sur le pont avant où des matelots les déployaient en rangées régulières dans la partie libre vers tribord. Désormais ce pont avant serait pendant deux semaines la seule zone du paquebot où les Italiens auraient le droit de circuler en dehors de leurs dortoirs, de leurs salles d'eau et de leur réfectoire, là où ils iraient écouter la messe en plein vent le dimanche, là où, une fois passé le tropique du Cancer, les jeunes pourraient se baigner dans une petite piscine de toile dressée dans un coin de l'immense esplanade métallique, là où ils pourraient venir rêver et fumer le soir, sous le firmament nouveau de l'hémisphère Sud, en écoutant les échos lointains des fêtes et des bals donnés, trois étages plus haut, au seul profit de ceux qui étaient considérés, eux, comme de vrais passagers…

Cela dura deux heures et demie. Ce fut harassant. À mesure que le temps passait, les scènes sur le quai se faisaient de plus en plus dramatiques. Ceux qui étaient déjà montés, entassés sur le pont avant, hurlaient tous à la fois en s'adressant aux leurs restés à quai. Des recommandations de dernière minute. Des choses qu'on avait oublié de se dire. Des derniers mots d'amour. Les vieux, sur le quai, pleuraient, les jeunes, à bord, pleuraient.

Les femmes déployaient de grands mouchoirs blancs qu'elles agitaient avec frénésie. Le curé qui s'était changé et avait fini par embarquer, ses enfants de chœur ayant regagné leurs familles respectives, lançait vers le quai toutes sortes de bénédictions mais personne ne lui prêtait attention. En bas, comme il faisait assez frais, plusieurs vieillards étaient remontés dans les cars et faisaient des gestes derrière les vitres. D'autres, une trentaine peut-être, restaient à piétiner sur le quai, accablés.

— Sept cent douze ! Le compte y est. Pour une fois, il n'y en a pas un qui manque ! dit le commissaire.

— Sept cent douze moi aussi ! dit l'élève. Quatre cent cinquante-deux en dortoir, deux cent soixante en cabines collectives.

— Parfait ! Je vais transmettre au commandant. On va pouvoir enfin appareiller.

Le commissaire se leva et disparut dans la coursive. Les matelots halèrent aussitôt la coupée puis fermèrent le panneau d'entrée. Je remontai sur le pont. Il y avait maintenant un autre spectacle à l'extérieur. La nuit tombait, assez fraîche, et le va-et-vient des vedettes du *Saratoga* avait repris. Les jeeps de la Military Police américaine ramenaient des marins ivres. Ils gisaient inertes à l'arrière des véhicules. Certains avaient perdu une partie de leur tenue de sortie, plusieurs rentraient en caleçon, d'autres s'étaient abondamment vomi dessus, d'autres encore étaient blessés et saignaient, plusieurs, malgré leur intense ivresse, s'agrippaient à de grands paquets ficelés dans du papier journal. Le chauffeur de la jeep et son voisin prenaient les types par les pieds et par les bras et, sans aucun ménagement, les jetaient dans les vedettes comme de vulgaires sacs de linge sale. Puis ils repartaient en ville en quête d'autres clients.

À notre bord, les manœuvres commencèrent. Les remorqueurs prirent position et nous décollèrent du quai. Ils nous firent pivoter, tournant avec lenteur l'étrave du paquebot vers les passes du port. Ils nous tirèrent jusqu'à la sortie puis nous lâchèrent avec leurs habituelles salves de sirènes joyeuses. Le navire commença à prendre un peu de vitesse. Sur le quai, les cris et les lamentations avaient atteint leur paroxysme. Tous les émigrants étaient sur le pont avant, tout le monde hurlait. Les trois musiciens de village continuaient à jouer, mais ne pouvaient dominer le brouhaha. Les pauvres gens finirent par se taire, immobiles maintenant, prostrés, inquiets. Ils restèrent tournés vers l'Italie longtemps après que la côte de Campanie eut disparu dans la nuit.

En débarquant au port, il est à peine neuf heures et demie, les panneaux d'affichage électronique de la gare maritime marquent déjà 36 degrés. Je monte tranquillement vers la place du musée par la via Medina, la via Monteoliveto, la piazza Dante et la via Bellini. Partout les serveurs des restaurants aspergent la chaussée à grands coups de jets d'eau et tirent des vélums sur les terrasses. Je débouche sur la place. Un petit groupe attend sur le perron du musée. Des gens qui s'épongent le front et, un peu plus discrètement, les aisselles, en piétinant sur les dalles. Enfin le Surintendant sort par la porte principale. Il vient à notre rencontre et d'un geste ample nous invite à pénétrer dans le bâtiment. Nous le suivons. Le hall est un peu plus frais. Nous sommes une douzaine. Je ne connais personne. Deux femmes d'une quarantaine d'années en robes légères à fleurs, des hommes d'un certain âge, en chemisette et pantalon de toile. Un seul, le plus âgé, cheveux blancs, assez ridé, le teint très bronzé, est en costume et semble souffrir de la chaleur. Sans doute des archéologues, des historiens, des spécialistes de la civilisation romaine.

Le Surintendant nous fait un court exposé sur la nouvelle disposition des salles, nous incitant à les visiter plus tard, après ce qu'il nous réserve en priorité, la découverte du « cabinet secret ». Nous montons le grand escalier de marbre et cheminons à travers les salles où ont été rassemblées les mosaïques patiemment détachées depuis deux siècles des temples et des villas de Pompéi. Il s'arrête à la grille du fameux cabinet, pour l'instant ouverte, et nous présente l'une de ses assistantes, Anna Maria Caprioli, spécialiste des objets, inscriptions et peintures érotiques antiques. Elle a l'avantage sur lui, nous dit-il, de parler un français bien plus fluide et surtout de connaître à la perfection son sujet. C'est une toute jeune femme, on ne lui donne pas vingt-cinq ans, une grande brune assez opulente, serrée dans un jean très moulant. Elle est nue sous son T-shirt vert amande. Beaux bras dodus, peau fine, longs doigts minces. Des yeux sombres, tendres, brillants. Des boucles brunes le long des tempes, un gros chignon, le visage calme et doux. Anna Maria nous salue et nous invite à la suivre au-delà de la grille. Notre groupe s'ébranle et commence à errer dans les petites salles joliment aménagées. Dans la première, quelques vitrines et panneaux évoquent l'histoire de la collection. Au fond à droite, une sculpture bizarre. Anna Maria résume en deux ou trois phrases l'histoire de Daphnis. Fils d'Hermès et d'une nymphe. Placé dans un buisson de laurier à sa naissance, d'où son nom. Gardien de troupeau. Joueur de pipeau. Inventeur du chant bucolique. Séduit Pan, Priape, Apollon, Artémis, bref à peu près tout le monde. Pas seulement joli garçon, très gentil aussi. On a plusieurs versions. Un personnage un peu compliqué, ambigu. Infidèle à une nymphe qui l'aveugle ? Insensible à l'amour ? Métamorphosé en rocher ? Tué par Aphrodite ? Adepte de Bacchus ? Qui croire ? Ovide ou Virgile ? D'autres ? On aimerait en savoir plus.

La sculpture de marbre blanc ne montre rien du destin tragique du bel adolescent. Deux personnages assis sur une peau de lion. La patine, grisâtre, rosâtre, a donné par endroits à la pierre une couleur chair qui affecte les reliefs, souligne les ombres et rend d'autant plus vivants les deux personnages. Pan est en train de parler à Daphnis qu'il tient par le cou. Il lui enseigne sans doute la musique. C'est un satyre : visage busqué et lippu, chevelure et barbe épaisses et frisées, cornes sur le front, pelage sur les jambes qui se terminent en pattes de bouc à deux sabots. Daphnis est jeune, mince, timide et imberbe, le corps un peu mou. Il se penche sur la flûte qu'il s'apprête à essayer. L'auteur du groupe a insisté sur les physionomies : le visage avide et rugueux de Pan est à la même hauteur que celui du garçon, poupin, timide, indécis. Mais plus bas, puisqu'on les voit de face, ce qu'on remarque aussitôt, c'est la différence dans le traitement des sexes. Les deux personnages ont les cuisses écartées. Et face au spectateur. Donc le détail est important. Pan a une toison pubienne développée, bouclée, deux lourdes couilles ovales qui tombent entre ses cuisses ouvertes, la gauche plus bas que l'autre, et un pénis encore fermé par le prépuce mais qui se redresse à l'horizontale le long de la cuisse gauche et dont on devine, sous le fourreau de peau lisse, la hampe déjà un peu tendue, frémissante, et le gland prêt à surgir dans un instant. Daphnis n'a aucun poil et seulement une petite paire de couilles rondes, bien serrées, à même hauteur, tout près du ventre, enfantines et charmantes, avec, posé dessus paisible, un mince et gentil zizi de garçonnet. C'est bien sûr l'opposition entre ces deux zones qui crée toute la force de ce marbre absolument stupéfiant. Une incitation à la pédérastie ? Le maître fiévreux de désir et l'élève innocent mais soumis… En tout cas, un rêve étrange… Oui, nous commençons avec ce membre délicat, léger, angélique, comme celui de Daphnis et nous finissons avec cet objet lourd, trapu, vorace, comme celui de Pan. Toute une vie en deux images.

Mais notre guide ne relève pas ces détails. Elle évoque l'histoire de la collection. À mesure que les fouilles se développaient au XVIIIe siècle, on exhumait un flot ininterrompu d'objets qui ne correspondaient pas à l'image qu'on se faisait alors de la digne civilisation antique. On prenait tous les Romains pour des Catons ou des Sénèques. Nobles, sérieux, moraux, rigides, glacés… Pas du tout ! Peintures et mosaïques obscènes, Priapes aux phallus démesurés, groupes de marbre dans des positions sans aucune équivoque, objets de la vie quotidienne décorés d'innombrables motifs sexuels. Et il y en avait partout, au fronton des boulangeries, chez les bouchers, chez les tanneurs, chez tous les particuliers. À mesure qu'on déterrait à foison ces objets incongrus, on les enfermait dans des armoires puis dans des salles soigneusement cadenassées, rarement ouvertes, et seulement pour quelques savants d'âge mûr et reconnus pour leurs bonnes mœurs. Le cabinet secret jouit durant tout le XIXe siècle d'une gloire tellement sulfureuse que sa réouverture fut mise au programme des partisans de Garibaldi. Un acte considéré alors comme révolutionnaire. Après diverses vicissitudes, l'Église et les bien-pensants faisant la loi, le cabinet resta d'accès très limité jusqu'au deuxième tiers du XXe siècle. Restauré, mis en valeur par un décorateur inspiré, il était désormais accessible à tous depuis à peine quelques semaines. L'an 2000, qui marquait le début d'une nouvelle ère, voyait enfin tomber ce symbole imbécile de la censure bigote. Quand même, les six salles en enfilade du « cabinet secret » étaient fermées d'une grille qui ne s'ouvrait qu'à certaines heures et demeuraient interdites aux enfants.

Anna Maria nous entraîne vers la seconde salle. Un cippe

funéraire en forme d'énorme phallus. Pas mal l'idée de se faire enterrer sous une grosse bite de pierre.

— C'est quoi cette inscription ? demande, agressive, une des deux femmes.

— C'est de l'étrusque... dit notre jolie guide. Et comme l'autre n'insiste pas, elle-même ne pousse pas plus avant.

Les visiteurs se pressent devant une vitrine pleine de coupes, de cratères, de plats et d'amphores : satyres en érection, ménades, bacchantes, hétaïres, scènes de banquets. Avant l'érotisme des Romains, il y a eu celui des Grecs. Sur un petit plat attique à figures rouges, un jeune athlète barbu enfile par-derrière une femme penchée en avant, les seins pendant lourdement, jolie observation, et il semble bien qu'elle sourit. Sur les bords d'une coupe, un satyre poursuit à quatre pattes une femme dans la même position que lui. Évidemment, la coupe est basse et ses limites imposent la position animale des protagonistes. Il lui pince le dos, elle tend le bras en arrière vers lui, est-ce pour le repousser ou au contraire pour l'attirer vers elle, lui saisir le pénis et se faire saillir au plus vite ? Une amphore étrusque à figures noires, trouvée à Capoue : un gentil éphèbe jouait au cerceau, mignonne scène quasi enfantine, et tandis qu'il se penchait vers son jouet, un autre éphèbe, sexe raide comme un piquet, s'est approché et l'a embroché ! Et puis, dans la même vitrine, une foison de petits ex-voto d'argile : phallus, utérus, seins...

Dans la salle suivante, on a aligné sur les cimaises une quinzaine de grands fragments de fresques qui, à une époque, furent considérés comme affreusement obscènes et donc cachés dans des combles secrets. *Satyre et ménade*, *Apollon et Daphné*, *Les Trois Grâces*, *Léda et le cygne*, *Mars et Vénus*, *Polyphème et Galatée*. Je sors mon carnet, je prends quelques notes. La mythologie, nous rappelle Anna Maria avec un grand sourire, ce sont surtout des histoires d'amour. Avec tout ce que ça suppose, tromperies, jalousies, haines, ruses, batailles, rapts, viols. À la différence des peintres de notre Renaissance, les Anciens ne voilaient pas les nudités et excellaient à montrer l'acte sexuel plutôt que ses préliminaires. Galatée, qui nous tourne le dos, est dotée d'un postérieur imposant sur lequel la main très bronzée du Cyclope vient se poser, possessive. Léda s'empare du cygne, l'embrasse et le plaque contre elle avec vigueur. Mais c'est la figure d'Hermaphrodite qui semblait fasciner le plus les Pompéiens. Hermaphrodite, dit Anna Maria, était un dieu phrygien de grande beauté. Il possédait à la fois un corps de femme avec des hanches, de beaux bras et des seins, et un membre « viride ». Un satyre en érection tente de s'emparer d'Hermaphrodite qui le repousse brutalement. La fresque de la maison des Dioscures montre le dieu Pan, noir de peau, poilu, cornu, pieds de bouc. Il se détourne horrifié, la main droite dressée en signe de refus, geste magnifique dû à un peintre fort habile, tandis que la gauche vient de soulever le voile cachant le bas-ventre du bel Hermaphrodite.

La « chaleur » des sujets semble s'ajouter à celle des salles. Je sens la sueur me couler le long du dos, se glisser dans mon pantalon de toile, me mouiller le slip et le haut des fesses. Les autres ont l'air indifférent, ils évoluent sans difficulté autour de moi. Ne ressentent-ils pas la même chose ? Serais-je le seul à avoir chaud ? Ou le seul à être ainsi sensible à la grâce sensuelle de notre guide ? Maintenant Anna Maria souffre de la chaleur et, plus encore, des regards ironiques des visiteurs. La sueur lui perle sur le front, les tempes et la lèvre supérieure. Sa petite cotonnade vert amande commence à se mouiller : de larges auréoles plus sombres sous les aisselles et surtout, entre les deux seins, la trace du sillon ruisselant qui les sépare. J'imagine, avec quelques délices sadiques, les gouttes sur la peau de la jeune femme. Elles se rejoignent, forment de minuscules filets qui, à leur tour, se rassemblent, glissent dans le creux entre les deux seins, coulent par la vallée centrale, s'étalent sur la peau de son ventre, noient son nombril, descendent jusqu'à la ceinture, humectent lentement le haut du jean et peut-être bien aussi son petit linge caché …

La troisième salle, tout en longueur, évoque les thèmes érotiques dans la décoration des jardins. Des panneaux montrent des scènes des bords du Nil peuplées de pygmées, minuscules personnages dotés de membres énormes, festoyant et se livrant en musique à des accouplements baroques. Les Pompéiens imaginaient les pygmées toujours en rut. Dans la même salle, Pan avec une chèvre, le groupe de marbre découvert jadis au cours des fouilles de la villa des Papyrus à Herculanum. Jugé des plus scandaleux, il faillit être détruit avant d'être soigneusement emballé et caché au fond d'un réduit muré. Pan, l'air farouche, est accroupi sur ses talons, cuisses largement écartées. Il tient de ses deux mains les pattes d'une chèvre allongée sur le dos et, de son sexe trapu, la pénètre hardiment. La chèvre se soumet avec volupté. Le comique de cette scène hyperréaliste provient de la ressemblance entre les deux protagonistes : chacun porte des cornes, une barbiche et une petite queue, chacun est couvert d'un épais pelage. Seul le buste de Pan reste humain, et sans doute aussi son sexe au trois quarts sorti de la vulve de la chèvre. Enfin, juste à droite avant de passer à l'autre salle, cette charmante *Vénus au bikini*, petit marbre grec trouvé dans la villa de Julia Felix. Soutien-gorge brassière à bretelles en ciselures d'or sur marbre blanc, et légère culotte de la même matière, la belle, penchée, appuyée sur un petit Priape qui devait exhiber sa fière érection mais dont le membre est cassé, ôte ou peut-être remet sa sandale. Jolie mais visage peu expressif. La résille d'or me rappelle une image… Ah, oui, lorsque Messaline se dénude au bordel, c'est ainsi qu'elle habille ses seins…

À mesure que la séance se prolonge, la poitrine d'Anna Maria se révèle. C'est, d'abord, le dessous de chaque sein qui se teinte d'humidité et vient prolonger le sillon central, puis les deux pointes. On essaie de ne pas trop la regarder pour ne pas la gêner, mais c'est irrésistible. Je l'observe à la dérobée. Le pourtour des deux seins est bien marqué, et aussi les deux aréoles. Rose sombre des deux tétins pointant sous le tissu léger mouillé. Ses deux seins haut perchés, légèrement écartés, on s'en aperçoit, doivent être fermes et croquants. Elle n'aurait aucune raison d'en rougir mais ses joues sont maintenant écarlates. Elle ne sait comment se sortir d'une telle situation. Elle se contorsionne un peu, fait glisser un petit mouchoir blanc de sa poche de jean et s'éponge le front, les joues et les lèvres, rien de plus. D'ailleurs son dos aussi est trempé. Le vert pâle du coton, devenu comme un filtre transparent, laisse voir une peau lisse et bronzée.

La grande salle qui succède à celle de la chèvre est consacrée à la décoration des lieux de plaisir. Une dizaine de tableaux détachés des lupanars et de quelques maisons particulières. Des hommes et des femmes dans les diverses positions de l'amour.

— Vous pouvez constater, dit Anna Maria, qu'il y a essentiellement deux positions. D'abord le *coitus a tergo*, coït par-derrière, la femme est à quatre pattes et l'homme à genoux derrière elle. Et celle qui semble avoir été de loin la préférée des Romains, la *Venus pendula* qu'on appelle aussi *Mulier equitans*, la femme à cheval. L'homme est allongé sur le dos et la femme le chevauche. Cette posture a été souvent commentée : elle prouverait que la femme romaine était plus libre et plus active que la grecque. Ce choix aurait été un signe d'émancipation puisque, dans ce cas, l'initiative des mouvements revient à la femme. Sur ce fragment de fresque qui montre une pénétration par-derrière, vous voyez des restes d'une inscription : LE suivi d'une zone un peu effacée, encore un E puis IMPELLE. Il s'agit de LENTE IMPELLE, « entre lentement » ou « pénètre doucement ». Vous voyez d'ailleurs que la femme tourne son visage vers l'homme, c'est elle qui parle…

Je regarde les jolis tableautins. Il y a d'autres positions : l'homme debout pénètre une femme allongée sur un lit, elle a posé ses jambes sur les épaules de son partenaire. Ou bien comme dans cette peinture provenant de la maison de Lucius Caecilius Iucundus à Pompéi, l'homme est assis sur un lit et la femme vient s'installer sur lui mais cette fois en lui tournant le dos. Elle a un important fessier et il semble bien que les Pompéiens aimaient les gros derrières car le thème revient souvent. Pénétrations par-derrière, par-devant, horizontales, verticales, malgré la manière assez naïve de ces tableaux et les maladresses des peintres, toutes ces images traduisent une intense vitalité. Les peaux nues se touchent, bras et jambes s'enlacent, les tailles se tordent, les visages sourient. Une sieste estivale indéfiniment prolongée…

— Mais, ils ne s'embrassaient jamais ? demande une des deux femmes, celle qui a l'air d'une naïveté sans limites. Elle ouvre des yeux étonnés à chaque pas. Elle semble découvrir un univers entièrement nouveau. Étrange…

— Si, bien sûr. Les Romains distinguaient *osculum*, *basium* et *savium*. *Osculum*, c'est la petite bouche, le baiser lèvres fermées, comme on embrasse sa famille ou ses amis. Le bisou, si vous voulez. Il pouvait même se donner sur la bouche sans impliquer d'érotisme. On pense que *basium* était plus vulgaire quoique consacré à la tendresse amoureuse. Quant à *savium*, c'est le baiser profond, voluptueux, celui qu'on donne aux garçons, aux maîtresses et aux prostituées. Langue et salive. Bien, maintenant, vous voyez qu'en face de ces peintures on a rassemblé dans des vitrines les objets qui figuraient au banquet. Canthares, cratères, bassins, lampes à huile, coupes… La plupart de ces céramiques étaient décorées de scènes érotiques. Certaines sont en forme d'organes sexuels, comme vous pouvez le constater. Mais ce qui est le plus intéressant dans tout cela, c'est le rôle du *fascinum*, le membre viride…

— Viril…

— Pardon ?

— Viril, pas viride !

— Ah, merci.

Je ne sais pourquoi je suis intervenu mais elle parle déjà si bien français que soudain je désire qu'elle soit parfaite.

— Le *fascinum* donc était un symbole de fécondité. On en mettait partout. C'était un talisman. On s'en servait aussi pour faire du bruit parce que le bruit avait une fonction de conjuration. Vous voyez par exemple cet extraordinaire objet de bronze, c'est un *tintinnabulum*, une sonnaille à quatre clochettes : elle a l'apparence d'un gladiateur armé qui se bat contre son propre fascinum transformé en panthère. Le thème du phallus oiseau ou de l'animal à pattes est aussi très courant…

Des phallus ailés suspendus en grand nombre au bout de chaînettes. Une statuette de Mercure, sans doute ce qui reste d'une sonnaille : un sexe énorme recourbé vers le haut lui arrive à la poitrine et il porte sur la tête une coiffure composée de cinq phallus en érection. Un autre personnage au phallus tombant au-dessous des genoux : dans la pointe du prépuce, un anneau soutient une grosse clochette. Un phallus ailé bien décalotté, redressant fièrement sa tête vers le haut. Il a des pattes de lion à l'arrière et sous le ventre un autre phallus et des couilles. Et quatre grelots : au gland du premier phallus, au gland du deuxième, à l'aile et à la patte. Des lampes à huile combinées à des personnages grotesques au sexe démesuré et à des clochettes. Un tintinnabulum venu d'Herculanum montre un gros phallus. Il a une queue animale qui est elle-même un autre phallus, son phallus est bien sûr un phallus et, entre ses ailes, se dresse encore un quatrième phallus. Une rêverie de magiciens. Le phallus devenu un être à part entière et doté lui-même d'un organe. La chaîne peut aller loin ainsi, phallus de phallus de phallus... Vertige de l'infini. Nous regardons tout cela aujourd'hui avec étonnement et incrédulité. Comment comprendre cette société antique apparemment sans tabous ?

Anna Maria donne encore quelques explications. Je n'écoute presque plus. J'observe les gens autour de moi. Le vieux bronzé est face à elle. Il l'observe avec un air d'ennui amusé, comme s'il savait déjà tout ça par cœur. Les autres sont attentifs. Je me demande ce qu'ils pensent vraiment. Impossible que le corps vivant, bougeant, mouillé, de cette jeune femme ne leur procure de l'émotion. Une certitude, les deux femmes, plus toutes jeunes, apprécient le spectacle, sortes de tortionnaires sadiques de la pauvre fille.

Dans la dernière partie de l'exposition, le phallus conjuratoire règne en maître. Des enseignes, des sculptures pour dessus-de-portes, des petites fresques. Un phallus dressé avec ses deux couilles, sculpté en relief dans une plaque de travertin avec cette inscription HIC HABITAT FELICITAS, « ici habite la félicité ». C'était l'enseigne amulette d'une boulangerie. Les visiteurs passent devant ces figurations trop explicites en ricanant un peu.

La séance touche à sa fin. Anna Maria, le buste trempé, semble nue. On voit ses très beaux seins, lourds, fort bien galbés, pointus, osciller à chacun de ses pas. « Des seins napolitains », c'est l'image qui me vient. Je n'hésite plus à la regarder. Alors que tous les autres s'égaillent dans les salles pour revoir tel ou tel objet qui les a plus que d'autres fascinés, je suis seul face à elle. Je la regarde droit dans les yeux. Elle soutient mon regard. Léger sourire. Et comme je baisse les yeux vers son buste, elle se tient là, face à moi, fière, impassible. Elle n'a pas d'échappatoire, de toute façon.

— Il fait chaud, n'est-ce pas ?

— C'est une phrase terriblement banale ! dit-elle en riant.

Elle reste encore ainsi un instant, offerte, face à moi. Pas possible, elle le fait exprès ! Une véritable invitation ! Je commence à la désirer très fort. Je suis moi-même ruisselant. Mais pas au point d'être mouillé comme elle. Sinon, j'aurais aimé lui montrer, comme elle le fait si bien, véritable suaire de Turin, mes creux et mes bosses. Une sorte d'échange. Érotisme mouillé. Érection moulée. Quelques personnes du groupe nous rejoignent. Cette fois, elle se détourne et repart vers la grille du cabinet secret. Accrochés en l'air, soudés dans la maçonnerie du mur, plusieurs énormes phallus de pierre, rouges ou ocre jaune, font saillie, comme si les parois elles-mêmes étaient en rut.

Elle attend à la grille du cabinet que tous les visiteurs quittent l'exposition. Elle refuse les pourboires d'un ou deux maladroits. Non, non, elle n'était pas là pour cela ! Plusieurs traînent un peu. Je suis le dernier.

— Vous ne nous montrez pas les autres salles ?

Elle se détend un peu. Elle sourit.

— Non, pour moi ce sera tout pour le moment !

— J'aurais aimé parler avec vous de l'érotisme pompéien...

— Ça vous intéresse vraiment ?

— Bien sûr. J'ai quelques questions à poser.

— À propos, qu'est-ce que vous écriviez dans votre carnet tout à l'heure ?

— Vous voulez lire ?

— Non, j'étais curieuse de savoir ce que vous notiez de mes explications.

— J'ai griffonné aussi quelques impressions. Les autres visiteurs. Vous...

Je sors mon carnet, qui dans ma poche de pantalon s'est pas mal tordu. La couverture est un peu mouillée de sueur. Je l'ouvre à la dernière page. Juste en travers de la page, j'ai écrit : « C'est bien les plus beaux seins que j'aie vus depuis des années... »

— Vous voulez parler de la *Vénus au bikini* ?

— Non, la *Vénus au bikini* est banale. Et puis elle a une très modeste poitrine.

— Ah !

Elle reste un instant songeuse. Elle ne peut pas rougir davantage, elle est déjà écarlate. Elle soutient mon regard.

— Vous avez remarqué que notre Vénus porte un soutien-gorge, enfin, une certaine sorte de soutien-gorge. Les Romaines en avaient de plusieurs formes. On appelait ça le *strophium*. Ou encore le *fascia pectoralis*, bande pectorale. Du verbe *fascio, fasciare*, bander, lier. *Fascis*, c'est le faisceau, vous connaissez : ça a donné fascisme ! Mais ce n'était pas toujours une simple bande pour serrer les seins comme s'en mettent encore aujourd'hui les bonnes sœurs qui veulent les cacher et les écraser. Il pouvait y avoir une façon de nouer les bords pour donner à la bande de tissu une véritable fonction de support, et même pour faire saillir les seins. On pouvait mettre des bretelles ou diverses attaches, comme notre *Vénus au bikini*. Et si vous l'avez bien observée, cette résille d'or qui lui couvre la poitrine moule parfaitement les deux globes. Donc, les Romains savaient sans doute aussi cintrer et gaufrer et peut-être fabriquer de véritables soutien-gorge très proches des nôtres. Vos questions ?

— J'en ai plein. Sur la représentation de la sexualité. Sur la façon de vivre des Pompéiens…

— Plein ? Alors, ce sera pour plus tard. Je dois faire maintenant la visite pour un groupe d'Italiens.

— Mais quand ?

— Je ne sais pas. Demain soir, à la réception, si vous voulez.

— Vous y allez ?

— Bien sûr ! Avant, je voudrais vous poser une seule question, à mon tour. Les trois points de suspension après votre phrase, ça signifie quoi ?

— Eh bien, réponse demain soir. J'y serai moi aussi !

En partant vers les salles du musée, je me retourne.

— Je compte sur vous !

Elle hausse les épaules et rit. Elle est toujours aussi excitante, sculptée dans son coton mouillé. Je marche allègrement à travers les salles, je veux admirer, une fois de plus, mon Aphrodite callipyge. Elle est jeune, elle est belle, comme Anna Maria. Comment se nomme-t-elle déjà ? Ah, oui, Caprioli ! Comme un fameux acteur napolitain mort il y a quelques années. C'était un ami de Toto. Il faudra que je lui demande si elle est de la même famille. Mais c'est sans doute un patronyme répandu.

Achille et le centaure Chiron, Hercule et Télèphe, Thésée, le sacrifice d'Iphigénie, Flore, les portraits de Paquius Proculus et de sa femme, et ce si beau portrait de femme pensive, le stylet sur les lèvres, et qu'on a longtemps pris pour celui de la poétesse Sapho, je passe presque au pas de course devant toutes ces fresques merveilleuses ou ces fragments de fresques que je connais par cœur depuis des années mais dont je ne me lasse pas. Je redescends des peintures aux sculptures. Ma Vénus est là, comme toujours. Un nouveau cartel. Ce serait une statue des bords de l'eau, bassins, piscines, étangs, et Vénus serait en train de se regarder dans le miroir d'un plan d'eau. Expression d'un « rococo hellénistique », dit le commentaire. Moi, j'avais toujours pensé qu'elle se penchait pour regarder ses fesses. C'est en partie vrai, mais ce qu'elle examine n'en serait donc que le reflet. Nuance ! Une des premières versions de la Vénus au miroir. Une statue étonnante qui doit se regarder du côté pile. L'autre, le côté face, est très beau mais a moins d'intérêt. Quand même, en soulevant son chiton pour découvrir ses fesses, elle montre aussi son large et beau pubis.

Comme toujours, ma Vénus est accompagnée de sa bande d'amis : les Tyrannicides, personne ne se souvient jamais de leurs noms, citons-les, Armodios et Aristogiton ; l'Hercule Farnèse, géant de quatre mètres de haut, gros haltérophile balourd appuyé sur sa massue, court zizi trapu mais beau cul et beau dos, ça, on ne peut le nier ; et puis l'Apollon, le Doryphore, quelques autres classiques. Et surtout l'Artémis d'Éphèse, impressionnante négresse avec ses quatre rangées de mamelles mafflues… C'est dans son temple qu'un jour un certain Héraclite était venu déposer son livre obscur. On ne peut entrer deux fois dans le même fleuve... Je me suis cherché moi-même... Le temps est un enfant qui joue aux dés... Si toutes les choses devenaient fumée, c'est par les narines que nous les connaîtrions... L'harmonie invisible vaut mieux que celle qui est visible... La route qui monte et qui descend est une et la même... La Nature aime à se cacher... Il faut aussi se souvenir de celui qui oublie où mène le chemin... Elles m'agressent, toutes ces glandes lactaires alignées, impossibles, cauchemardesques, j'ai d'autres seins dans la tête, ceux d'Anna Maria. Et deux seulement. Et puis, soudain, j'ai faim, très faim. Il est temps de filer. Je dévale les marches du musée, je plonge dans la ville à la recherche d'une auberge qui cuisine le poulpe et la pasta.

Naples, avril 1974. Pluies incessantes. Bord de mer.

— Il faut s'arrêter là, dit l'homme. On ne peut pas continuer ainsi. C'est un vrai déluge...

— Comme tu voudras, dit la femme.

Ils lèvent les yeux. Sur le bord de mer, à travers l'averse, le fronton de marbre blanc fissuré d'un grand hôtel vieillot, avec, en lettres d'or, MIRAMARE.

— *Miramare*, ça peut vouloir dire au moins qu'on voit la mer. Et puis la nuit va bientôt tomber. Je me gare.

— Fais attention !

Il freine, déclenchant un concert de klaxons dans l'immense embouteillage qui depuis une bonne demi-heure les a engloutis. Manœuvres pour se rabattre vers le trottoir. Le concert redouble. Invectives hurlées par les fenêtres des voitures. Inaudibles dans le vacarme. Enfin il réussit à glisser la petite Fiat rouge contre le trottoir juste devant l'hôtel, dans le torrent furieux du caniveau. Il était temps ! Pas de parapluie. Il faut sortir sous l'averse, ouvrir le coffre, saisir la valise, claquer le coffre et courir vers le porche accueillant de l'hôtel. Au moment où ils sont sur le trottoir, surgit devant eux un énorme édifice roulant : quatre chevaux tirant le corbillard napolitain, haut perché, noir, festonné d'argent, surmonté d'aigrettes. Les chevaux se cabrent, ils ont de l'eau dans les yeux, ils éternuent. Ils trottent dans les flaques, soulevant de grandes gerbes. Le cocher, enveloppé dans une sorte de parka noir, a l'air d'un diable. Il fait tournoyer son fouet en criant des formules incantatoires incompréhensibles.

— C'est mauvais signe, dit l'homme. Il paraît que ça porte malheur. Il faudrait conjurer le sort en croisant les doigts.

Ils rient, ils haussent les épaules, ils courent valise à la main vers l'hôtel. Dans le hall, c'est soudain le silence, reposant. Juste un comptoir avec, assoupi derrière, un vieil employé poussiéreux. Les formalités sont rapides. Il prend les passeports. Il les rendra demain matin, pas de problème. Un endroit pour dîner ? Oui, il indique les quais de Santa Lucia, à deux cents mètres vers la gauche, plein de restaurants, du poisson, des pâtes, des musiciens, c'est tout près, c'est bon, et il y a beaucoup d'autres étrangers. Une chambre sur le front de mer ? Mais oui, l'hôtel est vide, ou presque, en cette saison. Voilà, l'ascenseur est en panne, ce n'est qu'au second. Ils grimpent les marches du majestueux escalier de marbre blanc qui tourne autour de la cage de l'ascenseur, une cabine de bois brun verni avec une banquette de velours rouge fané, deux portes battantes grillagées et une grande grille en fer forgé, mais immobile, figé au rez-de-chaussée, noyé sous un fin velours de poussière, seul témoin d'un ancien faste. Aux murs de l'escalier et des couloirs, des photos antiques, jaunies, dédicacées, dans des cadres minces aux ors ternis. Chanteurs et cantatrices d'un autre âge. *Teatro San Carlo, 1934, 1928, 1937, 1946...*

La chambre est vaste, très vaste même. Marbres ébréchés, acajou défraîchi. Un grand lit à montants Empire avec, à la tête et aux pieds, des boules de cuivre ciselées. Armoire à glace, tain piqueté, reflets dansants. Haute fenêtre à poignée de bronze massive. Derrière, la pluie. Au plafond, une fissure en zigzag, d'un bord à l'autre. Mince au début, large à l'autre extrémité, on aperçoit le lattis sous le plâtre. La salle de bains sent terriblement l'égout. L'homme va vers la fenêtre, ouvre avec difficulté la poignée à bascule, tire un des battants qui s'écarte en grinçant. Il se penche. À travers la pluie, il distingue la perspective de la via Partenope, la chaussée mouillée luisante et, à quelque distance, la silhouette massive du castel dell'Ovo. Mais le Vésuve est invisible, caché derrière des kilomètres d'eau et de brume.

— Ça va. On dirait qu'il va y avoir une petite éclaircie. J'aperçois le château de l'Œuf…

— Pourquoi s'appelle-t-il ainsi ?

— Une légende rapporte que Virgile…

— Encore lui !

— Toujours lui ! Virgile donc a passé pour magicien. Il aurait caché là un œuf pendu dans une cage et dans une pièce secrète. Si l'œuf casse, une catastrophe se produira.

— Et alors, on a trouvé des traces de Virgile ?

— Impossible ! À l'origine, c'est un rocher plein de cavernes et de souterrains. Il y a eu d'abord des fortifications grecques, et je ne sais plus trop quoi, puis un monastère, puis un château normand, puis un autre château, angevin cette fois, remanié, bombardé, transformé, restauré… Mais à ses pieds, le petit port de Santa Lucia où nous allons dîner…

Ils sont rentrés, trempés malgré le parapluie que leur a prêté le portier. Ils étalent leurs vêtements sur les chaises de la chambre et sur les porte-serviettes dans la salle de bains. Ils se glissent frissonnants dans les draps, se blottissent l'un contre l'autre. Ils écoutent la pluie tomber. Magnifique impact des grosses gouttes sur les balcons de marbre, cascade stridente d'une gouttière percée, écho plus lointain de l'averse sur les trottoirs du bord de mer, léger ressac de la mer en contrebas du quai. L'embouteillage a cessé. Plus aucune circulation. Ils somnolent, écoutant toujours ce silence musical et monotone. L'hôtel muet paraît cependant vivant, comme s'il était un être animé en train de ressasser les images de sa splendeur passée. Il n'est plus qu'une ruine bon marché. Il rêve peut-être au prince charmant nanti d'un solide compte en banque, un prince arabe ou même un mafieux, pourquoi pas, qui viendra le rénover, lui redonner le rang de palace qu'il n'aurait jamais dû perdre, rendre du même coup à cette avenue côtière son statut royal et faire pousser tout du long d'autres palaces, d'autres bâtiments prestigieux dignes d'une grande métropole méditerranéenne. Années creuses, saisons creuses, vie et mort de Naples. Un jour tout reviendra. C'est ce que semblent proclamer les gravures anciennes encadrées d'or fin, accrochées sur trois des murs de la chambre et témoignant d'une certaine forme d'éternité (*Vista da Posillipo*, *Il Vesuvio*, *Scavi di Pompei*).

Seule la fissure du plafond apporte une touche d'inquiétude, de menace, à cette paisible soirée d'avril. Secousse, séisme, convulsion, soubresaut, elle est là pour nous rappeler où nous sommes. D'un moment à l'autre, la terre peut trembler, le plafond s'ouvrir plus encore, s'effondrer, écraser comme des mouches les dormeurs innocents. Cette fente est comme l'écho des crevasses, des fêlures, des cassures, des failles ouvertes un peu partout dans cette région et si souvent meurtrières. L'homme la regarde et pense au monde souterrain, aux bruits, aux vapeurs, aux communications avec le monde bouillonnant du volcanisme, la vraie résurrection des dieux antiques régissant ces abîmes. Il se souvient d'un jour où la terre s'était mise à trembler, quelqu'un jouait du piano pour lui, ici, à Naples, et sur le Bechstein noir un vase contenant des pivoines avait glissé un peu de côté, plusieurs pétales étaient tombés sur le bois verni, l'eau du vase s'était ridée, et déjà on entendait dans les rues les matrones crier, se jeter à genoux à même le pavement et prier à haute voix.

Une porte claque soudain. La chambre voisine. On entend des talons hauts percuter le marbre dur. Puis les chaussures vont valser à l'autre bout de la chambre. Quelqu'un tourne le cadran d'un téléphone, sans doute le même gros appareil en bakélite noire qu'ils ont sur leur table de nuit. Une voix, une voix de femme. Beau timbre, vigoureux soprano, elle demande un numéro. Attente, silence. Puis une exclamation : « *Mario ?* » Elle se lance dans une interminable explication. Ils ne comprennent pas très bien. Seuls quelques mots : attente, rendez-vous manqué, promesse, attente encore, pourquoi ? Quand viendra-t-il ? Où est-il ? Ils ont été éveillés de leur somnolence sensuelle, le bruit de la pluie a disparu, la femme avec son Mario a maintenant pris le devant de la scène.

Mario doit être du genre laconique, les répliques de la femme fusent presque sans interruption, au point qu'ils commencent à douter qu'il y ait quelqu'un au bout du fil. À un moment, ils se demandent même si ce n'est pas une actrice en train de préparer un rôle. Une version napolitaine de *La Voix humaine* ? Elle geint, elle se plaint, elle criaille un peu, elle est mécontente. Elle doute, elle l'interroge, elle le poursuit jusque dans ses ultimes retranchements. Elle pleure. Elle évoque des moments révolus, des bonheurs lointains, des saisons moins pluvieuses. Les belles saisons de la jeunesse enfuie ! Elle lui demande pourquoi il n'est pas là, avec elle, comme prévu. Elle revient sur des souvenirs heureux, elle rit. Elle rit peut-être en écho à l'un de ses rires à lui. Elle lui susurre des choses indicibles, peut-être tendres, peut-être obscènes. Elle pleure à nouveau. Elle souffre. Elle a dû tomber à genoux sur la descente de lit. Elle se tire les cheveux, oui, sûrement, elle s'arrache les cheveux, elle tente de sécher ses larmes, son rimmel tache les draps blancs, son nez coule, elle se mouche, elle sanglote de plus belle, elle crie « *Mario ! Mario ! Pietà ! Pietà di me !* ». Ça y est, on est en plein opéra ! Ils ont pour voisine d'hôtel une sorte de Tosca. Infernal, ça peut durer toute la nuit. Que faire ? Frapper au mur ? Non, ne quand même pas lui imposer en plus la honte d'avoir été entendue, écoutée, dans le plus grand instant de faiblesse de sa vie. Juste sympathiser, sourire, continuer à écouter, attendre un dénouement. C'est peut-être bien une cantatrice du San Carlo, après tout.

Maintenant, elle pleure à gros sanglots. C'est comme une agonie, elle n'appelle plus Mario qu'à petits jappements résignés. On sent qu'elle va céder. Mais non, pas tout à fait, elle le supplie de ne pas raccrocher. Elle cesse de sangloter. Elle reprend sa respiration. Tout va bien, elle est courageuse, tout va s'arranger, si elle ne le voit pas ce soir, elle le verra demain, ils trouveront bien une solution, après la pluie, c'est le cas de le dire, le beau temps, on a toujours tort de se mettre dans ces états-là, je vais être courageuse, je surmonterai l'épreuve, après tout notre amour est plus fort que tout, non ? L'homme regarde la fissure et se demande s'il vaut mieux être elle, la Tosca toquée comme il l'appelle déjà, ou bien le Mario taciturne et lointain. Il ne sait pas s'il pourrait être aussi cruel. Il ne le croit pas. Il se demande si la vie lui apportera des histoires comme celle-là. Difficiles, tranchantes, meurtrières. Que fait donc Mario ? Il est marié, Mario ? Célibataire ? Play-boy ? Coureur de jupons ? Ou bien à ce moment, cruauté suprême, est-il avec une autre femme à qui il offre cette mise à mort téléphonique ? Ou encore, tout simplement, il a décidé de rompre, de ne plus la voir du tout, de la chasser complètement de sa vie ?

Difficile de se l'imaginer. Difficile même, puisqu'ils se mêlent de ce qui ne les regarde pas, d'accepter cette séparation. La voix de cette femme est attirante, émouvante, impossible de rester insensible. Elle est peut-être très belle. Il imagine une brune Napolitaine à peau blanche, cheveux dénoués, épars sur les draps, à demi défaite, à genoux, étreignant de ses bras nus l'oreiller trempé de larmes près du téléphone. Elle ne mérite pas ce qui lui arrive. Et Mario, l'ingrat, lui, ne la mérite pas du tout. Comment cela va-t-il finir ? D'ailleurs, est-ce que ce genre d'histoire a une fin ? L'homme et la femme sont serrés l'un contre l'autre dans leur lit de palace. À la fois engourdis, presque endormis, et attentifs. Ils ne disent rien. Ils savent qu'ils ne sont ni à l'opéra ni au théâtre. Ils savent que ce genre de maladie peut frapper tout le monde à tout moment. Ils ne savent pas ce que la vie va leur apporter. Ils aimeraient se lever, aller frapper à la porte de la voisine, l'aider, la consoler, l'inviter à boire un verre avec eux. Ils n'en feront rien, bien sûr. Ils seraient obligés d'avouer qu'ils ont tout entendu. Il leur faut assister à tout cela en témoins passifs, en voyeurs auditifs, à cette scène grandiose et mélodramatique qui s'accorde si bien avec les marbres jaunis, les plafonds fendus, les acajous usés de l'hôtel.

Ils somnolent, ils s'endorment, ils se réveillent, la pluie continue, le murmure de la femme est toujours audible derrière le mur de la chambre. « *Mario ! Mario !* » Elle a encore quelques sursauts mais l'énergie du début n'y est plus. On devine que la fin du dialogue est proche. Ça dure depuis deux heures, sa note de téléphone va être salée. Mario va se fondre dans la nuit, où qu'il soit, quoi qu'il fasse. L'opéra est terminé.

Elle a dû raccrocher, à moins que ce ne soit lui. On n'entend plus que les sanglots de la femme, lointains, étouffés, mais toujours aussi désespérés. Et les musiques entre-croisées de la pluie, balcons, gouttières, trottoirs, reprennent le dessus, mêlées au rythme paisible des vagues butant contre les rochers du front de mer, dans la cruelle indifférence de la matière.

En sortant du restaurant, j'ai envie de marcher un peu dans la ville. Je me mêle à la foule qui monte la via Toledo. À ma première visite à Naples, c'était la via Roma. Elle a retrouvé son nom d'origine. Pour Herman Melville, qui visite la région en 1857, la rue rappelle New York. Commentaire laconique dans son journal : « Belle artère. Broadway. » Il ne croyait pas si bien dire, elle est aujourd'hui la plus animée de Naples. Je veux retourner au musée et voir comment se passent les conférences. Je marche au milieu de Napolitains affairés et joyeux. C'est un vendredi d'été et, pour beaucoup, le dernier jour de travail avant les vacances. J'aime marcher ainsi dans des foules inconnues, à New York, à Londres, à Madrid, à Berlin. J'aime le vertigineux anonymat de ces villes grouillantes. Se fondre dans la masse mouvante jamais en repos, errer au hasard des pulsions subites des groupes, bifurquer, hésiter, piétiner, faire demi-tour, changer de trottoir, se laisser glisser au fil du courant. Échanges de regards avec des hommes, des femmes, des enfants, des vieillards… Certains visages qui vous bouleversent et demandent, implorent même, qu'on s'arrête, qu'on les prenne en considération, qu'on les retienne, qu'on les aime, bien sûr. Les yeux d'une femme soudain, chavirants, et c'est une révélation, tout un roman qui naît, une autre vie, fantasque, surprenante. Tout abandonner, disparaître pour toujours dans une foule nouvelle, une vie nouvelle. Certains l'ont fait.

Retour à la réalité, ces gens, je ne les connaîtrai jamais, je ne saurai rien de leurs vies, de leurs espoirs, de leurs angoisses, de leurs divertissements. J'ai du mal à saisir ce qui les met en mouvement, ce qu'ils aiment, comment ils réagissent aux sursauts du monde. Je ne suis jamais resté assez longtemps pour m'immerger à fond dans cette civilisation si particulière qui a hérité de tant de peuples leurs mœurs bizarres et leurs traits mêlés. Le nez des Grecs, le cheveu noir des Romains, les yeux bleus des Normands, la pommette des Espagnols… Les Napolitains sont plus exotiques que les Tahitiens. J'ai assez vécu pour savoir que l'illusion d'un regard, d'un échange bref mais intense, débouche le plus souvent sur la banalité. La beauté d'un visage est le pire des leurres. Mais je continue à me laisser prendre à l'illusion. Et puis il y a cette langue. Je ne la maîtriserai pas, même si j'y consacre beaucoup de temps, je ne parviendrai jamais à me couler en elle, à en comprendre les méandres, les subtilités, les jeux, les rêves. Ils parlent fort, s'interpellent d'un trottoir à l'autre, vous bousculent, rient, chantent, dansent en marchant. Corps remuants jamais fatigués. Les filles, sensuelles, seins arrogants, hanches roulantes. Les garçons, chamailleurs, chemises ouvertes, mains baladeuses.

Sur la place, le socle de marbre blanc de la statue de Dante est recouvert de milliers de signatures illisibles ou trop lisibles, déclarations d'amour, cœurs fléchés, têtes de mort, petits slogans, zigzags rageurs, signes informes. Ils ont aussi hérité cela des Pompéiens, ce besoin irrésistible de signer, de marquer son passage. Et partout, sur les murs, les vivants ont quelque chose à vendre, VENDESI... VENDESI... VENDESI... et les noms des morts s'affichent, bordés de noir, solennels comme des décrets princiers.

Je croise beaucoup de touristes aussi, ils descendent sans doute du Musée archéologique et vont explorer les abords des quartiers espagnols. Dans la salle de conférences du musée, un public dense et attentif. Deux orateurs montrent sur un écran des images : une carte de la région de Naples avec des zones figurées en couleurs. Ils disent qu'en 3780 avant notre ère, au cours de l'âge du bronze, le Vésuve avait connu une éruption bien plus importante que celle de 79. Il n'y avait alors ni villes comme Pompéi, Herculanum ou Naples, ni même de villages, seulement de modestes hameaux et des huttes d'agriculteurs et d'éleveurs. Les fouilles géologiques prouvaient que des signes avant-coureurs, en particulier des projections de lapilli, avaient permis à une grande partie des populations de fuir avant la terrible explosion. Dans la première couche de cendres ensuite recouverte par les autres retombées, s'étaient inscrites les traces de milliers de pieds nus courant dans la même direction. L'éruption, très violente, avait eu des effets jusqu'à vingt-cinq kilomètres du Vésuve, vers l'est et vers le nord. Et la région était restée dévastée, stérile et inhabitable durant des siècles. Conclusion de l'étude des savants : une bonne partie de la ville de Naples est aujourd'hui sous la menace directe d'une telle éruption.

La conférence et les cartes projetées par les deux orateurs suscitent beaucoup d'émotion et des questions. Comment est-on si sûr de la date de l'ancienne catastrophe ? Grâce au carbone 14. Où a-t-on trouvé des traces de pas ? Un peu partout dans le nord-est de Naples. Comment peut-on mesurer l'importance de l'éruption ? Un calcul permet de déduire le volume expulsé d'après la surface et l'épaisseur des couches décelées par sondage jusqu'à plusieurs dizaines de kilomètres du cratère. Les questions commencent à devenir plus techniques. J'en sais assez, je trouverai bien le texte de la conférence quelque part si je veux pousser plus avant ma curiosité. Je sors, j'ai envie de soleil et de marche.

Je songe à cette curieuse fatalité qui a voulu l'installation de Naples en ce lieu dans l'Antiquité et à la folie de sa croissance vers le sud et le pied du volcan. Les Anciens du moins ne connaissaient pas la puissance dévastatrice de cette innocente montagne jusqu'à son explosion. Mais depuis ! Les hommes ont bâti toujours plus près de lui, jusque sur ses pentes. La fertilité de la terre et de la mer n'étaient pas les seules raisons. Il y a eu sûrement quelque chose de plus subtil, de plus secret, la fascination du danger, de la mort. À Portici, un palais royal et des villas somptueuses à quelques encablures à peine du cratère. Et l'hôpital de Torre del Greco sur une ancienne bouche du volcan. Partout des villas, des jardins, des piscines, des vergers, des richesses fragiles qui peuvent être détruites en quelques heures.

Tout petit, en classe, j'avais été frappé par une grande image murale : une coupe de volcan. Tronc de cône parfait avec sa partie dure de couleur ocre jaune sombre et sa cheminée centrale rouge vif qui se terminait par un panache éruptif explosant dans le ciel comme une sorte de feu d'artifice. Le volcan était une bouche ouverte qui communiquait avec les profondeurs brûlantes. La terre, une mince croûte de matières solides et, en dessous, un magma en fusion, c'est tout ce qu'on savait à l'époque. Il y avait aussi en vignette quelques échantillons de roches volcaniques, ponces, marbres, cristaux de soufre, qui donnaient envie de collectionner de telles pierres. Ce panneau me faisait rêver. De temps en temps les volcans vomissaient le trop-plein de ce feu central. C'était très dangereux pour ceux qui habitaient à proximité. Pompéi en était l'exemple le plus désastreux. Mais certains savants prétendaient qu'on pourrait bientôt les dompter, récolter la fabuleuse énergie des profondeurs. On voyait dans des revues populaires toutes sortes de dessins : machine à curer les cratères, souffleries pour refroidir la lave, laminoirs et hauts fourneaux greffés sur les sommets…

Un de mes camarades avait eu pour Noël un volcan de carton-pâte qui pouvait fumer sur commande. C'était un cône d'une vingtaine de centimètres de haut, peint en vert et bariolé pour évoquer des forêts ou des cultures sur ses pentes, il était posé sur un fragment de « plaine », carré d'environ quarante centimètres de côté. Une route passait au pied du volcan si bien qu'on pouvait y faire rouler des voitures et surtout l'intégrer à un train électrique, à des paysages de fermes avec animaux ou à tout autre décor miniature que les grands magasins exposaient et vendaient alors. Une petite porte camouflée dans la fausse végétation permettait de déposer à l'intérieur, dans une corbeille métallique, un bout de papier d'Arménie allumé. Et après quelques secondes, le volcan fumait de la plus spectaculaire façon. Je n'aimais pas ce jouet. Je ne sais pourquoi. Peut-être parce que tout était faux et miniature. J'avais un grand respect pour les volcans et trouvais que jouer avec ce simulacre, à Paris, zone depuis longtemps privée de tremblements de terre, et à des centaines de kilomètres de la moindre menace de volcanisme, était une sorte de défi dérisoire.

Plus tard, j'allais parfois à la galerie de minéralogie du Jardin des Plantes. J'aimais contempler ces pierres produites par les fourneaux titanesques des volcans. Ponces, obsidiennes, basaltes, gabbros, les mots déjà faisaient rêver. Et les constituants minéraux de la croûte terrestre, pyroxène, olivine, feldspath, amphibole, mica, quartz. Et les pierres décoratives, cornaline, lapis-lazuli, turquoise, jade, agate, calcédoine, améthyste. Et les pierres précieuses bien cachées au sein des filons, diamants, saphirs, émeraudes, rubis, opales, topazes, grenats… Je ne possédais que quelques morceaux d'hématite et de pyrite ramassés au hasard d'une promenade près d'une mine de fer quelques années auparavant, et un gros bloc de quartz hérissé de cristaux pointus que mon père m'avait donné solennellement un jour en me déclarant que son propre père l'avait trouvé au sommet de l'une des hautes montagnes de la région niçoise. C'était peut-être le début d'une collection mais je ne l'ai jamais poursuivie.

Les questions que je me posais alors ne trouvaient pas de réponses dans les livres ou les dictionnaires que je consultais. Si la croûte terrestre était si mince, pourquoi les mineurs ou les spéléologues ne rencontraient-ils pas ce feu central au cours de leur descente ? Si l'on poussait plus loin, que se passerait-il ? Pourquoi le liquide central ne remontait-il pas par tous les puits profonds du monde ? Pourquoi y avait-il des volcans qui bavaient de la lave en permanence, sans autre manifestation plus violente, et d'autres qui explosaient parfois, ravageant tout dans leur voisinage, projetant dans le ciel des millions de tonnes de pierres et de scories ? Pourquoi certains volcans étaient-ils plats, et d'autres pointus ? Et ainsi de suite. Les volcans me préoccupèrent quelques saisons vers mes sept ans, puis je les oubliai. Lorsque je me mis à lire Jules Verne, ces questions se réveillèrent. Son *Voyage au centre de la Terre*, avec les sombres gravures de Riou, était passionnant mais cette longue odyssée à travers les successions de cavernes profondes, l'océan souterrain peuplé d'animaux antédiluviens, la découverte de la forêt primitive, et ce retour en surfant sur la lave à la faveur d'une éruption du Stromboli, tout cela me parut à la longue fort peu probable. *Les Indes noires*, mettant en scène un vrai peuple de l'abîme, les mineurs, était plus émouvant.

Je rêvais des mondes souterrains. Galeries secrètes, grottes, tunnels, caves, catacombes, sanctuaires, mines, gouffres, cavernes enfouies au plus profond de la Terre... j'en nourrissais mes aventures, je rencontrais des proscrits, des êtres cachés, des héros, des déesses. Autant de personnages bienfaisants. Si, par hasard, une menace se précisait, ils m'aidaient toujours à triompher. J'étais à l'aise dans ces mondes obscurs. Et plus tard, dès l'adolescence, j'ai aimé aller dans les grottes, visiter les gouffres, explorer des cavernes ou des nécropoles enfouies, descendre dans des souterrains ou des catacombes. Je n'ai jamais ressenti ni vertige ni claustrophobie. Je retrouvais les décors des rêves les plus riches de mes jeunes années.

La découverte de Naples m'apparut comme un condensé de certains de ces rêves et de tout ce que l'imagination humaine avait pu inventer à travers ses fables, ses mythes, ses légendes, ses romans. Sa poésie aussi. Nerval : *J'ai rêvé dans la grotte où nage la sirène... / Et j'ai deux fois vainqueur traversé l'Achéron : / Modulant tour à tour sur la lyre d'Orphée / Les soupirs de la sainte et les cris de la fée.* Il y avait les grottes innombrables. Les constructions souterraines impressionnantes comme la *piscina mirabile* à Misène. Les longs tunnels creusés par les Grecs puis par les Romains à travers les collines. Les catacombes chrétiennes. Le réseau inextricable des carrières souterraines creusées dans le tuf volcanique sous la ville de Naples même afin d'y prélever les matériaux de construction des immeubles. Il avait été comblé peu à peu de tous les déchets de la ville ; vers la fin du XXᵉ siècle, on avait commencé à le vider selon des principes de fouilles archéologiques modernes et bientôt les carrières souterraines allaient devenir une nouvelle attraction napolitaine à l'égal des catacombes de Paris. Les grottes artificielles et les nymphées des châteaux et des villas, avec leurs rocailles, leurs tritons, leurs néréides et leurs statues de Vénus.

Enfin tous ces trous ouverts par la mer dans le tuf volcanique tendre : avant d'arriver en barque à la grotte bleue à Capri, on longeait une grande muraille où plusieurs petites grottes s'évasaient, des sortes d'embryons pour de futures plus grandes cavernes. Et autour de l'île, tant d'autres : la grotte verte, illuminée par les rayons du soleil de midi sur les algues, la grotte rouge, qui abritait une colonie de coraux, et vingt autres cavités spectaculaires, sur la mer ou parfois dans les collines où quelques hommes préhistoriques s'étaient rassemblés en des époques immémoriales.

Le Vésuve avait été moins chanté que le terrible Etna qui avait inspiré Eschyle et Empédocle. Il n'avait recommencé à soulever l'intérêt qu'après la découverte de Pompéi. Tous les vulcanologues du monde étaient venus l'ausculter. Comme ce drôle de Frank Perret, l'Américain qui avait exploré la montage Pelée : il avait parcouru la région napolitaine à la Belle Époque, en canotier, col dur et jaquette élégante, transportant avec lui partout cet étrange appareil, composé d'une sorte de long haut-parleur de gramophone prolongé d'un stéthoscope, et qui lui permettait d'entendre les grondements, grognements, soupirs et laborieuses digestions des profondeurs. Les autres avaient tout oublié, ou voulaient tout oublier, et ne voyaient plus dans la baie de Naples que des suites de mouillages et de petits ports bien abrités, des eaux tièdes grouillantes de poissons, de crustacés, de coquillages, d'algues, des pentes propices à la culture des fruits les plus divers, pommes, poires, figues, abricots, amandes, grenades, citrons, oranges, olives, trois récoltes de céréales dans l'année, la vigne qui donnait les meilleurs vins, des forêts où le gibier pullulait.

Au fil de mes pensées, je suis parvenu piazza Garibaldi. Je rejoins la gare de la ligne *Circumvesuviana*. Il y a un train pour Sorrente dix minutes plus tard. Je me promène sur le quai en fumant un toscano. Mon train est tout chargé de tags. De grands zigzags de couleur strient violemment chaque wagon. Rouge, violet, jaune, vert émeraude, noir. Et des sigles incompréhensibles : OA ou bien JGWY ou encore SRW... ROAR... ZWZ... GIOS... TRAC... Les tagueurs aiment les lettres évoquant des langues de bande dessinée, des cris de surhommes, des grognements d'animaux sauvages. Ils ont une préférence pour les lettres agressives, Z, Y, W... Parfois, au milieu de l'inconnu, une inscription plus compréhensible : NO RAIN NO GAIN... PARLA CON GESÙ.. TI AMO FOR EVER NUNZIA... Les anciens trains ressemblaient à de vieux tramways, ceux-ci ressemblent à des métros. NO FUTURE... COLOR ALL... VESUVIO... Je monte. Autres graffitis, plus modestes, à l'intérieur. J'essaie de me souvenir de mes premiers voyages sur cette ligne.

Nous démarrons. La seule chose dont je sois sûr, c'est qu'alors les wagons étaient impeccables. Personne n'aurait osé les maculer de peinture. Les gares elles-mêmes étaient assez jolies avec leurs petites maisons rouge pompéien ou jaune de Naples, leurs quais de pouzzolane qui les faisaient ressembler à d'élégants courts de tennis et leurs barrières de bois peint qui couraient se perdre dans les taillis de lauriers-roses ou de bougainvillées. Le train électrique, nous ne connaissions pas encore cela en France, glissait presque en silence dans sa tranchée. On débouchait soudain dans un large ravin descendant vers la mer, trouée de ciel bleu et de pentes arborées, on plongeait dans un tunnel frais pour ressortir aussitôt dans un autre paysage. J'avais l'impression de passer calmement d'une belle gouache romantique à une autre, du moins dans la partie la plus sauvage du parcours.

Aujourd'hui, près de Naples, les graffitis ont gagné les murs bordant la voie ferrée, les piliers et les façades des gares, les ponts et les entrées de tunnels. Le paysage montre de hauts immeubles, des cheminées d'usines, des viaducs d'autoroutes, des installations portuaires, des banlieues à l'infini... Aux arrêts, des quais de béton gris, des panneaux d'affichage eux aussi couverts de tags, des passerelles et des escaliers coupe-gorge, et, dans les squelettes poussiéreux de buissons racornis, des pages de journaux déchiquetées, des sacs de plastique gonflés par le vent, des boîtes de boissons gazeuses cabossées, aux couleurs stridentes, des paquets de cigarettes froissés, des timbales en carton, des emballages de chocolats ou de chewing-gums. Un ferrailleur a soigneusement aligné le long de son enclos des centaines de voitures compactées, autant de cubes multicolores où domine la rouille. Plus loin, une plaine ceinte de grillages, derrière lesquels grimpe très haut une couche d'ordures, nourrie en permanence par toute une noria de bennes. Le monde entier est-il définitivement condamné à cette déliquescence, à cet abandon ?

Ces visions m'accablent et m'inquiètent. Serais-je devenu un vieux grincheux ? Suis-je victime d'une fausse perception, un artefact dû à l'âge ? Tout homme qui se remémore les moments et les paysages de sa jeunesse a bien sûr tendance à magnifier ses sensations, ses souvenirs. Le monde semble lui échapper progressivement, il ne le comprend plus. Mais tout cela, cette crasse multipliée, cette accumulation de déchets, cet enlaidissement général (dont les graffitis ne sont d'ailleurs pas l'aspect le plus gênant), ces paysages voués à une lente disparition sous l'empilement de constructions, est-ce vraiment ce que nous recherchons ? Ce petit train, qui avait été à d'autres époques une sorte de joyeux toboggan m'entraînant en quelques minutes vers les plus grands trésors archéologiques et artistiques, s'est métamorphosé en un vulgaire métro de banlieue fendant la lumière grise du soir, s'arrêtant ici ou là pour charger des passagers harassés de fatigue, sombres et pressés de rentrer chez eux.

Il est vrai que dans sa partie finale, à partir de Castellamare, le train oublie les banlieues sordides. Fraîcheur des tunnels. Éclats des paysages. Il traverse les pentes et les parcs, la végétation reprend ses droits. Acacias, pins, orangers, palmiers peuplent les jardins. Clématites, ampélopsis, vignes colonisent les grillages. Valérianes, aloès, euphorbes, plumbagos, lauriers-tins bordent les talus. Les filets sont tendus entre les troncs noirs des oliviers et repliés dans l'attente des futures récoltes. Les citrons qui font la gloire du pays sont énormes, boursouflés, éclats d'or dans les feuillages d'un vert laqué. Paisible Arcadie. Le plateau bleu de la mer, toujours en toile de fond. On se réconcilie avec la *Circumvesuviana*. Le train s'arrête à son terminus. Je sors de la gare de Sorrente, je marche vers mon hôtel. La nuit tombe. Les parfums des jardins, roses, lauriers, jasmins, pins, les derniers gazouillis d'oiseaux dans les fourrés, la douceur du soir, la faim diluent mes inquiétudes. Et puis,

106

même dans ce monde menaçant, il reste quelques paysages plaisants, et quelques beaux fruits à cueillir. Beaux fruits... je pense à Anna Maria et à Marina, mon humeur noire se dissipe...

Nous avions roulé dans la campagne trop longtemps après la tombée de la nuit. Un peu égarés, inquiets. Cette odyssée dans la région napolitaine risquait de se transformer en naufrage. Nous n'avions pas envie de dormir dans cette voiture minuscule et le ventre vide. La petite Fiat éclairait à peine la route dix mètres en avant. Nous avons débouché sur un plan d'eau. Noire et lisse comme une tranche d'obsidienne, magnifique. Sur la rive étroite, trois barques couchées, de petits échafaudages, du matériel de calfatage, des caisses empilées, une belle gravure en noir et blanc dans le faisceau des phares. Sur notre gauche, une bicoque isolée dont le porche était éclairé d'une simple ampoule protégée par un petit chapeau de zinc conique. Une enseigne défraîchie indiquait HOTEL ENEA.

— Hôtel Énée ! Exactement ce qu'il nous faut ! Vive l'*Énéide* ! Vive Virgile !

Non seulement on pouvait avoir une chambre pour la nuit mais il était même possible de dîner. Une soupe de poissons, des filets de mérou, des fromages de Campanie et quelques pâtisseries napolitaines dont des parts de *pastiera* puisque Pâques était proche ! Nous étions tous les deux seuls dans la salle à manger. Il régnait partout autour de l'hôtel un silence incroyable. C'était le printemps, il faisait frais, de grosses bûches flambaient dans une cheminée. Nous avons regardé les flammes en buvant une eau-de-vie tirée du lacrima-christi. Il y avait pire comme naufrage…

J'ai été réveillé par des coups violents et répétés, métalliques, réguliers. Je me suis levé, je suis allé à la fenêtre, j'ai ouvert le volet. Un homme en bleu, grand, magnifique, irréel, debout contre la coque d'une barque de pêche, donnait de sérieux coups de marteau sur la quille. Il était sept heures du matin. Rien à dire, il avait le droit de faire son travail ! Et d'ailleurs, bien loin d'être énervé, je fus aussitôt saisi par la beauté de la scène et du paysage. La fenêtre donnait sur une anse marine calme bordée de deux ou trois maisons basses, d'un petit chantier naval et de quelques remises à bateaux faites de planches assemblées avec un art subtil et badigeonnées de couleurs pastel. En l'absence de tout détail moderne, j'eus l'impression que rien n'avait changé depuis ce moment légendaire où Énée aborde à ce rivage des champs Phlégréens. Et l'artisan affairé sur sa coque m'apparut comme l'un de ces seconds rôles efficaces qui glissent à l'arrière-plan des récits antiques, un peu comme ce Misène, le trompette d'Énée qui meurt là, et dont le nom servit à baptiser le gros rocher fermant la courbe du rivage. La mer, au large, était d'un bleu plus foncé que celui du bord, elle était calme, paisible. Le ciel, lui, d'un bleu très pâle, délavé, une teinte de porcelaine fragile. C'était le premier jour sans pluie sur la région. Il fallait en profiter.

Après le petit déjeuner, laissant notre Fiat au garage de l'hôtel, qui semblait le seul bâtiment sur toute cette rive, nous sommes partis à pied vers le mont Misène. La via Miseno y menait presque tout droit. À gauche de la route, la baie ; à droite, une longue plage de sable gris-jaune, et la mer. Au bord de la route, quelques maisons entourées de beaux arbres, chênes verts, eucalyptus, araucarias, magnolias. Les haies de lauriers et les grilles étaient envahies par des branches de glycine dont les lourdes grappes mauves pendaient à l'extérieur. Suivant toujours la route goudronnée, nous avons commencé à gravir les pentes du mont. Trois ou quatre lacets. À chaque virage, nous avions une vue sur le large, tantôt vers la baie de Naples, tantôt vers le lac de Misène et la plage de Miniscola. Au bout de la route, une place étroite, l'entrée d'un tunnel. La route perçait le mont Misène de part en part. Nous avons continué à marcher dans la pénombre. Nous avons débouché en pleine lumière aveuglante. Au-dessus, les pentes très fortes du mont couvertes d'un maquis d'épineux. Devant nous, un tronçon de route qui partait en tournant, longeant le bord de la falaise tournée vers le sud-ouest. Cette fin de route menait directement au phare, bâti sur une esplanade d'où la vue portait sur un étonnant panorama, un des plus beaux et des plus dégagés sans doute qu'on puisse trouver dans la région. À notre droite, les eaux bleu foncé du canal de Procida et, toute proche, l'île de Procida dont la silhouette plutôt basse se perdait dans les hauts-reliefs volcaniques d'Ischia, juste derrière elle, un peu plus éloignée. Au centre, une échappée vers le plein large et en face, noyée dans une brume légère, Capri. Et, vers la gauche, la péninsule de Sorrente et les rives de Castellamare. Ensuite, c'était le Vésuve qui trônait au-dessus d'un enchevêtrement de langues de terre, sans doute Nisida puis le Pausilippe qui nous cachait complètement Naples.

Un gardien du phare sortit et vint vers nous. Il nous montra le chemin qui, à la sortie du tunnel, menait au sommet du mont, nous promettant une vue encore plus étonnante. Le petit quart d'heure d'escalade eut sa récompense. Cette fois la vue portait non seulement sur le paysage marin mais aussi sur tout l'arrière-pays. On voyait au loin vers Cumes et son acropole, puis, plus près de nous, le lac de Fusaro avec sa belle bâtisse royale de la Casina, les creux des lacs d'Averne et du Lucrin, l'énorme masse du château aragonais au-dessus de Baïes, les bords des cratères du Monte Novo, d'Astroni et de la Solfatare, le port de Pouzzoles. C'était une bonne initiation à une visite de la région que dix séjours n'épuiseraient sans doute pas…

Je suis revenu au cap Misène presque trente ans plus tard. Je ne reconnus pas la région. La petite baie avait disparu. Ou plutôt elle n'avait plus de plage, plus de vrai rivage. Elle était cernée par des quais de béton hérissés de longues jetées destinées à l'amarrage de hordes de bateaux à moteur. La route avait été élargie. Elle longeait tant de constructions qu'on ne voyait la mer que par petites percées. L'hôtel avait disparu, rasé ou bien noyé dans tout un quartier de grands immeubles de béton assez laids. Certes, les balcons étaient fleuris de lauriers-roses, de géraniums et de plantes grasses monumentales, avec de larges baies vitrées, et la douceur du climat devait être agréable, mais tout était lourd, laid. Garages, supermarchés, magasins d'accastillage, boutiques d'articles de plage, parkings bondés… J'ai refait le même chemin que jadis. Le long des lacets de la route menant au cap Misène, on avait aussi beaucoup bâti. Le tunnel était resté identique. À son extrémité, le bord de la falaise était maintenant peuplé de grands pins d'Alep et le maquis s'était développé à leurs pieds. Genêts, valérianes, cristes-marines, euphorbes se disputaient les rares trous de terre entre les rochers.

111

Mais il ne restait plus qu'un tronçon de chemin accessible. À une centaine de mètres, la route était fermée par un portail métallique et toute la pointe du cap était clôturée par des fils de fer barbelés. Plusieurs pancartes indiquaient :

ZONA MILITARE
Divieto di accesso

L'accès au phare était donc maintenant interdit pour je ne sais quelle raison d'État. La zone était incroyablement souillée. Des papiers gras, des journaux déchiquetés par le vent et accrochés dans les buissons du maquis, des chiffons sales, de vieux vêtements, des ferrailles rouillées, pots et tuyaux d'échappement surtout, des fragments de pneus, des bidons d'huile pour moteur, des bouteilles ou des poches de plastique, des sacs-poubelles jetés dans les caniveaux de la route et ensuite crevés par les rats ou les chiens errants. Il y avait des trous dans la clôture de barbelés, ouvrant dans le maquis des sortes de coulées comme on en voit sur la piste des animaux sauvages, mais on devinait que c'étaient des animaux humains qui s'étaient glissés pour aller accomplir, plus loin, dans les fourrés d'obscures besognes. Je m'accroupis, franchis un de ces trous et me faufilai sur la piste qui s'ouvrait là. Au bout d'un instant, je sentis que mes semelles écrasaient de drôles de choses qui rendaient un son curieux. Je me penchai et je vis que le sol était tapissé, littéralement tapissé de seringues. Autour des seringues et accrochés un peu partout dans les piquants de genévriers ou les touffes de genêts, des centaines de préservatifs, des blancs, des roses, des jaunes. Des martinets criards tournoyaient autour de la falaise et, en levant les yeux, tout redevenait merveilleusement beau, le vert délicat des frondaisons des pins, le bleu absolu de la mer, la toile de fond du panorama délicatement embrumée de violet, avec l'éternelle silhouette du Vésuve. Je fis aussitôt demi-tour et revins vers la route, très attentif à l'endroit où je posais les pieds. Et, en redescendant vers Misène et Bacoli, je me remémorai deux épisodes que j'avais vécus en Italie au cours des années précédentes.

Rome, 1998. Je prépare un film sur David et sur ses *Sabines*. J'ai envie de voir les lieux qu'il a connus lors de son séjour romain et dont il s'est sans doute inspiré pour sa grande peinture. On pense qu'il a montré dans son tableau la fameuse roche Tarpéienne que les voyageurs visitaient encore au XIXᵉ siècle mais que les guides touristiques ont bien du mal à situer aujourd'hui. L'histoire nous avait longuement été racontée en classe. Selon certaines versions des historiens latins, Tarpeia était la fille de Tarpeius, celui qui commandait la citadelle du Capitole au moment de l'attaque des Sabins. Tarpeia propose à Tatius, le roi des Sabins, de lui donner les clés et de le faire pénétrer dans l'enceinte à condition qu'il l'épouse. Selon une autre version, à condition que les Sabins lui donnent tout ce qu'ils ont au bras gauche, c'est-à-dire leurs bracelets et leurs bagues d'or. Les Sabins pénètrent dans la forteresse à la faveur de la nuit. Tarpeia est écrasée sous le poids des bijoux que lui jettent les soldats. Ou encore, sur ordre de Tatius, Tarpeia est écrasée sous les boucliers des guerriers sabins. Et la roche qui se trouve là sera baptisée roche Tarpéienne en souvenir : de sa cime, on précipitera les traîtres. Lorsqu'on nous racontait cette histoire, nous avions du mal à comprendre ce triste exemple et encore plus de mal à en tirer une morale, si toutefois il y en avait une. Certes, nous comprenions bien que la traîtrise était une infamie. Mais nous trouvions que l'amour que lui portait la jeune femme aurait pu inspirer à Tatius quelque pitié. Et nous étions d'autant plus décontenancés qu'une autre version prétendait que Tarpeia avait en fait désiré prévenir le roi Romulus et qu'à ce titre elle était considérée par certains comme une véritable héroïne romaine. Nous n'avions pas encore lu Dumézil et nous ne comprenions pas du tout pourquoi des versions aussi contradictoires pouvaient coexister. Il nous semblait que, de façon générale, il ne pouvait y avoir qu'une seule histoire plausible et que cette loi était valable pour la vie courante comme pour les romans ou pour le cinéma.

Certains historiens placent la roche au nord du Capitole, du côté de la place de Venise, où elle aurait donc été noyée dans l'abominable monument à Victor-Emmanuel. D'autres penchent pour le versant sud-ouest du Capitole, face au Tibre, au-dessus de la place de la Consolation. Un matin de ce printemps-là, je suis parti vers le Capitole et j'ai décidé de tourner autour, dans la mesure du possible, afin de repérer tous les rochers qui pouvaient passer pour le fameux site. On voyait bien quelques rocs le long de l'avenue du théâtre de Marcello, mais aucun n'était assez haut pour prétendre être un lieu d'exécution.

Sur l'autre côté de la colline au contraire, à partir du flanc sud du palais des Conservateurs, les pentes sont suffisamment escarpées pour laisser à nu par endroits plusieurs éperons rocheux. Escaliers, jardins, bosquets, allées en lacets dans les pentes fortes, bancs de pierre, toute cette zone avait été aménagée de longue date. À l'entrée d'une rampe, une plaque indiquait *Via del Monte Tarpeio*. J'étais donc dans le bon secteur. Je pris cette allée. En voulant m'engager dans l'un des chemins latéraux qui montaient vers le sommet de

114

la colline, je découvris qu'il était barré par plusieurs barbelés parallèles renforcés par d'autres tendus en diagonale. Une sérieuse barrière qui courait à travers les pelouses et remontait dans les sous-bois, interdisant la moitié de la colline.

Cependant, un peu à gauche du chemin, des gens avaient tordu les fils, agrandi un espace et rabattu les barbelures, aménageant un passage permettant qu'une personne un peu souple se glisse dans la zone interdite. Ce que je fis aussitôt. Je déteste les frontières et les interdits, je déteste encore plus qu'on m'empêche de pénétrer quelque part. Je m'accroupis, me glissai dans le trou de grillage et me retrouvai de l'autre côté. Je marchai le long du chemin, entrai dans le bois de chênes verts et de lauriers, un vrai bois sacré à l'antique, calme et silencieux. Même les bruits de la circulation dans les rues et les avenues en contrebas semblaient atténués, adoucis. Les frondaisons étaient épaisses. Il faisait très sombre. Je me sentais comme un explorateur au cœur d'une forêt vierge interdite et menaçante. Je vis sur un banc un personnage que je pris d'abord pour une statue tant il avait le visage blanc. C'était un garçon, très jeune, très pâle, les yeux cernés de bistre. Il me suivit des yeux, une bizarre détresse dans son regard, il ne dit rien. Je le saluai d'un petit mouvement de tête. Je continuai à travers les allées. Sur un autre banc, au débouché d'un bosquet, deux garçons s'enlaçaient. Ils me regardèrent puis se détournèrent. Je ne pouvais que continuer et ce jardin me parut soudain gigantesque, interminable.

L'allée que j'avais suivie donnait sur une zone ravagée, dix mille fois piétinée, semblait-il, le chemin disparaissant tout à fait. À nouveau un couple de garçons, mais cette fois allongés sur l'herbe au pied d'un arbre, nus, n'ayant gardé

115

sur eux que leurs T-shirts, l'un couché sur l'autre et le pénétrant assez sauvagement en riant très fort. Je traversai la clairière. Je regardai vers le haut de la colline, de l'autre côté des barbelés. Un grand et bel escalier descendait tout droit du Capitole en longeant l'arrière de la crête. Des gens ordinaires y passaient, jeunes filles sortant de leurs cours, vieux messieurs promenant leurs chiens, dames d'un certain âge portant des cabas bien chargés, mais personne ne tournait la tête vers le bois, de peur sans doute de voir quelque chose qu'il n'aurait pas souhaité voir. C'était comme dans un rêve. Je tentai de remonter vers cet escalier et je pénétrai dans un petit bosquet plus dense que les autres. C'est alors que je sentis sous mes semelles ces étranges craquements ou crissements, comme des bruits de serpent à sonnette tels que je les imaginais. Je fis un bond de côté. Je vis que le sol du chemin, tellement tassé à la longue qu'il était devenu sec et dur comme du ciment, était couvert de seringues, des centaines, peut-être des milliers de seringues. Et aussi, dispersés partout autour dans les buissons, certains noués en petits paquets, d'autres étalés dans l'obscène exhibition de leurs sinuosités presque animales, des préservatifs de toutes sortes et de toutes couleurs.

Le soir, au cours d'un dîner chez des amis romains, je racontai mon aventure. Dès la première seconde, je déclenchai une énorme hilarité. J'étais allé au Monte Caprino ! Le lieu de rencontre des homos romains, des drogués, et de ceux qui sont les deux à la fois... Un coin tellement célèbre à Rome ! La maîtresse de maison alla fouiller dans une pile de journaux, en feuilleta quelques-uns et me brandit des articles récents de *La Repubblica*. Toute une série de discussions avaient eu lieu au conseil municipal de Rome. Certains voulaient fermer le Monte Caprino. On l'avait fait, à coups de barbelés, sans succès, et maintenant le Monte Caprino devenait le symbole de la dissidence, de la résistance à l'ordre moral. On en parlait chaque semaine dans la presse. Interpellations, polémiques, des insultes avaient même fusé. Tout le monde connaissait. Néanmoins aucun des convives présents ce soir-là n'aurait été prêt à se risquer dans ces allées et tous trouvèrent que j'avais eu un courage inouï d'affronter pareille épreuve.

Quand je rentrai me coucher à mon hôtel ce soir-là, je repensai longuement au Monte Caprino. Monte Caprino, montagne des chèvres ? Montagne mythologique ? Je ne savais pourquoi, mais cet épisode m'avait laissé une sensation désagréable. Pourquoi, alors que l'on prétend qu'une libéralisation des mœurs était intervenue au cours des décennies passées, fallait-il se cacher encore ? Est-ce que les adeptes du Monte Caprino préféraient cette clandestinité à la vie au grand jour ? Y avait-il une sorte de volonté d'utopie dans ce comportement ? La drogue et le sexe sont-ils forcément liés ? Le secret, le caché, le clandestin sont-ils vraiment sources de plaisir ? Et puis que penser de cette saleté, de ces ordures, ces déchets, ces seringues souvent pleines de sang, ignobles, qui s'accumulaient et que personne pendant des mois, des années même, n'oserait venir ramasser (j'imaginais déjà des grèves d'employés de la voirie refusant de venir prélever ça sans instruments efficaces) ? Je songeai aux hommes préhistoriques et à certaines tribus qui durant des siècles avaient jeté leurs déchets près d'eux sans jamais se préoccuper de leur devenir. On devinait une sorte de comportement tribal dans ces pratiques. Après les tribus du Tibre, après Romulus, les Étrusques, Rome, le Saint-Empire, une nouvelle couche sédimentaire pour les archéologues du futur ?

Trop de questions ! D'une part, tout ce que j'avais vu, les seringues et les capotes, m'avait fait horreur. Pourquoi, je l'ignorais. D'autre part, les ombres errant dans cet enfer m'avaient paru sympathiques. Le premier garçon que j'avais aperçu, beau comme une statue de marbre blanc, assis sur son banc, c'était moi à dix-sept ou dix-huit ans, angélique et tellement incertain de ma destinée et de mon orientation sexuelle. Les autres, j'aurais aimé faire leur connaissance, parler avec eux. Le soir, les rires des convives m'avaient blessé comme s'ils évacuaient d'une simple pichenette toutes les questions qu'engendrait le Monte Caprino.

Gênes, l'année suivante. Je tourne un film sur Nietzsche. J'ai choisi de refaire tous les itinéraires et toutes les étapes de la vie de ce personnage que j'aime avec tendresse. Il arrive à Gênes début octobre 1881, juste après avoir quitté Sils-Maria. Après divers essais de logements, il s'installe dans un lieu assez particulier, un peu au-dessus de la piazza Corvetto, au 8 de la *salizzada delle Battistine*, la montée des Baptistines, une immense rampe en volées d'escaliers, fort jolie aujourd'hui pour les touristes, pente très forte et fatigante pour celui ou celle qui doit la parcourir chaque jour. Et peu de nietzschéens poussent jusqu'ici. Friedrich Nietzsche habite donc Gênes pour la troisième fois et durant six mois, du dimanche 2 octobre 1881 au mercredi 29 mars 1882. Il écrit surtout en ville, au café, parce que son logeur lui vend trop cher ses chandelles. C'est l'époque du *Gai Savoir*. Au théâtre Politeana, fin novembre, il voit *Carmen* et se prend d'enthousiasme pour Bizet. Au printemps de 1882, il expérimente une des premières machines à écrire de l'Histoire. Il trouve d'abord cela bien pratique, elle tombe rapidement en panne.

Le dimanche, le « docteur-professeur de l'université de Bâle », comme le proclame son passeport, va faire un tour dans « son jardin » (*Ich war in meinem Garten...*). La montée des Baptistines longe un magnifique jardin construit par un patricien génois, Gian Carlo Di Negro. Homme de lettres, poète, artiste, l'un de ces brillants esprits des Lumières qui voyage dans toute l'Europe et fréquente les meilleurs salons de son époque. En 1802, il rachète un vieux bastion entouré de friches et y fait édifier jardin botanique, parc à l'anglaise avec escaliers, pavillons, rotondes, terrasses et cascades. Au centre une villa, la Villetta Di Negro, où seront reçus Lord Byron, Mme de Staël, Stendhal, Manzoni, George Sand, bien d'autres. Quelques années après la mort de Di Negro, la commune de Gênes avait acquis la Villetta et l'avait transformée en musée d'histoire naturelle. Les bombardements de la Seconde Guerre mondiale l'ont détruite et l'on a bâti à son emplacement un musée oriental.

Je voulais montrer la porte de la maison de Nietzsche. La seule façon d'avoir la maison vue de face et d'un peu haut est de filmer depuis les jardins de la Villetta. De plus, des terrasses, la vue panoramique sur la ville de Gênes est exceptionnelle. Et puis, c'est le jardin de Nietzsche, quelques images ne seront pas de trop. Une zone étroite des jardins était accessible, les escaliers et les terrasses qui menaient directement au musée d'Art oriental. Toute la partie droite, plantée de bosquets d'arbres, était clôturée de barbelés, avec les habituels écriteaux *Divieto di accesso*. C'était justement la zone d'où il était possible de plonger sur la montée et sur la façade du numéro 8. Comme nous étions trois, nous nous sommes fait la courte échelle pour enjamber les fils près de l'un des piliers du mur d'enceinte. Nous nous sommes passé le matériel et nous nous sommes enfoncés dans l'espèce de sous-bois un peu abandonné qui bordait à cet endroit la montée des Baptistines.

Des escaliers et des chemins étroits couraient sous les chênes verts, les lauriers et les cyprès. Nous sommes parvenus à une petite esplanade d'où l'on pouvait filmer par-dessus le mur d'enceinte vers la porte de Nietzsche. Les quelques plans enregistrés, nous sommes revenus vers le centre du jardin de la Villetta, vers un belvédère d'où la vue sur la ville était saisissante. Terrasse aux balustres en ruine, toujours en partie fermée par des clôtures de barbelés mais, cette fois, nous étions bien à l'intérieur de l'enceinte. C'est alors que nous avons perçu l'étrangeté du lieu. Le sol cimenté était couvert de seringues. Des centaines, dispersées dans tous les sens, et parfois par grappes enchevêtrées, comme un monstrueux jeu de Mikado. De minces tubes de plastique blanc prolongés d'une fine et courte aiguille. Plusieurs étaient écrasées. Plusieurs avaient des traces de sang. Une ou deux étaient entièrement remplies de sang, un sang noir, à la suite de reflux bizarres qu'on avait du mal à s'expliquer. Et aussi des bouts de papier, des pages déchirées de journaux, des chiffons, des mouchoirs en papier souillés des traînées brunâtres du sang séché, des morceaux de bandes de caoutchouc, restes de garrots. En contrebas, se trouvaient les grottes des anciennes cascades, aujourd'hui à sec, et, aussi loin que portait le regard, c'était le même tapis monstrueux de seringues et de chiffons sales.

L'assistant ramassa un grand carton qui traînait là et, très précautionneusement, se mit à racler le sol de la terrasse sur quelques mètres carrés afin de ménager un espace sain pour le pied de la caméra et pour nos évolutions. C'était l'été, nous étions chaussés très légèrement, nous avions peur de marcher sur une aiguille et de nous y empaler.

Y avait-il quelque part une phrase, un aphorisme de Nietzsche pour lutter contre ce dégoût, cette horreur qui nous prenait littéralement à la gorge ? En filmant le coucher du soleil sur les quartiers de la ville, le port avec ses grues et ses navires, le ciel tout éclaboussé des chaudes couleurs du soir, les quelques beaux restes du jardin vus de loin, nous avions l'irrémédiable impression de souillure, de damnation. Nous avions hâte de fuir ces lieux ignobles. On pouvait facilement imaginer un monde futur, pas si lointain, où les jardins, les villas, les quais des ports, les parkings, les gares, les champs, les bois, les routes seraient peu à peu recouverts par cette mince couche d'objets vénéneux et à jamais imputrescibles. Ces seringues indestructibles, ces intouchables déchets du malheur, succédant aux gypses, aux marnes, aux calcaires de la géologie classique, étaient condamnés à rester là jusqu'à la fin des temps.

C'est à ces seringues de la Villetta Di Negro, à celles du Monte Caprino, à d'autres encore aperçues çà et là dans divers lieux retirés, mais rarement en aussi grande quantité, que je songeais en redescendant du mont Misène. Je me posais les mêmes questions qu'à Rome ou à Gênes. Et je n'avais pas plus de réponse.

J'arrive chez Marina. Elle est prête. Elle m'attendait sur sa terrasse, allongée à l'ombre d'un grand parasol rose, une bouteille d'eau minérale posée sur la table à côté d'elle. Elle porte une charmante robe à fleurs, très fine, presque transparente, tout à fait démodée, des petites roses très précisément dessinées, et pourtant joliment moderne, les motifs sont répétés et entrelacés jusqu'à l'abstraction. Sa garde-robe m'impressionne toujours. Je l'embrasse. Elle est subtilement parfumée. Chaque fois j'y pense et j'oublie, il faudra que je lui demande le nom de son parfum. Je sors de mon sac les billets que j'avais préparés et pliés en quatre. Je les pose sur la table, je les bouge en tous sens.

— Voilà, j'ai inscrit trente noms de sites à visiter entre Sorrente et Cumes. J'en ai prévu quatre pour Pompéi, il y a aussi la villa d'Oplontis, le palais royal de Portici, le Vésuve lui-même, Herculanum, seulement une douzaine dans Naples, et puis le Pausilippe, Baïes, Bacoli, la Solfatare, Cumes, le mont Misène, le lac d'Averne, celui de Fusaro, deux ou trois autres sites. J'ai exclu les îles, ça nous prendrait trop de temps. Et aussi le palais royal de Caserte, c'est un peu en dehors des chemins. Tu vas tirer au sort. Tu en choisis six et nous essaierons de les visiter dans un ordre rationnel.

— Oh ! Tu en as, des idées saugrenues !

— L'arbitraire du hasard vaut mieux que des caprices ou des regrets. Peut-être que ton choix créera quelque chose de surprenant. C'est comme un happening !

Marina saisit un des papiers.

— L'antre de la Sibylle !

— Cumes, très bien. Prends-en un autre.

— Marechiare ! C'est quoi ?

— Un village de pêcheurs… Tu verras. Continue !

— Villa des Mystères !

— Très bien, c'est sur la route.

— Capodimonte !

— C'est un des palais royaux et surtout le musée de peinture. Plus que deux.

— Sansevero !

— En plein cœur de Naples. Le dernier billet !

— Solfatare !

— Parfait, un vrai volcan en activité. Ce qu'il y a de plus spectaculaire. On a échappé à Pompéi même, où on aurait dû faire la queue et ensuite marcher loin pour échapper aux hordes de touristes, ainsi qu'aux secteurs de Naples les plus encombrés. Et aussi au Vésuve où tu n'aurais pas pu monter avec ces jolies petites chaussures roses ! Donc on part d'ici. On s'arrête à la villa des Mystères, on peut y aller sans pénétrer dans l'enceinte des fouilles. Ensuite direction Capodimonte. Puis une petite descente dans Naples pour la chapelle Sansevero. On sort de la ville par la route du Pausilippe. Une heure d'arrêt à Marechiare pour évoquer la chanson napolitaine et surtout pour déjeuner. Ensuite la Solfatare et Cumes. Journée bien remplie, il va falloir serrer les visites et

123

ne pas traîner ! Mais tu n'as pas tiré un billet spécial que j'avais préparé pour nous deux !

— Ah, bon ?

Marina déplie tous les autres papiers. Elle éclate de rire.

— Une sieste aux Astroni ! Qu'est-ce que c'est donc que les Astroni ?

— Un vieux cratère enfoui dans une forêt extraordinaire qui servait de chasse royale et qui est maintenant un parc public...

— Et alors ?

— Alors, il y a des taillis profonds et doux.

— Tu ne penses qu'à ça !

— Pas toi ?

— Si, si, bien sûr ! Je téléphone qu'on prévienne le chauffeur qui doit être quelque part sur le parking de l'hôtel, et nous partons tout de suite !

— Tu as une robe incroyable !

— Oui, c'est une création de Kamoto, un exemplaire unique. À partir d'une planche de Redouté. Et tu n'as rien vu ! Regarde !

Elle déboutonne les minuscules boutons du haut de sa robe, écarte les deux pans. En dessous, elle porte un soutien-gorge en tissu imprimé : chaque sein est une grosse rose rouge, trapue, aux pétales bien fermés, et dont les tiges hérissées d'épines se fondent dans les minces bretelles. Une merveille !

— C'est vraiment « Qui s'y frotte s'y pique ! ».

— Non, tu peux toucher, la soie est encore plus douce que mes seins eux-mêmes ! Et imprimée à la japonaise, encore une de ses inventions. Allons, n'en profite pas trop ! En route...

Comme nous roulons sur la route vers Naples, filant au milieu des vergers, Marina me montre les arbres.

— Les plantes ici sont magiques. Tu as vu la grosseur des citrons ? Tu crois que c'est le Vésuve qui leur donne ces couleurs et cette santé ?

— Sûrement. Les oranges, les citrons, les olives et même les fleurs sont plus extraordinaires que dans tout le reste de la Méditerranée.

— Et pourtant, le Vésuve est tout pelé. Rien n'y pousse.

— Tout près du sommet, non. C'est de la terre brûlée, des cendres, du soufre. Avant qu'il n'explose, c'était pour les Romains une douce montagne verdoyante, striée de terrasses où fleurissaient la vigne et l'olivier. Les gens vivaient là tranquillement, au pied d'un mont fertile. Comment auraient-ils pu imaginer que ces forêts et ces vignobles, ces fleurs et ces fruits, cachaient un monstre abominable ? D'ailleurs, maintenant qu'on le sait, ça ne fait pas fuir les gens. Au contraire !

La voiture s'engage sur la rampe de sortie vers Pompéi, nous pénétrons dans la ville, dépassons la Porta Marina et continuons jusqu'au bout de l'avenue qui mène à la villa des Mystères. Je vais à la caisse puis nous franchissons un petit pont et je commente la visite pour Marina : le tablinum, l'atrium, le péristyle, les chambres, la cour de la cuisine, les salles décorées. Je lui explique ce que je sais de cette grande villa campagnarde ouverte sur la mer qui à l'époque était toute proche. L'avalanche de lapilli avait étouffé une dizaine de personnes dont les empreintes ont été retrouvées au cours des fouilles. On peut voir encore aujourd'hui un homme au grand nez couché sur le côté droit et la bouche béante comme celle d'un poisson hors de l'eau. Les lapilli avaient aussi comblé une longue pièce rectangulaire dont les murs étaient couverts de fresques. Au cours des fouilles, en 1909, il a suffi de déblayer par brouettes entières ces petites pierres ponces pour voir apparaître ce qui est sans doute la plus belle, la plus stupéfiante et aussi la plus énigmatique des fresques de Pompéi.

— Quelle est donc cette couleur ? demande Marina.

— Un rouge de cinabre sans doute. Le vrai rouge pompéien. Selon l'éclairage, il est tantôt proche du coquelicot tantôt plus près du fuchsia. Difficile de définir une nuance comme celle-là. On n'a que des éléments de comparaison. Tout le fond est rouge, ce qui n'est pas rare à Pompéi, ici, c'est presque un parti pris mystique. Tous les personnages se détachent clairs sur ce fond un peu plus sombre mais qui demeure éclatant. La lecture du rituel par un enfant qui est peut-être le petit Dionysos. L'institutrice. Les servantes qui préparent les libations du sacrifice. Le silène et les sylvains. La femme effrayée, le vieux silène et les jeunes satyres. Au milieu Dionysos, le dieu du vin et de la vigne, affalé contre un personnage féminin majestueux mais dont le haut du corps a disparu. Ne nous plaignons pas, la fresque aurait pu être beaucoup plus endommagée, aussi bien par l'éruption que par les fouilleurs de la Belle Époque qui avaient la pioche allègre ! C'est miracle d'avoir encore quatre-vingt-quinze pour cent de cette fresque. Car après sa découverte elle est restée longtemps sous la pluie. Le dévoilement du phallus posé sur un van, l'espèce d'ange qui lève sa cravache et s'apprête à flageller la femme agenouillée. La bacchante qui danse. La toilette de la mariée sous les yeux d'Éros. Et enfin, la « Domina », la patronne de la grande maison qui, pensive, regarde tout ça avec gravité. Je trouve que la flagellée ressemble beaucoup à Anna Maria...

— Qui est Anna Maria ?

— Celle qui me faisait visiter le cabinet érotique hier. Tu la verras sans doute ce soir.

— Et qu'est-ce qui te fait dire ça ?

— Cette espèce d'ampleur du corps. Et cette soumission apparente, ou plutôt jouée….

— Et alors, cette Anna Maria, elle te plaît ?

— Oui, on peut dire ça…

— Continue…

— Regarde la façon dont ses avant-bras sont croisés et la grâce de sa main. Tout n'est pas parfaitement réussi dans cette fresque, mais certaines mains sont magnifiques, elles pourraient être signées Georges de La Tour…

— Quel court-circuit !

— En art, il ne faut pas avoir peur !

— Et moi, donc, je serais où ?

— Toi, tu serais entre la Domina, paisible, pensive, et la démone qui fouette, à l'allure furibarde mais cependant assez joueuse…

— Et tout ça, ça représente quoi exactement ?

— Alors là, tout le monde ne s'accorde pas ! Ça évoque l'histoire de Dionysos et les rites compliqués de son culte, de l'initiation des femmes aussi, peut-être. On n'a pas fini d'en faire des lectures…

Il est onze heures lorsque la voiture vient se ranger sur le parking de Capodimonte.

— Maintenant, je te propose une visite rapide de ce musée qui a tant de chefs-d'œuvre que des heures de visite ne sauraient l'épuiser. On va tout abandonner sauf les images, celles de la peinture. Il y a bien d'autres choses, des meubles, de l'orfèvrerie, de la céramique, mais ce sera pour une autre fois. Et d'ailleurs je suis sûr que tu commences comme moi à avoir faim. Et puis, trop de tableaux tue les tableaux !

— C'est toi le maître ! Je te suis toute soumise !

— J'aime t'entendre parler ainsi. Toi, la reine d'Hollywood ! Je me sens le maître du monde !

— Tu sais, Hollywood, ça veut dire le bois sacré, mais ça n'a plus rien à voir avec la Grèce ou Rome…

Les salles se succèdent, bourrées de tableaux magnifiques. J'entraîne Marina devant le minuscule portrait de François de Gonzague par Mantegna.

— Le peintre n'a pas trente ans. Il est chargé de faire le portrait d'un tout jeune garçon promis à une destinée ecclésiastique et, sûrement, il se souvient de sa propre enfance. Il a de l'affection pour ce jeune homme, ça se voit. Quelle tragédie dans cette image ! C'est Francesco de Gonzague, le second fils du marquis Ludovico III. Il a été nommé cardinal à seize ans ! Ou peut-être bien son frère Ludovico, nommé cardinal, lui, à l'âge de neuf ans ! Voilà, il est déjà déguisé, coiffé, il regarde droit devant lui, il est grave, consterné, accablé même, sur ses épaules pèsent toutes les folies, toutes les lourdeurs d'un siècle despotique. À l'âge où les enfants veulent encore jouer avec leurs poupées ou leurs épées de bois, la fatalité d'une famille prédestinée. Un terrible portrait d'enfant…

Nous marchons à travers les salles.

— Et celle-là ?

— Celle-là, c'est la *Danaé* de Titien. Danaé était la fille du roi d'Argos. Jupiter était si désireux de s'unir à elle qu'il la féconde par une pluie d'or. Danaé n'a pas l'air d'être en pleine extase. Elle regarde la pluie tomber avec un air intéressé, on le serait à moins, elle sourit, elle a l'œil brillant. Elle a les cuisses légèrement écartées mais là n'est pas l'essentiel. Pourtant, le tableau fut jugé tellement érotique qu'au début du XIXe siècle il fut retiré du Palais royal et placé au cabinet des obscènes, avec les autres cochonneries de Pompéi. Regarde le lit, il ressemble à celui de la *Vénus d'Urbin*, le relief des matelas, les draps, les plis, les froissures provoquées par le frottement de ces rondeurs chaudes sur le lin fin. L'art du coucher, de la chambre, de l'alcôve... Il faut être amoureux des corps et de l'amour pour penser si bien au lit. Fragonard et Manet, évidemment !

— Et celui-là ?

— Eh bien, tu vois trois personnages. Le pape Paul III Farnèse et ses neveux. Le neveu de gauche, Alexandre, impeccable dans sa tenue de cardinal, est justement celui qui a possédé la *Danaé*. Le portrait du pape est extraordinaire : vieillard voûté à l'air rapace et méfiant, en fait il fut plutôt généreux, tourné vers le second neveu Ottavio, qui fait une génuflexion tout en regardant son oncle avec humilité, mais il se retournera un jour contre lui. Ce tableau est une terrible caricature du pouvoir. Et en même temps une symphonie de rouges...

— Ce pape a une tête de fouine !

Nous changeons d'étage.

— Viens voir un autre tableau terrible.

— Lequel ?

— Voilà la *Judith et Holopherne* d'Artemisia Gentileschi.

Judith, grande robe bleue assez décolletée, égorge Holopherne avec l'aide de sa servante, robe rouge. Bras dodus et musclés, épaule grasse, seins gonflés pressés par l'effort, Judith s'applique, les yeux baissés, sérieuse. Elle a du sang sur la main qui tient les cheveux de l'homme. Lui, les yeux horrifiés, la bouche ouverte dans un cri qui va être aussitôt tranché par la lame. Nous sommes tellement habitués aux scènes violentes des peintures que nous n'y faisons même plus attention. Et pourtant ! Quelle horreur, quelle folie ! Ruisseaux de sang giclant, cascadant sur les draps et les

129

matelas, couleurs différentes selon les matières où s'imbibe le liquide rouge épais.

— Il n'y a qu'une femme pour connaître si bien le sang ! dit Marina.

Marina regarde intensément les tableaux. Elle ne fait pas semblant de s'y intéresser. Elle les scrute, elle semble pénétrer dans le cadre, elle est le personnage, elle vit ses tourments, ses mésaventures, elle est Danaé, elle est le pauvre enfant déjà cardinal et condamné, elle est l'égorgeuse, peut-être même l'égorgé.

Comme nous descendons à toute vitesse de Capodimonte, la route étant libre, Marina se penche vers moi.

— Pourquoi ces vieux tableaux nous touchent-ils toujours autant ?

— Mystère ! Peut-être qu'il y a quelque chose qui perdure dans leur propos et qui dépasse toute histoire et toute mode…

— C'est banal ce que tu dis, c'est évident et ça n'explique rien…

Un peu vexé, je me tais. Le chauffeur propose de se garer du côté de la piazza Bellini. Pouvons-nous continuer à pied ? Bien sûr. Quelques centaines de mètres à marcher jusqu'à la via De Sanctis. Depuis ma première visite, la chapelle Sansevero a été totalement restaurée. Tout est rose et blanc, tout rutile. Quand j'avais visité ce lieu bien peu connu alors, signalé par quelques rares amateurs d'art baroque, tout était gras de crasse, humide, gris foncé, à peine éclairé. Il fallait descendre seul dans la crypte parce que le gardien ne voulait pas voir les squelettes, il se signait lorsqu'on en parlait. Tout a changé. Lumière éclatante, discrets haut-parleurs avec madrigaux de Gesualdo, jeunes couples curieux en baskets, guides sveltes et branchés… Je n'en veux pas à Marina, après tout elle a raison, on ne peut pas être suprêmement malin à chaque seconde. Je reprends donc mes commentaires.

— Le prince de Sansevero, Raimondo de' Sangro, était un riche aristocrate, excentrique, franc-maçon, alchimiste, inventeur, mécanicien, il a défrayé la chronique au XVIIIe siècle. Il aurait traversé la baie sur un carrosse amphibie mû par un mécanisme secret. Il a inventé des feux d'artifice étranges, une lampe éternelle, un procédé pour teinter les marbres. C'était un homme de goût qui a commandé à d'excellents artistes des sculptures extraordinaires pour orner la chapelle funéraire des Sansevero. Regarde le *Christ voilé* de Giuseppe Sammartino, cadavre recouvert d'un linceul si fin, si lisse, si brillant que tous les apprentis sculpteurs depuis deux siècles viennent pour tenter de comprendre le stratagème. Ou bien la *Pudeur voilée* de Corradini, qui est en fait complètement dévoilée par ses voiles mêmes et, bien sûr, impudique : ce serait la propre mère du prince ! L'artiste n'a pas hésité, le voile est tendu par la pointe des seins de la dame, on voit son nombril profond et ses cuisses fort bien moulées ! Ou encore *Il Disinganno* de Francesco Queirolo, c'est-à-dire *La Désillusion*, un homme pris dans un filet de marbre, un incroyable filet aux mailles ajourées. Mais descendons dans la crypte, ce qui a fasciné le plus chez le prince de Sansevero, ce sont ses deux momies. Comment les a-t-il fabriquées ? Il aurait réussi, par différentes ruses, maléfices et sordides cuisines secrètes, à pétrifier veines et artères d'un homme et d'une femme à l'aide d'une préparation plus ou moins métallique, puis à éliminer les parties molles du corps soit en les faisant cuire, soit en les laissant se décomposer sous terre, afin que ne subsistent plus que les

131

squelettes et les réseaux sanguins. Mais les a-t-il tués ou a-t-il récupéré des cadavres, nul ne sait !

— Hou, ils sont grimaçants !

— Oui, comme tous les squelettes. Mais on les a passablement restaurés. La première fois que je les ai vus, ils étaient gris de poussière. Leur armoire vitrée était vermoulue. À terre, au pied de la femme, il y avait de la poudre et le minuscule squelette de son bébé. Parce que non seulement on ne sait pas comment il a fait mais en plus il a choisi une femme enceinte pour son expérience…

— J'espère qu'ils étaient morts.

— Certains disent qu'on peut seulement obtenir cette solidification de tout le réseau sanguin à partir d'êtres vivants, en leur injectant cette solution pétrifiante, sans doute un supplice atroce. Mais le plus probable, c'est que le prince a travaillé sur des cadavres. C'était plus facile à obtenir que des vivants ! En tout cas, les Napolitains ne passaient pas facilement dans cette rue et, s'ils devaient le faire, ils conjuraient le sort en croisant les doigts ou en se signant. Le prince, l'un des grands personnages historiques de Naples, passe pour avoir été un adepte de Satan.

Nous sortons de Naples et, après Mergellina, nous prenons la route du Pausilippe.

— Où m'emmènes-tu maintenant ? demande Marina. Je lui réponds en chantant.

— *À Marechiare ce sta na fenesta, / la passione mia ce tuzzulea / nu carofano addora / 'int' a na testa, / passa all' acqua pe sotto e murmulea…*

— Marechiare ?

— Oui, on dit Marechiaro en italien. Un tout petit village de pêcheurs perché au-dessus d'un port miniature, dans la

132

pente très forte du Pausilippe, et surtout célèbre par un poème de Salvatore de Giacomo mis en musique par Paolo Tosti, l'un des maîtres de la chanson napolitaine, qui, bizarrement, fut fait citoyen britannique par son ami le roi Edouard VII… On va se garer par là parce qu'il est difficile d'aller plus loin avec une voiture si large.

Nous descendons tous deux à pied la rampe et les escaliers.

— Il n'y a plus que des pizzerias dans ce village mais on peut aussi y manger du poisson. Une terrasse au-dessus de la mer, ça t'ira ?

— Et alors, pourquoi une chanson sur ce village ?

— C'est un poème qui évoque une fenêtre, celle que tu peux voir là-haut sur cette petite maison. La fenêtre de l'amoureuse. Il y a la lune, les étoiles, la mer, enfin tout y est, et c'est la nuit. L'ombre de la femme aperçue par le soupirant. Paroles en napolitain… Maintenant, asseyons-nous et commandons à déjeuner. Tu dois avoir faim, non ?

— Assez, oui. Et tu crois que ce type là-bas, avec une guitare, va venir nous chanter des chansons napolitaines ?

— Il est sûrement là pour ça ! Tu sais, c'est un véritable produit local exporté dans le monde entier : *Torna a Surriento, Funiculi-Funicula, Luna nova, Core ingrato, L'ultima canzone, Non ti amo più, Lucia Luci, Casarella* et, bien sûr, *O sole mio* ou encore *Santa Lucia*… Même les gondoliers vénitiens les chantent ! Et il y a des Napolitains en Californie, au Québec comme en Argentine !

Déjeuner au-dessus de la mer bleu sombre. Risotto au noir, friture de la baie avec petits poissons, calmars et crevettes, salade de roquette, le tout arrosé d'un lacrima-christi blanc et frappé. Vrai espresso napolitain, mince, noir, sublime.

Pas trop de touristes. Quelques chansons. Bon pourboire à l'artiste.

Nous avons repris la route du Pausilippe, le chauffeur se débrouille bien. En moins de dix minutes nous arrivons à Agnano. Quelques kilomètres de plus et nous descendons de voiture.

— Oh, ce que ça sent mauvais ! dit Marina.

— Oui, et c'est pire encore à l'intérieur.

Je la guide jusqu'au portail. Nous marchons un instant entre les maigres rangées d'arbustes, nous débouchons sur le cœur du volcan. Au pied des rochers pelés du cratère, sur quelques centaines de mètres de large, la terre est remuée, blanche et jaune, liquide, bouillonnante, de grosses bulles éclatent en surface, des jets de vapeur fusent, des bouffées d'une odeur écœurante, œuf pourri et fond de poubelle...

— Mais c'est quoi ? demande Marina.

— Ici, nous sommes au centre d'un petit cratère, tu vois tout autour les pentes, le cratère d'un volcan assez jeune, et en même temps tout près, très près du magma, pense-t-on. Quelques kilomètres à peine en dessous de nous. Les eaux qui s'infiltrent ressortent, bouillantes ou sous forme de vapeur. Et ça sent le soufre. Les Romains y avaient fait une station thermale, tu vois là-bas de vagues ruines. Rien ne pousse, bien sûr. Mais...

— Mais ?

— La première fois que je suis venu, l'espace était libre. Il y avait juste à l'entrée ces baraquements avec des tables et des chaises, et le bar. Ils ont tracé des chemins balisés et mis des barrières un peu partout. Ils ont dû avoir des accidents. Il faut dire que dans ces flaques de boue chaude on peut s'enfoncer et être affreusement brûlé. Ce qui m'avait le plus frappé, c'est que tu marches sur de la terre ferme, bien dure, bien tassée, et que soudain, presque sans transition, cette terre devient boue mouvante… Comme là-bas, tu vois ?

Mais Marina ne m'écoute plus. Il n'y a personne. Les touristes déjeunent encore. Le soleil est implacable. Marina, sans façon, a relevé sa jupe à fleurs, la serrant autour de ses cuisses, et enjambé la barrière. Un gardien accourt.

— *Signora ! Signora !*

Il repart aussitôt vers la loge.

Mais elle est déjà bien au-delà, elle court sur la terre nue et soufrée, s'approche des bulles de boue, s'accroupit, tend la main. Elle rit. Quand Marina rit, c'est un rire de fillette, aigu, débridé, libre. Elle laisse éclater toute sa fraîcheur juvénile. Elle n'a jamais eu aucune notion de l'interdit, du péché, de la faute, de la honte. Peut-être était-ce cette part d'enfance qui m'avait tant séduit, qui m'avait permis de dépasser les apparences, d'aller au-delà de l'air qu'elle affichait, des rôles sévères que les scénaristes lui avaient donnés. Et comme moi-même, malgré mon âge, j'étais resté parfaitement « immature », comme le disaient les meilleurs de mes amis, c'est-à-dire en fin de compte libre, que je n'avais pas la moindre notion de péché non plus, j'avais pu me jouer de ces images de Marina et je ne pouvais que l'aimer. Parfois, elle détruisait elle-même sa propre image, laissant exprès échapper un geste ou un mot vulgaire. Mais elle était à ce moment d'autant plus sublime qu'elle était habituellement d'une grande réserve, d'une allure taciturne et polie, sans aucun relâchement public, aucune complaisance. Lorsque le mot jaillissait, lorsque le geste ou la posture survenaient, cela avait l'effet d'une fusée de feu d'artifice, subite et stupéfiante. Je m'en étais rendu compte, dix ans plus tôt, au cours de notre seule nuit d'amour où nous étions passés par tous les stades d'intimité possibles. Ainsi, comme nous étions nus sur le lit, jouant à tous les jeux les plus fous, et nous poursuivant à quatre pattes, elle s'était brusquement arrêtée, les jambes bien écartées, et, comme j'arrivais derrière elle, avait porté la main en arrière, m'avait saisi le sexe en érection et se l'était prestement planté dans la chatte en éclatant de rire comme une fille espiègle qui vient de faire une bonne farce. C'était la même Marina qu'on voyait sur la couverture des magazines de mode, digne et froide, porte-manteau de grandes marques, ou bien dans les films où elle jouait des garces frigides et de chastes princesses à marier.

Je ne sais pourquoi je repense à cette scène d'amour alors que nous sommes au bord d'un volcan glougloutant! Le gardien revient. Il n'a alerté ni la police ni qui que ce soit. Il a un gros livre et un stylo à la main, il me sourit.

— *È la signora Wilson! Che meraviglia!*

Marina court d'une flaque à l'autre, zigzague entre les bulles, elle est toute fofolle. La gazelle du volcan. Elle tousse. Elle s'écarte. Elle fait des mouvements de ses mains autour de son visage comme pour écarter une invisible vapeur.

— Attention, tu risques de tomber dans des boues mouvantes. Et surtout de te brûler!

Elle rit, continue de plus belle. J'ai l'impression que rien ne saurait l'arrêter. Elle s'accroupit au bord d'une flaque de boue, jette un caillou, tend la main, la retire brusquement, tousse encore. Elle se relève, se tourne vers nous. Elle finit par revenir. Relève sa jupe au grand émoi du gardien, saute avec élégance près de nous, et se calme enfin. L'homme lui tend son registre et le stylo. Marina lui dessine un grand cœur et signe à l'intérieur. L'homme, visiblement ému, lui prend la main et la baise. Puis il aperçoit tout un groupe de

136

touristes qui attend à la porte et il se prépare à les rejoindre. Marina le retient par le bras.

— *Attenzione !* dit-elle, et elle met son index sur ses lèvres.

— *Si, si*, dit le gardien. *Silenzio !*

Et il s'enfuit, trop heureux de partager un secret avec la star. Et il ne vend pas la mèche car les nouveaux arrivants se dispersent, vont et viennent autour de nous sans même faire attention à Marina, bien protégée par ses lunettes noires et son chapeau de paille.

— Ma chère Marina, tu y as gagné quelque chose !

— Ah, quoi donc ?

— Tu pues l'œuf pourri ! Et je ne sais pas si j'aurai toujours envie d'une sieste aux Astroni !

Je m'approche d'elle, je la prends dans les bras, je renifle ses boucles. Même parfumée à l'anhydride sulfureux, Marina est merveilleuse... J'éternue.

— C'est à ce point ? demande-t-elle.

Nous ressortons de l'enceinte de la solfatare. Au passage, Marina envoie du bout des doigts un baiser au gardien. L'homme lui fait un signe complice. Nous marchons sur le bitume pour rejoindre la voiture. Je baisse les yeux. J'arrête Marina.

— Regarde !

— Quoi donc ?

— Tes chaussures !

Ses jolis souliers roses, assortis aux fleurs de sa robe, sont devenus verts. Enfin, non, même pas verts, mais d'une couleur sale, une sorte de kaki mordoré, malsain. Marina pouffe de rire. Comme d'habitude...

1968 ! Ce fut une drôle d'année, chacun sait cela. Mais pas seulement en raison de tout ce qui s'est passé dans le monde, l'assassinat de Martin Luther King, l'assassinat de Robert Kennedy, le « printemps de Prague », l'offensive du Têt au Vietnam, les mouvements antiguerre aux États-Unis, les barricades de mai au Quartier latin, les manifestations géantes à Paris, à Tokyo, à Rome, à Berlin, à Varsovie, à Washington, à Chicago, les massacres au Biafra, les poings levés aux Jeux olympiques, le massacre des étudiants de Tlatelolco à Mexico, les chars du pacte de Varsovie entrant dans Prague, le massacre de My Lai, l'élection de Richard Nixon, et tant d'autres choses, fastes ou néfastes, horribles ou gaies, et dont nous vivons encore aujourd'hui les conséquences. Il y a eu aussi un événement, moins politique, moins important pour le cours de cette histoire-là, mais...

Cet été-là, le 5 juin précisément, au moment où nous collions des affiches comme des fous sur tous les murs gris et sales de Paris, LIBÉREZ NOS CAMARADES !, à un peu plus d'un kilomètre au sud de Paestum, la ville des temples, la Poseidonia des Grecs, l'archéologue Mario Napoli (eh oui, Napoli, ça ne s'invente pas !), qui fouillait une nécropole, découvre une tombe grecque à caisse, c'est-à-dire une grande boîte oblongue d'à peu près deux mètres de long sur un mètre de large, composée de cinq dalles peintes assemblées au-dessus d'un sol rocheux plat. À l'intérieur de ce cercueil de pierre, les restes très dégradés du squelette d'un jeune homme, un lécythe noir, ce vase cylindrique grec qui contenait les huiles odorantes et qui était souvent associé aux tombeaux, et une carapace de tortue, sans doute la caisse de résonance d'une lyre dont le manche de bois et les cordes de boyau se seraient décomposés au cours de leurs nombreux siècles d'enfouissement. COURS, CAMARADE, LE VIEUX MONDE EST DERRIÈRE TOI ! Ce n'aurait été qu'une tombe ordinaire comme on en avait rencontré tant d'autres dans cette région si celle-ci n'avait présenté une particularité : les cinq surfaces intérieures de la sépulture étaient peintes et montraient des scènes avec personnages. Datant des environs de l'an 480 avant notre ère, c'était la première découverte d'une peinture grecque non décorative intacte.

Donc deux dalles longues, deux dalles courtes et le couvercle. Sur l'une des dalles longues, trois lits. Sur le premier, un homme torse nu, le bas du corps caché par une sorte de couvre-lit et appuyé sur un coussin, comme tous les autres personnages allongés de cette dalle et de celle qui lui fait face. Il lève son *kylix*, sa coupe, vers sa droite. Sur le deuxième lit, deux hommes, l'un tient sa coupe par un bord et vient de jeter son contenu au loin, c'est le jeu de *kottabos* qui consiste à précipiter dans un récipient une rasade de vin ; l'autre, qui s'apprêtait à faire de même et à concourir avec son ami, a été distrait et a le visage tourné vers le troisième lit où deux hommes, un jeune qui tient une lyre et un plus âgé, se caressent en se regardant tendrement.

139

JOUISSEZ SANS ENTRAVES ! Tous sont couronnés de rameaux d'olivier. Sur l'autre dalle longue, même disposition : un homme seul sur un premier lit tient une lyre, deux hommes face à face sur un deuxième lit, enfin deux hommes dont l'un, le plus jeune, joue de l'*aulos*, la double flûte.

Sur la première dalle courte, un personnage, nu comme les autres participants, portant juste autour du cou une sorte de châle, quitte ou rejoint la scène en faisant un geste du bras gauche. Il est précédé d'une jeune femme, habillée, qui joue elle aussi de la flûte double, et suivi par un vieux vêtu d'un *himation*, le petit manteau sans manche des Grecs, et s'appuyant sur un bâton. Sur l'autre dalle courte une table sur laquelle a été posé un grand cratère, le récipient qui reçoit le vin du festin, d'autres couronnes qui sont à la disposition des participants. Près de la table, un personnage nu et couronné, c'est l'échanson, se détourne du cratère, un *oenochoé* (« verse-vin ») à la main, et se dirige vers sa droite, c'est-à-dire, si l'on suppose que toutes ces dalles forment une continuité, vers le second alignement de lits. Ainsi, on voit que le premier visiteur et ce personnage se dirigent chacun vers l'un des lits où manque une personne. Ils vont peut-être compléter cette scène de banquet figurée autour du mort. Le mort lui-même est convoqué puisqu'il est allongé au milieu de la scène, muni d'une lyre.

Au-dessus du jeune mort, sur l'intérieur du couvercle qui fermait donc cette boîte de pierre, une scène toute différente. Un cadre à peu près rectangulaire orné aux quatre angles par des palmettes délimite un paysage. Un arbre à gauche, surgissant de la terre, un arbre à droite, planté de biais et venant de la pente d'une falaise. En bas, les ondulations d'une masse bleu-vert, sans doute la mer cernée par ses rivages. SOUS LES PAVÉS, LA PLAGE ! Au centre, dans le ciel de

140

ce paysage très stylisé, la silhouette d'un homme qui plonge. Impeccable saut de carpe, corps légèrement cambré, bras et jambes bien alignés. Il est nu, on voit son sexe, il est bronzé, il a l'œil vif, quelques poils sur un menton juvénile, et, semble-t-il, il sourit. Derrière lui, en bordure du rivage, un curieux édifice se dresse, une sorte de haute maçonnerie. Ce n'est pas de là que s'est élancé le plongeur puisqu'il se trouve bien plus haut.

Dès sa découverte, ce petit plongeur de Paestum a connu un succès considérable. Photos, catalogues, guides touristiques, cartes postales ont répercuté à l'infini cette image qui n'était en fait destinée qu'à une seule personne, le mort enfoui dans sa boîte de pierre. Dans les tombeaux, des chefs-d'œuvre destinés à n'être vus par nul autre que le défunt ! Les cinq dalles ont été transportées au musée où tout le monde peut les voir désormais. Les chercheurs, les archéologues, les érudits ont essayé d'analyser ces peintures assez simples d'apparence mais dont quelques détails minimes compliquent cependant l'interprétation. Première surprise, le plongeur avait un cousin en la personne d'un autre personnage peint sur la paroi d'une tombe de Tarquinia, en Étrurie, à quelques centaines de kilomètres au nord de Paestum, la tombe dite « de la Chasse et de la Pêche ». Barques, oiseaux en vol, pêcheurs, chasseurs, danseurs, participants à un banquet arrosé sont représentés sur les différentes parois de cette sépulture. Une sépulture d'une tout autre ampleur puisqu'on peut y pénétrer et qu'elle est conçue comme une demeure souterraine. Au centre de l'un des murs, un homme nu plonge du haut d'une sorte de rocher qui émerge de l'océan. Ce petit personnage se trouve au milieu de chasseurs, de pêcheurs, d'une multitude d'oiseaux, ses amis l'ont peut-être poussé, il tombe dans l'eau. Il a une position plus verticale que le plongeur de Paestum. La silhouette, cernée d'un trait noir épais, est la même.

Gérard Fromanger venait d'installer son atelier en Toscane au début des années quatre-vingt lorsqu'il a découvert les Étrusques. Aucune image de guerre chez eux, seulement des formes et des couleurs de bonheur, une idée de « bonheur commun » qui entrait en résonance avec les rêveries utopiques de Mai 68. Les Étrusques bâtissaient des tombes en forme de maisons, ils y peignaient des tableaux de la félicité terrestre. Le peintre s'est emparé du plongeur, il l'a isolé de son fond, l'a beaucoup agrandi, toile de deux mètres de haut, l'a coupé en deux. Les deux moitiés, légèrement décalées l'une par rapport à l'autre, plongent ensemble vers le bas. Elles sont composées de paillettes ovales multicolores qui s'échappent des deux coupures et s'éparpillent dans le vent de la chute, jaune, rouge, bleu, violet, orange, marron, comme autant de papillons scintillants ou de confettis d'une fête éternelle. Pourquoi coupé en deux ? Quelque temps avant qu'il ne peigne cette toile, un avion s'était écrasé dans la région. Sentiment de la fragilité des choses, des drames inattendus de l'existence, de la mort, à tout moment possible. Mais aussi comme un passage : la substance se transforme toujours. Le peintre a voulu traduire son éblouissement. La peinture doit toujours gagner. « Dans mon plongeur et autour de lui, ce ne sont ni des papillons ni des confettis. Ce sont des traits de peinture. » LA LUTTE CONTINUE.

Ce petit plongeur de Paestum, carte postale épinglée dans mon bureau, ou bien son cousin de Tarquinia ressuscité au XXᵉ siècle en feu d'artifice par Gérard, lorsque je les contemple, me plongent aussitôt dans la joie, la joie de savoir qu'ils existent, la joie de se souvenir de quelques instants magiques de la vie. Je me revois, mince, fluet, tout en haut d'un immense plongeoir, tremblant de froid et aussi d'appréhension au moment de me lancer. C'est sur les rives de la Seine ou de l'Oise. Plus tard ce sera la Manche ou la Méditerranée. Nous plongions et nous nagions. C'étaient les seules richesses à la portée des enfants pauvres que nous étions. Se précipiter de perchoirs de plus en plus élevés, six, huit, dix, douze mètres. La peur, la peur au ventre. La descente, palpable, interminable, effrayante. Plus nous grimpions plus c'était dangereux, on racontait qu'un « plat » de cette hauteur pouvait vous ouvrir le ventre d'un coup, être mortel. Il fallait affûter son plongeon, s'assurer une descente bien verticale, veiller à ne pas se plier en cours de route, fendre l'eau sans la moindre éclaboussure, raide comme la lame d'un poignard. Et ensuite, une fois entré, se redresser d'un coup de reins sous peine d'aller se ficher tout droit dans la vase molle, froide, inquiétante, du fond.

Et nous nagions, en tous sens, à toute vitesse, pendant des heures, jusqu'à grelotter, nous descendions le courant, nous le remontions, nous allions narguer en frétillant les remorqueurs et les péniches, nous remontions vifs jusqu'aux remous du barrage qui nous bousculaient, nous assommaient, nous allions nous cacher dans les arches caverneuses des souches géantes de la rive, sous les frondaisons retombantes des saules, nous repartions à fleur d'eau les yeux ouverts dans la transparence glauque, nous étions à l'aise comme des truites, l'eau était notre élément plus encore que l'air, nous ressortions au soleil, nous nous réchauffions, nous courions jusqu'aux ponts, nous enjambions les parapets pour effrayer les passants, il nous fallait toujours un peu de public, nous replongions, le cycle recommençait, durait des journées entières. Sous l'eau émeraude, je glissais, fendant l'épaisseur fraîche, j'étais dauphin, j'étais requin, j'étais brochet, j'étais sous-marin, j'étais torpille, l'eau furtive chuintait dans mes ouïes, je retenais mon souffle, mes poumons brûlaient, je filais dans le courant froid, mince et souple couleuvre, les images et les mots m'avaient déserté, je ne pensais plus à rien, j'étais dans mon nirvana, le monde avait disparu, moi-même je n'étais plus rien, rien qu'un poisson ou un serpent, sans mots, sans mémoire, sans avenir... NOUS SOMMES « INDÉSIRABLES ».

Que peut-on dire du mort de Paestum ? Il était jeune, peut-être était-il musicien, en tout cas il avait une bonne éducation. Sur une des deux dalles courtes, le personnage vêtu de sa seule écharpe est peut-être le jeune mort lui-même : soit il abandonne le symposium (il quitte la vie), soit au contraire il y arrive en saluant (il pénètre dans la vie des bienheureux). Il est nu comme les héros ou les dieux. On a remarqué que la coupe de celui qui joue au kottabos avait la même inclinaison que le corps du plongeur. La trajectoire du plongeur rejoint celle du vin lancé par le jeune homme couché. La mort n'est qu'un bref passage vers l'autre rivage, aussi bref qu'une giclée de vin. On a remarqué que l'un des personnages joueurs de lyre tient aussi un œuf et on a voulu assimiler son geste à des rites orphiques. On a aussi beaucoup compté : sept cordes à la lyre, sept étages à l'édifice près du plongeur, sept branches aux arbres, sept fois deux personnages, et l'on a évoqué ainsi Pythagore, ses banquets des purs dans l'île des Bienheureux. On a vu, dans ce plongeon océanique, l'union avec Aphrodite. On s'est interrogé sur l'édifice, les uns y voyant les colonnes d'Hercule, frontières du monde connu, d'autres les portes de l'Hadès, les Enfers des Grecs, d'autres encore un simple pilier ou une tour symbolisant la sécurité, la force.

Et ce mort, alors, qui était-il ? Peut-être un Étrusque, un jeune Étrusque mort trop vite — SOIS JEUNE ET TAIS-TOI ! — et à qui ses parents avaient voulu offrir une sépulture grecque : tous les motifs des peintures sont pris à des sources grecques et le rituel du symposium est grec. Nous sommes au sud du fleuve Sele qui marqua longtemps la frontière entre le monde étrusque et le monde grec. Mais les deux mondes n'étaient pas étanches. Le plongeon, c'est bien la mort, un bref passage vers l'inconnu. Mais la tour est là qui protège le plongeur. Les oliviers assurent la paix. Le rivage auquel l'homme va aborder est le paradis. Le symposium, le plaisir qui durera une éternité. C'est une façon de lire ces cinq dalles. Il y en aura sûrement bien d'autres dans l'avenir... SOYEZ RÉALISTES, DEMANDEZ L'IMPOSSIBLE.

Le grand plongeon n'aura jamais de cesse. Nous ne cessons pas de mourir, nous ne cessons pas de vivre. Et ce petit bonhomme sympathique n'en finira jamais de se précipiter comme un fou la tête en bas. Nu, phallus au vent, léger, joyeux, vif comme un saumon, et cependant à jamais figé sur sa dalle funéraire, le plongeur plonge. Il plonge dans l'océan sans limites, il plonge dans la vie, il plonge dans la mort, il plonge dans les rivières de mon enfance, il plonge dans mon verre de whisky, il plonge dans la piscine olympique, il plonge dans la baie de Naples, il plonge du haut des colonnes d'Hercule, il plonge du haut de la tour Eiffel, il plonge du haut des Twin Towers, il plonge du haut du Vésuve, il plonge même dans le Vésuve, il plonge du haut

145

des barricades de Mai, il plonge dans la couleur, il plonge au cœur des choses, il plonge dans le plongeon, il plonge dans ses rêves, il plonge dans vos rêves, il plonge dans mes rêves...

Nous nous garons près de l'entrée des fouilles de Cumes. Nous prenons l'allée qui mène aux ruines. Je résume pour Marina les bribes d'Histoire que je connais, les Grecs, les Samnites, les Romains. Je lui montre le Capitole et le Forum, les Thermes. Puis nous montons sur l'Acropole : autour de nous les ruines du temple d'Apollon, celles du temple de Jupiter, le belvédère avec le large panorama marin, Procida, Ischia, toutes proches, et, vers le nord, la côte de Campanie qui semble déserte. Nous redescendons au niveau inférieur. Enfin l'ouverture de la spectaculaire caverne.

— Un lieu mythologique par excellence. Une galerie de près de cent mètres de long. Dès sa découverte, en 1932 si je me souviens bien, on l'a baptisée « antre de la Sibylle de Cumes ». La Sibylle, la prophétesse d'Apollon, recevait les fidèles et leur prédisait l'avenir.

— J'en ai entendu parler. Mais comment le sait-on ?

— C'est rapporté par plusieurs historiens antiques. Surtout Virgile, dans son *Énéide*, décrit son antre *quo lati ducunt aditus centum, ostia centum / unde ruunt totidem voces, responsa Sibyllae*. C'est l'un des passages qu'on nous faisait apprendre par cœur en cours de latin.

147

— Et ça signifie ?

— « Où mènent cent larges galeries, avec cent portes d'où s'élancent autant de voix, les réponses de la Sibylle. » En fait, tu le vois, si c'est bien cela l'antre, on n'y trouve qu'une seule galerie. En guise de portes, plutôt des fenêtres, des chicanes qui donnent sur la mer, fermées jadis par des volets de bois, et il n'y en a que sept ou huit. Certains ont dit que ce n'étaient que des fortifications militaires. Mais il est vrai que l'écho de cette caverne est spectaculaire. Crie donc pour voir !

— Ouh ! Ouh !

— Tu entends : le son est répercuté, amplifié formidable. Il paraît que même les marins au large l'entendaient et étaient frappés de stupeur. Énée vient demander à la prophé-tesse la faveur de descendre aux Enfers revoir son père. On pensait que les Enfers s'ouvraient juste là, près du lac d'Averne, le petit lac rond situé derrière Cumes, si on a le temps, je t'emmènerai le voir tout à l'heure. La Sibylle le met en garde : plus facile de descendre que de remonter ! *Facilis descensus Averno...*

Nous avançons dans ce couloir dont la coupe a la forme d'un trapèze surmontant un rectangle. Galerie étrange, à la fois ombreuse et lumineuse, grandes giclées de soleil par les ouvertures, rassurante en fin de compte parce qu'elle est longue, régulière et, ce jour-là, déserte. Nous parvenons au bout. Sur la gauche, une alcôve de pierre, vide, nue.

— C'est là !

— Là quoi ? demande Marina.

— Là que la Sibylle officiait, d'après ce qu'on dit.

— Et que faisait-elle ?

— Alors là, mille hypothèses. Pour les uns c'était une vulgaire diseuse de bonne aventure qui te criait un vague horoscope. Pour d'autres, elle annonçait des événements à venir, des grands, des politiques, des historiques...

— Et toi, tu en penses quoi ?

— Moi ? Rien de particulier !

— Allons ! Tu ne m'as pas amenée ici pour me montrer cette drôle de caverne sans arrière-pensée. Bien des lieux sont aussi intéressants dans cette région. Pourquoi ici ?

— Tu as raison. Autant être sincère. D'abord, il y a eu l'évocation de Virgile qui m'avait tant frappé en classe. Il faut dire que ça se passait dans un pensionnat sordide de la région parisienne, dans les années cinquante, le froid, le manque de nourriture, le sadisme des profs et des pions, enfin, tu imagines. On nous bourrait de latin. Ça me rappelle cette dédicace de Jules Vallès : « À tous ceux qui, nourris de grec et de latin, sont morts de faim » ! Et soudain, cette mystérieuse sibylle, elle était là ! Et Cumes, on ne pouvait pas se figurer où ça se trouvait, mais pour nous, c'était comme le paradis, un pays de roses, de myrtes et d'oliviers. C'était aussi l'épisode qui avait inspiré au poète son plus beau vers, *Ibant obscuri sola sub nocte per umbram*, « Ils allaient obscurs sous la nuit solitaire parmi l'ombre »... Plus tard, quand j'ai continué à rêver à cette région avant de la visiter pour la première fois, j'ai été certain que tout était plus trivial. En fait la Sibylle, c'était une vulgaire prêtresse ! Et ce que les visiteurs venaient voir c'était la FEMME ! Et ce qu'elle leur montrait, ça ne pouvait être autre chose que son cul !

— Son cul ?

— Oui. Parce que c'est la révélation suprême pour un initié aux mystères comme ceux d'Éleusis ou ceux de n'importe quel autre mystère de l'Antiquité. Finalement c'étaient des sectes comme les nôtres aujourd'hui, aussi folles et aussi banales, mais sans doute un peu plus drôles, un peu plus libertines. Quel autre secret peut-on découvrir sinon celui-là ? C'est la seule chose dont tous soient obsédés. Un cul de fille, et puis rien d'autre.

— Tu es saoul !

— Oui. Enfin, non. C'est cela, le secret des sectes.

— Et alors ?

— Alors, j'ai toujours pensé que l'aboutissement de ce long parcours dans la galerie, c'était en effet le cul de la Sibylle. Elle beuglait, elle poussait des cris lamentables, des hurlements à te faire dresser les cheveux sur la tête, et qu'on entendait au large. Tout ce qu'on a raconté, écrit et rêvé, c'est vrai, elle faisait peur. Mais celui qui avait eu le courage d'aller jusqu'au bout, peut-être à genoux, peut-être en rampant, peut-être en faisant des offrandes, avait sa récompense...

— Et c'était quoi ?

— Rien du tout. Du vent ! Un peu d'horoscope, bien sûr. Elle ouvrait le rideau ou une assistante ouvrait le rideau...

— Et ?

— Et elle montrait son cul, tout simplement !

— Son cul ?

— Si tu préfères son *cunnum*, sa chatte, son sexe. Vieille ou jeune chatte, je ne sais pas. Ça reste un mystère. Chez Michel-Ange, à la Sixtine, on voit toutes les sibylles et celle de Cumes est une vieille femme fripée. Et, selon une légende antique, elle aurait vécu mille ans. Mais c'était au début une toute jeune femme, aguichante, terriblement excitante... Quoique toujours vierge. Choisie pour ces qualités... Elle avait été aimée de son dieu, d'ailleurs... Apollon-Phoebus...

— Et comment en es-tu arrivé à cette conclusion ?

150

— Je ne sais pas. Je pense que dans la prophétie il y avait toujours une part de sexualité. Sinon, à quoi bon tout ce rituel, à quoi bon faire une aussi longue galerie pour en arriver à un cul-de-sac… On a appelé ce lieu l'antre de la Sibylle mais sans aucune preuve…

— Un *peep show* antique ?

— Oui. Seulement ça.

— Et si c'était l'inverse. Elle restait derrière le rideau et elle rendait ses oracles. Guerre, argent, bonheur, mariage, héritage, peu importe… Mais sans jamais paraître, jeune ou vieille, belle ou laide. Du point de vue publicitaire, ce serait bien mieux, non ?

— Ce n'est pas une mauvaise idée. Mais dans Virgile on la voit, si je peux dire. Et elle sort de son antre, guide Énée jusqu'au rameau d'or qui lui permettra d'entrer aux Enfers et de retrouver son père. C'est la cinquième fois dans ma vie que je viens ci. C'est beaucoup plus calme que Pompéi, il n'y a presque jamais personne. La première fois que je suis venu, seule une étroite surface du Forum était dégagée. Partout, des fourrés de ronces et de lianes de sept ou huit mètres de haut, et l'on voyait briller le marbre des colonnes au travers. Mais ce que je préfère ici, c'est cette galerie. Sa forme est parfaite. Le lieu est sacré. Je suis heureux d'être là aujourd'hui !

— Pourquoi aujourd'hui ?

— Eh bien, en ce jour de juillet de l'an 2000, imagine-toi que j'ai juste soixante ans ! C'est le moment d'invoquer la Sibylle !

— Quoi, c'est ton anniversaire ?

— Oui, ce 29 juillet 2000, j'ai soixante ans !

— Que ressens-tu ?

— Une bien mauvaise impression ! Je sais que je ne pourrai pas vivre autant d'années que j'en ai déjà vécues !

Marina s'approche de moi, me prend dans ses bras, m'embrasse. Long baiser.

— Tu es fou de raisonner ainsi ! Tu connais mon âge ?

— Non.

— À peine deux ans de moins que toi !

— Non !

Je fais semblant d'être étonné. Je ne m'en souvenais pas précisément mais je le savais : j'avais vu la date de naissance de Marina un jour dans un dictionnaire de cinéma.

— Eh bien, si ! Pas de quoi en faire toute une affaire !

— Alors, c'est le chiffre rond qui m'impressionne...

Silence. On marche de long en large dans l'espace de la Sibylle. Les murailles semblent humides, palpitantes, un peu comme si elles étaient vivantes et qu'elles écoutaient attentivement notre conversation. Il fait frais, la chaleur terrible de l'extérieur ne parvient ici, à travers les percées de la montagne, que par brèves bouffées molles. Le ciel bleu par l'une de ces trouées. J'entends la voix de Marina, lointaine.

— Écoute, je vais te faire un cadeau d'anniversaire, un vrai cadeau. Mais il faut que tu retournes un peu dans la galerie.

— Par là ?

— Oui. Retourne en arrière. Reste là. Et quand je te dirai, mais seulement quand je te dirai, tu reviendras.

Je marche vers l'entrée. Je m'arrête à une dizaine de mètres. Une autre alcôve. Je piétine. Je regarde une des percées. Des feuillages. Je grimpe sur le bord. Je vois la mer d'un bleu lisse et pur. J'imagine les marins des temps anciens écoutant horrifiés les cris de la Sibylle et ignorant qu'il s'agit peut-être de cris de séduction comme ceux des sirènes...

— Tu peux venir !

Elle a à peine crié mais j'entends son appel aussi fort que le beuglement des sirènes. Je refais le parcours. Je débouche dans l'antre de la Sibylle et je me tourne vers ma gauche. Elle est debout, face à moi, elle a ôté ses dessous et elle est là, cambrée en arrière, les cuisses écartées, les genoux un peu fléchis, tenant des deux mains les plis de sa robe contre ses seins, m'exposant, ouvert et offert, son sexe tendre, lumineux, blond. Surprise, émotion, extase, je ne sais pourquoi je me mets à pleurer...

— Attends, ce n'est pas fini ! dit-elle. Elle se tourne, se penche très bas et, bien ouverte, me montre l'autre face de son intimité.

Je tombe à genoux. Il faudrait que je crie à mon tour pour avertir les monts, les plages et la mer de la merveille, mais je ne trouve pas le cri approprié. Ça dure seulement quelques secondes, elle revient à sa position première, de face, et attend encore un moment avant de laisser retomber sa robe, mais j'ai l'impression d'une délicieuse éternité. Les larmes coulent sur mes joues.

Elle ramasse sa lingerie qu'elle avait déposée sur le banc de pierre au fond de la grotte et s'appuie à la paroi d'une main tandis qu'elle lève un pied puis l'autre et entreprend de faire glisser la mince pièce de tissu le long de ses immenses jambes blanches. À nouveau, elle a remonté sa robe qu'elle coince maintenant sous ses aisselles. Elle se tortille un peu pour hausser sa culotte jusqu'à son ventre, elle passe ses doigts derrière les élastiques, tend et ajuste le tout sur son pubis et sur ses fesses, un mouvement dont le spectacle, chez toutes les femmes que j'ai connues, m'a toujours profondément ravi. Je découvre que sa culotte est faite du même tissu imprimé que son soutien-gorge : deux roses enlacées et quelques épines !

153

— Bon, on s'en va ! dit Marina. Il faut aller se préparer pour la fête de ce soir et nous sommes loin !

— Après pareil cadeau, je n'ai plus besoin de rien !

— Mais si, tu vas voir. La fête n'est pas finie. Elle n'a même pas commencé ! À propos, qu'est-ce que c'est que cette histoire de mille ans dont tu as parlé tout à l'heure ?

— Il y a plusieurs versions de l'histoire de la Sibylle. Elle vivait à Erythrae, en Libye. Elle rendait ses oracles dans une grotte. Apollon, qui était amoureux d'elle, lui accorde de vivre autant d'années qu'elle pourrait saisir de grains de sable dans sa main à condition qu'elle quitte le pays. Mais, la pauvre, elle avait oublié de lui demander la jeunesse perpétuelle. Apollon la lui propose en échange de sa virginité. Elle refuse. Il y avait mille grains dans sa poignée. Elle s'installe à Cumes et continue à prédire l'avenir. À mesure qu'elle vieillissait, elle se flétrissait, se desséchait, se ratatinait. Quand elle ne fut pas plus grosse qu'une cigale, les Cuméens la mirent dans une petite cage ou une petite jarre et la suspendirent dans le temple d'Apollon. Les enfants de la ville venaient la voir et la taquinaient : « Sibylle, que veux-tu ? » Elle gémissait : « Je veux mourir ! »

— Belle légende !

— Oui, le parvenu Trimalcion dans le *Satiricon* prétend, pour se rendre intéressant, qu'il a vu la Sibylle dans une bouteille…

Nous sortons de la galerie de la Sibylle, nous descendons vers la porte des fouilles. Nous retrouvons le chauffeur. Assis sur le capot de la voiture, il feuillette *Il Mattino* en fumant une cigarette. Il range son journal, jette son mégot et se précipite pour ouvrir la portière à Marina.

— Madame, je vais vous ramener jusqu'au port, on pren-

154

dra le ferry jusqu'à Sorrente. Il y en a un dans une heure justement. Je crois que nous gagnerons du temps. Parce qu'à cette heure de l'après-midi, traversée de Naples plus autoroute de Salerne, nous en avons pour trois heures ! Là au moins vous serez directement chez vous.

— Très bien, faites pour le mieux.

Nous nous installons à l'arrière. Marina s'allonge sur la banquette, pose la tête sur mes genoux.

— Veille sur mon sommeil, gardien de la Sibylle !

Et elle s'endort en moins d'une minute. Nous repassons sous l'Arco Felice, le paysage défile derrière les vitres mais j'ai du mal à détacher mes yeux de son visage. Grand front, long nez, hautes pommettes, menton fin, et ce cou si élancé, elle a conservé ce visage juvénile qui a fait la gloire de ses premiers rôles. Les années ne l'ont pas marquée : à peine quelques ridules, minuscules, perceptibles seulement de très près, au coin des yeux et aux commissures des lèvres. L'amorce de sa gorge ferme, la peau des épaules légèrement marquée de taches de rousseur, cette femme est une merveille et nul ne pourra deviner son âge. Soudain elle ouvre les yeux.

— Je sens ton regard. Ne m'examine pas trop !

— Mais tu es plus belle qu'Aphrodite. Tu es même plus belle que...

Elle pose un doigt sur mes lèvres.

— Pas de noms. Regarde le paysage.

Elle ferme les yeux et replonge dans son sommeil, vrai ou feint. Et moi, je continue à la regarder. Arrivés sur le port de Naples, tout se passe comme prévu. Pendant la traversée, nous allons fumer sur le pont supérieur. Cette fois, Marina me joue un autre numéro. Elle a un don absolu, un don hollywoodien, pour se placer dans la lumière et dans le vent.

155

Face à moi, se détachant sur la baie où pointe le volcan, le visage éclairé par le soleil orangé de fin d'après-midi, ses cheveux flottant sauvagement sur ses épaules, elle m'offre un véritable gros plan de cinéma. C'est magique. Et elle reste ainsi, longtemps, ne bougeant que le strict nécessaire pour porter de temps en temps la cigarette à ses lèvres.

— Tu es belle !

— Si tu me le dis encore une fois, je te plaque aussitôt. Depuis mon enfance, je n'entends que ce refrain !

— Il y a des gens qui ont la grâce... On n'y peut rien. Jamais, à l'époque où j'ai vu ton film pour la première fois, je n'aurais pu imaginer qu'un jour je te rencontrerais et que je te serrerais dans mes bras...

— Et alors, ce n'était pas bien ?

— Si, bien sûr, divin !

— Tu sais, un jour, je serai comme ces gens que nous avons vus ce matin à Naples : quelques ossements et un peu de poussière, *star dust*. Poussière d'étoile, poussière de star. Encore heureux si quelqu'un vient me dépoussiérer avec un plumeau, m'astiquer le crâne de temps en temps et me mettre des rubans autour des chevilles ! Alors, star ou poussière, c'est pareil, non ?

— C'est une façon morale de voir le monde, en effet.

— Et si je vivais mille ans comme ta Sibylle, je deviendrais une cigale ou un grillon tout noir et on me mettrait moi aussi dans une cage !

— J'aimerais mieux t'avoir en cage pendant ton Ier siècle ! Une petite femme miniature, toute à moi, rien qu'à moi, et que je sortirais de sa cage selon mon bon plaisir.

— Tu oublies une chose. Dans ce genre de rêve, il y a toujours un hiatus : la disproportion entre les personnages.

— Ça me rappelle une histoire, le salon des naines...

— Ah bon ? C'est quoi ?

— Je te la raconterai.

— Tout n'est pas toujours comme on croit. Je vais t'avouer un secret. Un secret de sibylle. La gloire, la beauté, ce sont aussi des fardeaux. Tu ne peux pas savoir quel effet néfaste cela a pu avoir, et peut toujours avoir, sur mes relations avec les hommes. Je suis la plus grande collectionneuse de fiascos de la planète ! Le nombre d'amants qui, au moment fatidique, se sont retrouvés totalement sans ressources… je ne peux plus les compter. J'ai tout fait, j'ai été très tendre et très salope, j'ai inventé pour eux toutes les cochonneries possibles. Plus je m'acharnais et plus le fiasco se renforçait ! La plupart, des séducteurs, de vrais mâles à réputation, restaient de marbre. J'ai enragé parfois. J'ai pleuré en cachette. Je croyais que c'était de ma faute. Un comportement trop libre ? J'ai fait semblant d'être maladivement timide. Une mauvaise vibration, comme on disait dans les années soixante ? J'ai soigné le décor et les mises en scène. J'ai porté les dessous les plus sexy du monde. J'ai usé des parfums les plus capiteux. J'ai vu un psy. Pendant des années. Il m'a coûté une fortune, le salaud ! Ça n'a rien changé. Je ne comprends toujours pas bien pourquoi. Ou plutôt si, je crois comprendre… C'est mon image…

— Oui, je crois. Tu avais une image de vierge, de sainte, de femme frigide peut-être…

— Frigide, moi ! Alors que je m'enflamme en un clin d'œil et pour presque rien, un mot, une simple caresse… Tu le sais bien…

— Ce n'est pas ça. Tu es victime de ton personnage de Natacha, et de quelques autres. Trop belle, trop jeune, trop pure, trop vierge, trop sacrée, intouchable. Peut-être que t'approcher, te mettre nue, te faire l'amour, c'est pour la

157

plupart des hommes de l'ordre de la profanation. Ou alors, tu es trop célèbre, femme fatale, dévoreuse d'hommes, mais c'est la même chose dans un autre registre.

— Et toi, comment as-tu fait pour échapper à ça ?

— Je n'irais pas prétendre que je n'ai jamais connu de fiascos. Et le jour où je t'ai rencontrée à la radio et que nous sommes revenus ensemble à ton hôtel, pendant un temps, je n'en menais pas large. Je sentais que je ne pourrais jamais être à la hauteur. Et en t'attendant dans le hall de l'hôtel, j'ai repensé à une drôle de réflexion qui m'était venue un jour dans le métro. Quelques années avant notre rencontre, comme je descendais à la station Opéra, je suis tombé face à d'immenses affiches de publicité pour le nouveau parfum de… de… je ne sais plus qui, Chanel ou Dior. Ça s'appelait *Rêve de feu*, je crois…

— Ah, oui, je me souviens !

— C'étaient de grandes photos avec seulement ton visage. Radieux, auréolé, magique…

— Oh, arrête !

— Bref, toi, souriante, les lèvres très légèrement entrouvertes sur tes dents éclatantes. Juste le nom du parfumeur et le petit flacon élégant en bas, dans le coin de l'affiche. La répétition de six ou sept de ces affiches géantes sur le quai du métro créait une sorte d'itinéraire magique, entre la galerie de musée et le couloir de sanctuaire. L'effet était très réussi. Je me suis dirigé vers la sortie. Sur le dernier des panneaux d'affichage, un petit malin avait fait un graffiti au marqueur noir. Tu t'en doutes : ton menton et ta bouche étaient dans le bas de l'affiche, à portée de la main, c'était trop tentant et le dessinateur iconoclaste t'avait gratifiée d'un énorme phallus bandant dont le gland venait souiller tes lèvres et la délicieuse rangée de tes incisives. Tu vois,

158

rien n'a changé depuis Pompéi ! D'abord ça m'avait fait sursauter. J'étais indigné. Je n'avais rien contre les graffitis, au contraire, je les aime beaucoup, mais je trouvais soudain que certaines images devaient être respectées. J'ai filé. Et puis, à mesure que je m'enfonçais dans les longs couloirs de correspondance, l'image que je venais de voir s'est mise à me hanter. Le phallus devenait bien vivant. Ce n'était plus ce trait noir grossier plaqué arbitrairement sur ton image, mais un sexe de chair. Et en même temps, alors que je t'avais toujours imaginée moi aussi comme la vierge farouche, la vestale du cinéma, ta physionomie se transformait peu à peu. Oh, non, tu ne changeais pas physiquement, mais la même personne que nous vénérions tous, je veux dire nous autres cinéphiles, devenait quelqu'un d'autre. C'était comme si ce simple dessin obscène, sommaire, aussi banal que des milliers d'autres qu'on pouvait voir sur les palissades des terrains vagues, dans les urinoirs ou dans tous les lieux interlopes de la capitale, révélait soudain ta nature profonde. Et je me suis mis à me répéter comme un perroquet « Marina suce des bites… Marina suce des bites… ».

— Merci pour la vulgarité !

— Pardonne-moi mais c'était ainsi que ça me venait et si ça m'avait tant troublé, c'était peut-être que tu comptais beaucoup pour moi, ou plutôt ton image, comme quelques autres stars, sans doute. D'un seul coup, tu étais tombée de ton Olympe. Tu étais devenue une vraie vivante, une femme ordinaire.

Le ferry a ralenti à l'approche du petit port de Sorrente. Marina veut parler, hésite.

— Et puis tu sais…

— Quoi ?

— Non, rien ! Je te le dirai plus tard.

159

Le navire accoste par l'avant, le bec s'ouvre, les voitures sortent une à une. Nous descendons sur le quai et retrouvons notre chauffeur. En deux minutes, nous sommes à la réception de l'hôtel.

— Je repartirai vers huit heures, dit Marina au chauffeur.

— Bien, Madame, je serai là à moins dix.

Je m'écarte.

— Bon, je vais faire un saut à mon hôtel.

— Moi, j'en ai pour deux heures au moins, mais j'ai le temps de t'offrir un verre. Monte !

Entrés dans la suite, elle m'indique le réfrigérateur.

— Ouvre donc une bouteille de champagne pendant que je me fais couler un bain.

— Tiens, j'y pense ! J'ai oublié de te montrer l'Averne…

— L'entrée des Enfers ? Non merci !

Je prépare deux coupes. Marina sort de la salle de bains avec un grand peignoir blanc, le jette sur le lit. Elle commence à ôter ses vêtements.

— Encore un cadeau d'anniversaire ! Je t'offre un strip-tease !

— On n'a pas tous les jours vingt ans !

— C'est très curieux, tu es le premier homme devant qui j'ai du plaisir à me déshabiller. Comment peux-tu expliquer cela ?

Elle a ôté sa robe, son soutien-gorge. Elle enlève avec lenteur sa culotte de roses et d'épines, évolue ainsi toute nue un petit moment dans la pièce, pour mon seul plaisir, enfile enfin son peignoir qu'elle laisse ouvert, flottant autour d'elle, et vient prendre sa coupe.

— À votre santé, monsieur le sexagénaire !

— Dans sexagénaire, il y a au moins sexe !

— Scxe et génère, oui !

160

— Que voulais-tu dire tout à l'heure sur le ferry ?

— Oh, rien d'intéressant. Je voulais dire que l'âge, moi je le sens bien. Je serai bientôt comme ta Sibylle, racornie, desséchée, une sauterelle ! La plus belle du monde ! Quelle rigolade ! Des inventions de journalistes !

Je m'approche d'elle. Je la prends dans mes bras. Je la caresse sous le peignoir. Elle recule doucement.

— Non. Il faut que je me prépare. Et nous avons juste le temps.

— Bien, bien… Je retourne à mon hôtel.

— Veux-tu que je passe te prendre tout à l'heure avec le chauffeur ?

— Non. J'irai par le train, tranquillement. Arrive à l'heure que tu veux…

Elle s'approche, m'embrasse sur les lèvres.

— Surtout ne me laisse pas tomber ce soir. Je sens que ça va être long et ennuyeux. Je compte sur toi pour m'aider à sortir de toutes les politesses officielles. On va essayer de s'amuser.

— D'accord, mais tu es la marraine de la soirée. Je ne pourrai peut-être pas faire grand-chose pour toi ! Tu seras accaparée par tout le monde…

Elle me regarde partir. Elle hoche la tête.

— Je ne sais pas pourquoi tu me plais tant !

Cette histoire n'en est pas tout à fait une. Juste un moment, un souvenir, une sorte d'épiphanie. Si j'étais poète, j'en ferais une courte pièce suggestive. Et même un haïku, pourquoi pas ? C'était sur la côte amalfitaine, au cours de ces années où, mes amis et moi, nous l'avons fréquentée avec amour au point d'y revenir chaque été et d'y séjourner une huitaine ou une quinzaine de jours vers Pâques ou au mois de mai, et même, une fois, fin décembre, pour un réveillon mémorable. Puis le groupe s'est un peu disloqué, nous avons espacé nos rencontres, nos échanges, plusieurs se sont perdus de vue. Vous savez ce que c'est que l'amitié, les liens se distendent, des complicités qu'on croyait éternelles se dissolvent peu à peu, la vie des uns, la vie des autres, les intérêts des uns ne sont pas ceux des autres, et ainsi de suite… Bref, Amalfi et sa côte, ça n'a été qu'un temps dans notre vie. Tous s'en souviennent avec émotion, j'en suis sûr. Une belle époque, pleine de rires et d'aventures, de soleil et de baignades, et, je pourrais ajouter, de jeunesse insouciante.

Cette année-là, toute la péninsule semblait en flammes. Le vent d'ouest avait fait s'envoler quelques braises d'un feu imprudent du côté du Monte Ceruasolo, une zone de la forêt et du maquis s'était embrasée, les flammes avaient couru sur des kilomètres, coupant les routes entre Castellamare et Amalfi, cernant des villas près d'Agerola, attirant des curieux qui, depuis Positano ou Maiori, montaient en voiture vers les cols et les sommets pour observer le phénomène. Les véhicules bouchaient les routes, les pompiers qui arrivaient de partout, Nocera, Salerne et même Naples, ne pouvaient plus passer, les sirènes hurlaient de tous côtés dans les lacets de la montagne. Certains villages semblaient menacés. Les rumeurs les plus folles couraient dans les stations de la côte et sur les plages. Des hélicoptères passaient, les baigneurs leur faisaient de grands gestes joyeux sans se douter que, si le vent forcissait, même leur plage serait menacée. C'était, une fois de plus, l'habituelle crise de folie napolitaine.

Rien d'autre à faire qu'attendre et ne pas changer ses habitudes. Je suis parti nager, assez loin, comme toujours. J'ai longé la côte vers l'ouest, quittant la vue des plages et prenant la tour d'Amalfi pour cap. Quand on nage ainsi loin du rivage ou qu'on fait paresseusement la planche, il ne faut surtout pas penser aux dangers de la mer — tornades, tsunamis, requins… — ni à ses fonds. Si l'on se met à imaginer que, juste en dessous de soi, s'ouvrent cent ou deux cents mètres d'abîmes, avec des gouffres, des canyons sousmarins, des crevasses menaçantes et obscures, alors on se sent pris d'une légère panique qui peut très vite s'amplifier et dégénérer, un peu à la manière d'un incendie, justement. On est dans la position du somnambule qui fait des prodiges en dormant mais qui risque de chuter si on le réveille. Il suffit de songer à tous ces dangers pour qu'ils se cristallisent, finissent par vous obséder et paralyser subitement vos gestes comme vos décisions. J'avais parfois été pris de semblables accès de peur irraisonnée. D'autant plus que, dans ces parages, le talus sous-marin est extrêmement abrupt et que la profondeur, à quelques dizaines de mètres du rivage, est déjà insensée. Donc je nageais calmement, sans trop penser à tout cela et en m'efforçant de chasser aussi toutes les images de désastre et de malheur que généraient depuis la montagne les sirènes sinistres des pompiers et le bourdonnement des hélicoptères.

Je me suis reposé en faisant la planche. Et puis, soudain, un curieux phénomène. Le ciel bleu semblait s'être obscurci. Des traînées grisâtres le salissaient. Bientôt ce fut une véritable nappe de fumée noire. Et, de la surface de l'eau, je perçus cette odeur plutôt agréable, mélange de résineux brûlés et d'herbes aromatiques de la montagne. Agréable mais inquiétant. La fumée se fit de plus en plus dense, elle arrivait droit des pentes escarpées et plongeait vers la mer, puis elle se trouva mêlée à des cendres, des brindilles noires, des fragments de feuilles carbonisées, des braises minuscules qui tombaient dans l'eau en grésillant. Je ne voyais plus qu'à quelques mètres autour de moi. C'était étrange. Je me mis à penser au Vésuve et aux dernières heures de Pompéi. Ce serait peut-être ainsi que les habitants de la région percevraient la prochaine éruption, à condition qu'ils soient suffisamment éloignés du volcan. Les bruits ne seraient pas les mêmes et il ne faudrait pas s'attarder dans l'eau au cas où les remous sous-marins succéderaient à ceux de la terre ferme. Pendant un instant je me sentis comme au cœur d'un immense désastre et, d'une certaine façon, c'en était un. Les grandes catastrophes ont toujours quelque chose d'excitant, de fascinant, du moins pour ceux qui sont encore vivants. D'où l'afflux de touristes curieux dans la montagne, au risque d'être cernés par les sautes capricieuses des brasiers.

J'étais là, aspergé par une pluie noire, une sorte de châtiment du ciel généré par le dieu boiteux, le dieu du feu, Héphaïstos, le ramoneur des volcans, les Romains l'appelèrent Vulcain, l'époux de la belle Aphrodite, une femme trop belle pour lui et qui ne pouvait que le tromper, ce qu'elle fit aussi vite qu'elle le put avec le dieu Arès, Mars pour les Romains. Mais l'habile forgeron les captura en pleins ébats dans un filet bien serré et il appela tous les dieux de l'Olympe pour venir contempler le duo dans sa posture sans équivoque. Honte terrible d'Aphrodite qui s'enfuit. Triomphe joyeux du cocu, énorme rigolade des dieux. Tout en nageant, car je commençais à vouloir sortir de cette brume de fumée noirâtre, je pensai aux autres aventures du boiteux et je me souvins en particulier qu'il avait façonné, à partir de l'argile, Pandore, la première femme, celle qui devait ouvrir la jarre où étaient enfermés tous les maux destinés à la pauvre humanité. C'était troublant de se remémorer tous ces récits à proximité des lieux où, précisément, certains avaient été inventés et où des personnages romanesques comme Ulysse ou Énée avaient séjourné. À quelques kilomètres de là, les îlots des Galli, antre légendaire des sirènes d'Ulysse. Je n'avais plus de points de repère, j'espérais surtout ne pas être en train de nager vers le large. J'économisai mes mouvements, le paysage ne réapparaissait pas.

Et soudain… à force de penser aux dieux, les dieux vous viennent en aide, et cette fois ce fut Poséidon-Neptune, pourtant l'ennemi mortel de mon ami Ulysse. À quelques mètres de moi, jaillirent de l'eau deux nez de gros poissons qui replongèrent aussitôt. Une seconde d'angoisse folle : je pensai aux requins, je me vis déchiqueté, dévoré en un clin d'œil. Mais les deux museaux réapparurent, suivis de jolis dos lisses et arqués et des nageoires familières. C'était un couple de dauphins qui évoluait en faisant toutes sortes de figures et d'acrobaties comiques. Ils semblaient y prendre un grand plaisir. Ils remuaient comme les dauphins du bouclier d'Énée, décrits si musicalement par Virgile, *et circum argento clari delphines in orbem / aeaquora uerrebant caudis aestumeque secabant*, « et en cercle tout autour, de clairs dauphins d'argent balayaient la mer de leurs queues et fendaient la houle… ».

Ils s'approchèrent, très près de moi, me touchant presque du nez, comme s'ils voulaient m'inviter à leurs jeux. Je n'étais pas trop rassuré, j'avais lu des articles et je savais que les dauphins ne sont pas toujours aussi aimables qu'on le dit. Enfin, ils me faisaient moins peur que des requins. Ils ont repris leurs jeux. J'ai nagé dans la même direction qu'eux pendant une minute ou deux, à tout hasard. Le vent a tourné, la nappe de fumée s'est en partie dissipée, j'ai vu les rochers du cap et, au-dessus, la tour, j'ai pu reprendre la direction de la plage.

J'aime bien raconter les histoires qui me sont arrivées. Je les amplifie toujours un peu, ajoutant ici ou là quelques détails véridiques, retranchant des épisodes moins glorieux, soudant parfois des scènes qui se sont produites à des années de distance. Je me demandai si j'allais raconter à mes amis, d'un ton épique, que des dauphins m'avaient montré la direction du rivage alors que j'étais perdu : ça pouvait faire un récit assez sensationnel. En reprenant pied sur le fond sableux, à proximité de la plage, juste avant de rejoindre toute la bande, j'ai décidé de n'en rien faire. D'ailleurs, ils n'auraient peut-être pas cru que j'avais vraiment rencontré des dauphins.

Je suis arrivé en avance. Je présente mon carton à la barrière de la Porta Marina, je prends la passerelle et chemine vers les hauteurs. De lourds projecteurs de cinéma illuminent les pins, les palmiers, les remparts roses et composent une sorte de longue allée de lumière vers la place du Forum. Des femmes passent en riant dans les faisceaux et exposent leurs silhouettes nues sous leurs légères robes d'été. Perchées sur leurs talons bien trop hauts, elles butent sur les lourdes dalles rondes de la rue, titubent, trouvent des bras galants pour se rattraper, rient, se moquent les unes des autres. Les ruines se détachent sur le ciel noir et forment comme une illusion de clôture à ce vaste espace au cœur de la ville. Des buffets ont été alignés devant l'édifice d'Eumachie, le temple de Vespasien et le sanctuaire des dieux lares. Je traverse la pelouse et m'approche des tables bien garnies. Morceaux de poulpe à la sauce piquante, crevettes grillées, tomates cerises et poivrons, petits pâtés, gâteaux salés décorés de sésame, pizzas, saucisses sèches napolitaines… Et tous les gâteaux de la région, *amaretti*, *sfogliatelle*, *delizie*, babas. Avec bien sûr les glaces, dans leurs bacs réfrigérants, vanille, citron, fraise, framboise, mûre, myrtille, tous les

167

délicieux *frutti di bosco* offerts par les forêts du Vésuve...
Et aussi quelques vins de Campanie, ischia, capri, lacrima-
christi, et du champagne à foison. Comme dans tous les
cocktails, les gens se sont précipités et restent plantés devant
les tables, entamant des conversations qui risquent de durer.
Rapidement, tous les buffets sont inaccessibles. Je me promène parmi les groupes, écoutant d'une oreille distraite les
conversations. Beaucoup de Français, des Britanniques, des
Allemands

Je commence à m'ennuyer un peu. Excepté deux em-
ployées de la Surintendance avec qui j'avais été en contact
deux ans plus tôt au moment où j'avais réalisé mon film, et
un chercheur français que j'ai rencontré lors de ma projection,
je ne connais personne. Je tourne autour des buffets. Je picore
les délicieuses friandises salées et sucrées disposées avec art
sur les plateaux, je bois du champagne, coupe sur coupe, je
me sens impatient. Je regarde sans cesse vers l'extrémité du
Forum, là où l'allée de cinéma crée une sorte de tunnel de lumière un peu trop solennel pour accueillir les invités. Maintenant la foule est considérable, le brouhaha assourdissant est
répercuté par les murs et les fragments de murs qui bordent le
Forum. À l'entrée du tunnel, Anna Maria apparaît, court
vêtue et habillée de noir. Elle est accompagnée d'un grand
type assez beau, j'ai aussitôt une pincée de jalousie. Mais,
parvenue dans la foule, elle le quitte pour aller saluer diverses
personnes. Je joue l'indifférent, je me promène, l'air distrait.
Au bout de quelques minutes, elle s'approche.

— Oh ! Tu es venu !

— Comme tu vois !

Je lui rends son tutoiement. J'ose à peine la regarder tant
elle est éclatante. Elle a dénoué son chignon sérieux du

musée et porte les cheveux en queue-de-cheval. Elle a une minijupe de soie noire qui met en valeur ses jambes longues et fines ; autour de ses chevilles très minces, les spires serpentines d'un lacet noir qui jaillit de fines chaussures à talons aiguilles. Et puis, un petit boléro de dentelle noire à larges mailles carrées, à peine fermé d'un seul bouton sous la poitrine et qui laisse voir en dessous un soutien-gorge très enveloppant d'une autre sorte de dentelle noire ajourée de minuscules mailles en losange. Anna Maria est une artiste : les bords du boléro s'arrêtent juste à la pointe des seins et l'on perçoit sous la dentelle une partie des aréoles sombres. C'est la mode en Italie cet été-là, une mode bizarre, un peu loufoque. Il faut montrer ses dessous. La plupart des invitées portent des robes légères, en tissu transparent sous lequel on distingue les culottes noires ou rouges ou d'autres couleurs vives, bordées de volants, de ganses ou de galons et décorées de broderies. Et des soutiens-gorge noirs ou blancs ou violets. Mais, ce soir, Anna Maria a remis à l'honneur la mini-jupe des années soixante-dix, qui refait en Europe une timide offensive, et elle s'est surtout appliquée à magnifier son torse.

— Tu es splendide !

Elle sourit.

— Tu ne t'attendais pas à voir la petite Cendrillon suante du musée transformée en princesse !

— Si ! Je m'attendais à des merveilles parce que, sous le haillon, j'avais deviné non pas la Cendrillon mais la Vénus !

— Merci pour le haillon. C'était un T-shirt de chez Prada !

Nous rions.

— J'ai déjà bu six ou sept coupes de champagne, il faut que tu me rattrapes !

— D'accord, essayons !

169

Nous nous glissons dans la foule qui assiège les buffets. Deux coupes, nous nous éloignons. J'ai repéré, une demi-heure auparavant, une grosse borne de marbre gris, contre le mur du marché, face au côté droit du temple de Jupiter, juste à la frontière entre les parties les plus éclairées et la zone d'ombre, je l'entraîne jusque-là.

— Un endroit tranquille pour bavarder !

Elle se tourne vers moi et me jette un regard ironique.

— Tu fais quoi, toi, exactement ?

Comme nous marchons vers le banc, je lui raconte en quelques mots les raisons de ma présence ici.

— J'ai fait un film sur Pompéi et on m'a invité à ce colloque et à cette fête.

Elle veut en savoir plus sur mon film. Je commence à lui raconter. Nous sommes arrivés à ma borne qui fera un excellent banc. Anna Maria déboutonne son petit boléro. Alors, pendant toute notre conversation, je vois ses seins, nus, simplement enveloppés dans cette délicate dentelle noire qui ne cache rien. J'ai tout loisir de les examiner. Grandes aréoles brunes et parfaitement rondes, tétins qui semblent toujours en érection, seins lourds mais fermes et hauts qui s'écartent un peu l'un de l'autre, et qui bougent, à chaque mot, à chaque respiration de mon amie, comme de petits animaux dociles et espiègles, prêts à jouer avec la première personne qui voudrait s'intéresser à eux. Je balbutie. Je ne parviens pas à parler de mon film. Autant être sincère.

— Excuse-moi, Anna Maria, mais je suis troublé…

— Ah bon ? Par quoi ?

— Par tes seins !

— Encore !

— Oui, ils sont tellement beaux, tellement… tellement… étincelants ! Voilà, c'est le mot !

Elle rit.

— Oublie-les un instant. Sinon, on ne pourra pas se parler du tout. Mais merci pour cette attention.

Je continue à lui raconter mon film en quelques mots. Elle m'écoute patiemment.

— Mais et toi, comment vis-tu ? Que fais-tu ?

— Oh, ma vie est simple. Études littéraires à Rome. Philologie, art antique. Quelques chantiers de fouilles ici en Campanie. Surtout une des villas de Stabies où je suis revenue chaque année pendant quatre ans. J'ai loué une chambre à Naples et je prépare une thèse sur les graffitis amoureux de la région vésuvienne. L'occasion de revoir tous ceux qui ont été recensés depuis deux siècles, certains sont restés sur place et d'autres sont dans les réserves des musées. Je veux les classer selon des critères modernes. De plus, j'ai quelques idées sur de nouvelles façons de les commenter…

— Je savais qu'il y en avait beaucoup, mais tant que ça ?

— Oh, tu ne peux pas savoir ! Des milliers ! Les Pompéiens aimaient écrire sur les murs. Et ils laissaient des traces de tous les moments de leur vie privée ou publique, et surtout de leurs escapades amoureuses. Par exemple sur un mur de la maison des Amours dorés, on peut lire *Modestus cum Albana*, ce qui veut dire que « Modeste l'a fait avec Albane ».

— C'est curieux, ce souci de laisser une trace de ses petits désirs et de ses petits bonheurs.

— Oui, il y en a de beaux, il y en a de sales et il y en a de pires. Rien que dans le lupanar de Pompéi, on trouve cent vingt graffitis différents ! Sur le mur d'une taverne qui servait aussi un peu de lupanar, on a trouvé *Hic ego bis futui*, « Ici, moi, j'ai… comment diriez-vous en français, foutre, foutu, oui, c'est ça… foutu deux fois ». C'est banal. *Futuere* : foutre… baiser… Un autre écrit tout simplement *Pedicare volo*, « Je veux baiser » ou bien « Je veux le lui mettre dans le cul ». Un cri du cœur ! *Pedicare*, c'est pour les garçons surtout, ça veut dire passer par l'autre voie, on dirait aujourd'hui sodomiser ou, si j'ai bien compris le vocabulaire français actuel, enculer, si c'est employé comme insulte. *Te pedicabo*, « Je t'enculerai ! » Mais je sais que dans l'ancien temps, en France, on disait pédiquer. J'ai lu le marquis de Sade ! Comme tu sais, les adultes mâles romains faisaient l'amour avec leurs esclaves mâles ou femelles. Ils avaient aussi un petit ami et la sodomie était de règle jusqu'à un certain âge du moins. À l'intérieur du lupanar, on peut lire *Fututa sum hic*, cette fois c'est au féminin, c'est une femme qui parle : « Ici, j'ai été foutue. » Ou, si tu préfères, baisée…

— On imagine la fille durant ses longues heures d'ennui, attendant le client et ne trouvant rien de mieux à écrire sur le mur !

— Oui, c'est étrange. Un autre, ailleurs, a écrit *Messius hic nihil futuit*, « Ici, Messius n'a foutu personne ». Mais un garçon un peu niais a aussi écrit *Hic ego cum veni futui deinde redei domi*, « Je suis venu ici, j'ai foutu et puis je suis rentré à la maison ». Ce qui est quand même paradoxal puisqu'au moment où il écrit ces mots, il est encore au lupanar ! On trouve des dates : « Le 9 septembre Quintus Postumius a demandé à Aula Attius de faire l'amour avec lui. » Parfois, c'est tout un petit roman : « Deux amis se sont arrêtés ici et, après avoir supporté pendant toute une journée un serviteur du nom d'Épaphrodite, tout à fait nul, ils ont réussi à s'en débarrasser ; ils ont dîné délicieusement et baisé pour cent sesterces et cinq demi-as. » Ou encore la visite de deux clients sympathiques aux thermes d'Herculanum : « Moi Apelle, musicien, et mon frère Dextrus, nous avons agréablement foutu deux fois les deux mêmes filles. » Et ces deux personnages, on les retrouve sur un autre mur : « Apelle, Dextrus et César, compagnons de chambrée, ont dîné allègrement ici et fait aussi l'amour. » Il y a beaucoup de saynètes au lupanar : « Nous sommes venus ici avec du désir, avec un désir plus grand encore nous voulons partir, mais cette fille nous retient. »

— Pas mal !

— Quand on étudie ainsi toutes ces inscriptions, on a l'impression de voir revivre tout un petit peuple. Les filles ont des noms romains, Fabia, Nica, Restituta, Rufa, Veneria, et aussi grecs, Chloé, Mystis, Helpis, Callidromé. Il y a des slogans sur les grands gladiateurs : Crescens par exemple, un rétiaire, celui qui combat avec le filet, une gloire de l'époque. « Crescens, champion de la Campanie, l'idole des filles... » Et même *puparum domine*, le maître des poupées ! Il a dû en prendre plus d'une dans son filet, celui-là ! De temps en temps, on s'interpelle. « Sale gamin, de combien de femmes as-tu joui ? » Et puis, on trouve beaucoup d'allusions à la fellation, un sport qui devait être très en vogue à l'époque. *Murtis bene fellas*, « Myrtis, tu suces bien ! » Ou bien « Rufa, vas-y, comme tu suces bien ! » Mais aussi, sur une colonne du péristyle de la maison des Noces d'argent : *Sabina, felas ; no bene faces*, « Sabine, tu suces ; mais tu ne le fais pas bien ! » J'en connais un assez drôle et qui, peut-être, prouve que c'était un moyen d'éviter de se retrouver trop vite enceinte. *Veneria Maximo mentula exmuccavit per vendemiam tota et relinquet utrumque ventre inane et os plenu*, « Veneria a sucé la mentule de Maxime pendant toute la vendange, gardant vides l'un et l'autre des trous de son ventre et seulement pleine sa bouche ». Joli, non ?

— Ils avaient de l'humour, en tout cas !

— Et des hommes sucent d'autres hommes : *Martialis, fellas Proculum*, « Martial, tu suces Proculus ». Mais là, ça semble avoir un ton injurieux.

— Tu parles beaucoup mais ton verre est vide. Je vais chercher du champagne. Garde nos places.

Elle me sourit, me laisse partir. Je me fraie un chemin dans la foule, toujours plus dense à mesure qu'on s'approche des buffets.

— Au lieu de claquer tant d'argent en champagne et gâteaux, ils feraient mieux de restaurer la maison d'Obelius Firmus, dit en français une voix de femme.

— Pourquoi Obelius Firmus ? demande un homme, la bouche pleine.

Je n'entends pas la suite. Je traverse un autre groupe, un homme demande si Agnelli va venir. Je parlemente avec un des serveurs, lui explique que nous sommes trois ou quatre, tout là-bas au fond. Il me tend une bouteille ouverte. Je repars avec mon champagne et un petit plateau de canapés que j'ai saisi au passage. Je reviens triomphalement m'asseoir près d'Anna Maria qui semble apprécier la rapine.

— Je vais pouvoir graver mon nom sur un mur : Ici, Alain a bu du champagne avec Anna Maria. Je te sers ?

— Oui. Tu n'en feras rien. Les graffitis postérieurs, ceux des touristes depuis le début du XIXe siècle, sont la pire de nos calamités ! Ils ont parfois recouvert les plus anciens. Hum ! Il est bon, il est frais !

— Et à propos, rien sur le cunnilinctus ?

— Si ! *Jucundus cunnum lingit Rustica*, « Jucundus lèche le con de Rustica ». Ailleurs, c'est une injonction : *Linge*

Laide cunnum, « Lèche le con de Laïs ! » Ou encore « Corus lèche le con ». C'est péjoratif, sans doute injurieux. On trouve des graffitis insultants : « Glycone suce le con pour deux as », ce qui est quand même une assez petite somme. Encore un : « Maritimus suce le con pour deux as, il accepte les vierges. » Ça, ce sont des plaisanteries. Les représentations du cunnilinctus sont très rares. Ici, à Pompéi, on ne connaît qu'une seule image, une peinture dans le vestiaire des Thermes suburbains, et il semble bien que ce soit l'unique scène de ce genre dans tout l'art romain. Pour les Romains de cette époque, un homme véritable ne s'abaissait pas à ces choses-là. Le coït buccal était très mal vu, un homme devait toujours avoir une attitude sexuelle dominatrice, sexe dressé et conquérant.

— Dommage !

— Peut-être mais c'était un signe de bassesse. Sans doute que ça ne les empêchait pas de le faire quand même, je crois ! Évidemment, la poésie érotique romaine nous apprend que tout était largement pratiqué !

— Mais, dans cette ville de Pompéi, on ne trouve pas que des graffitis obscènes !

— Non, il y avait aussi des slogans politiques du genre « Votez pour Untel », des moqueries, des mises en garde, des sortes de publicités, des poèmes… Par exemple, cette inscription, une des plus belles…

— Laquelle ?

— C'est une sorte de poème gravé sur un mur du péristyle d'une maison. Ça dit à peu près : « Muletier, si seulement tu ressentais les feux de la passion / Tu te hâterais d'aller à la rencontre de Vénus. / J'aime un jeune, Beau-Garçon / Je t'en prie, éperonne, allons-y ! / Tu as bu : allons-y, saisis les rênes et secoue-les… » Et ensuite l'inscription dit : *Pompeios*

175

defer, ubi dulcis est amor... Si l'on prend ce vers tel quel, on peut traduire « Emmène-moi à Pompéi où l'amour est doux... » ce qui est déjà très joli en soi. Au vers suivant, il y a *meus* et le début d'un mot. On n'en saura pas plus, c'est tout ce qui reste du graffiti. Les érudits se sont mis d'accord pour dire *ubi dulcis est amor meus*, « où se trouve mon doux amour ». Ce qui n'est pas mal non plus. On s'interroge sur l'identité sexuelle de cet amour : garçon ou fille ? On a tranché pour un garçon. Mais alors, celui qui parle, garçon ou fille ? On n'en sait rien. Difficile de décider puisqu'on sait qu'à Pompéi les filles étaient aussi bonnes poétesses que les garçons et qu'en matière de tags elles se défendaient plutôt bien. En voilà encore quelques-uns, de ces graffitis magiques. « Que celui qui aime se porte bien, que celui qui ne sait pas aimer périsse, et que périsse aussi celui qui empêche d'aimer. » Soupir amoureux : « Vois comme je souffre, Peterula. » Réflexion sur le temps qui passe : « Quoi de plus dur qu'une pierre et de plus doux qu'une vague ? Et pourtant les pierres les plus dures sont creusées par l'eau... » Réflexion sur la jalousie : « Qui reposera la nuit avec toi d'un heureux sommeil ? Si c'était moi, je serais beaucoup plus heureux que lui. »

— Tu en connais beaucoup comme ceux-là ?

— Deux ou trois cents, peut-être ! Il y en a des milliers ! Il y avait des murs si couverts d'inscriptions qu'un malin, un jour, a écrit : « Mur, j'admire que tu ne te sois pas écroulé, toi qui portes les ordures de tant de gribouilleurs. » Le mur est en partie tombé, hélas, mais pas sous le poids des graffitis !

— D'autres encore ?

— Il y a des messages tendres : « Beau Sabin, Hermeros t'aime. » Il s'agit bien sûr de deux hommes. Et ce joli mot près de la porte d'Herculanum : *Amamus, invidemus*, « Nous aimons ? Nous sommes jaloux ! »

— Et toi, Anna Maria, es-tu amoureuse en ce moment ?

— Non.

— Pas de petit ami ?

— Non. Pas depuis deux ans !

— Tu veux dire que depuis deux ans… ?

— Je te répondrai par une phrase latine, encore une. *Veneris servit amica manus…*

— Ce qui signifie ?

— C'est dans une épigramme de Martial : *Ponticus, quod numquam futuis, sed paelice laeva uteris et Veneri servit amica manus, hoc nihil esse putas ?*

— Et alors ?

— Comment ! Avec tout le latin que je viens de t'administrer, tu devrais comprendre !

— Non, rien du tout.

— Reprenons. Ponticus, c'est le type auquel s'adresse Martial. « Parce que tu ne baises jamais mais que ta main gauche est ta concubine / Et que la main amie se met au service de Vénus / Tu crois qu'il n'y a pas de mal à ça ? » C'est une bonne description de la masturbation. Ça parle d'un homme mais c'est valable pour les deux sexes. La main amie, *amica manus*, la main gauche pour les Romains, c'était celle qui devait servir à cette opération. La masturbation n'était pas bien vue. D'ailleurs, Martial ajoute : *Scelus est, mihi credes…* « C'est un crime, crois-moi… » Mais lui, Martial, il n'y croit qu'à demi. Il devait faire comme tous les garçons…

— Et comme toutes les filles ! Comment, Anna Maria, une belle femme comme toi, tu… ?

— C'est un parti pris, disons… philosophique. L'amour,

c'est source de beaucoup trop d'ennuis, ça empêche de travailler, de penser. On vit à deux, on a deux fois plus de soucis. L'autre devient jaloux. Ou alors, c'est moi qui deviens jalouse, le type m'obsède, le sexe m'obsède, je ne pense plus qu'à ça, je n'ai plus de suite dans les idées. Pour l'instant, c'est ainsi, chasteté absolue jusqu'à ce que j'aie fini ma thèse.

— Vraiment absolue ?

— Tu as une idée derrière la tête ?

— Bien sûr !

— Toi ?

Elle me regarde. Elle rit.

— Mais je pourrais être ta fille !

— Oui, et alors ?

— Je te plais ? Je ne suis qu'une brune. Les Romains préféraient les blondes, beaucoup plus rares.

— Plaire, le mot est faible. Et je ne suis pas un Romain ! Tu as commencé au musée avec ton numéro de Vénus mouillée. Et maintenant, je sais que je ne pourrai terminer cette nuit sans avoir caressé ta peau… C'était ça, le sens de mes points de suspension sur mon carnet, ce matin…

Elle rit aux éclats. Ses seins sautent avec élégance dans leur fine enveloppe de dentelle noire. Magnifique !

— Seulement ça, caresser ma peau ?

— Non. J'ai une folle envie de toi. De toucher ton *cunnum*, de te *futuere,* de te *pedicare,* de te *masturbare… bare* ou *bari,* d'ailleurs ?…

— Ça, *masturbari,* c'est du latin de bas étage… Moyen Âge, curés… Quoique notre ami Martial, encore lui, l'utilise plusieurs fois. Tu pourrais ajouter aussi *mastigare,* fouetter, il y en a beaucoup qui aiment ça !

— De te *lingere,* et… et…

178

— Eh bien, en voilà un programme ! Je vois que tu n'as gardé de tes études de latin que le meilleur !

Comme il n'y a personne autour de nous et que nous sommes dans une zone très sombre, tout en parlant, négligemment, du bout des doigts, je caresse la pointe des seins fermes d'Anna Maria à travers sa jolie dentelle. Elle se laisse faire. Puis je lui prends la main gauche, je la guide lentement vers mon ventre et je plaque soudain sa paume sur l'enflure de mon pantalon. Elle rit doucement dans le noir.

— Je ne pensais pas qu'un homme de ton âge pouvait... comment dites-vous en français ?... ah, oui, bander... bander encore !

— Ah, bon. Qu'est-ce que tu croyais ?

— Je croyais que ça s'éteignait peu à peu et que cela finissait par disparaître !

— Hélas, non ! L'amour est une maladie qui nous tient jusqu'à notre dernier soupir... Je suis né en érection, je mourrai en érection. Ça te plaît ?

— Je ne sais pas si ça me plaît ! Pour l'instant, ça m'amuse et ça m'intrigue !

Elle retire sa main et désigne la foule. Marina vient de faire son entrée sur le Forum, fourreau noir, gants noirs jusqu'aux coudes, mantille de dentelle noire sur les épaules. Une grande auréole de cheveux finement crêpés autour du visage, une de ses coiffures préférées. Flashée par les photographes de service à l'affût près de l'entrée, saluée par le Surintendant qui se précipite, fêtée par les officiels qui se pressent nombreux autour d'elle et dans son sillage qui, je le devine, doit être suprêmement parfumé. Mais, dans la mêlée, la Wilson, toujours attentive, a jeté un coup d'œil dans notre direction et nous a repérés.

179

— Est-ce que ça t'excite, toi, de dire tous ces mots latins ?

— Tu veux dire des mots latins ou des mots sales en général ?

— Non, des mots sales.

— Et toi ?

— Tu m'excites plus que les mots eux-mêmes. Sinon, tous les mots m'excitent, même ceux qui ne sont pas sexuels.

— Moi, quand je relève les inscriptions et que j'essaie de les traduire, je me mets à la place des personnages. Je les sens vivre. Je comprends leurs passions, je crois les partager. Et, à la fin, je ressens une sorte d'excitation à trouver le mot juste, à me figurer les positions. C'est tout un petit cinéma érotique qui se met en marche...

Décidément, cette fille est intéressante ! Je lui remplis sa coupe. Nous buvons. Nous nous taisons un long moment. Nous regardons les mouvements de la foule et nous laissons bercer par la rumeur des conversations. Je regarde vers ma droite : loin au-dessus des alignements de ruines, le cône du Vésuve luit faiblement sous la très pâle lumière des étoiles.

Un voyageur français, M. Dupaty, visite le cabinet d'antiques de Portici en 1785. « Je ne dois pas omettre un des
monuments les plus curieux de ce cabinet célèbre ; ce sont
des fragments d'enduits de cendres qui, lors d'une éruption
du Vésuve, surprirent une femme et l'enveloppèrent en
entier. Ces cendres pressées et durcies par le temps autour
de son corps, l'ont pris et moulé parfaitement. Plusieurs
fragments de cet enduit conservent l'empreinte des formes
particulières qu'ils ont reçue. L'un possède la moitié du
sein ; il est d'une beauté parfaite ; l'autre une épaule ;
l'autre une portion de la taille : ils nous révèlent, de concert,
que cette femme était jeune, qu'elle était grande, qu'elle
était bien faite, et même qu'elle fuyait en chemise : car des
morceaux de linge sont attachés à la cendre. » Ces moulages, depuis tombés en poussière, firent rêver plus d'un visiteur. Chateaubriand comme Théophile Gautier. Gautier alla
jusqu'à imaginer, dans un récit de science-fiction assez déli-
rant, les amours entre cette fille du Pompéi de l'an 79 et un
visiteur du XIXe siècle. Il écrit : « La rondeur d'une gorge a
traversé les siècles lorsque tant d'empires disparus n'ont pas
laissé de trace ! » Leopardi avait déclaré : « Pompéi, comme

181

un squelette enfoui... » Et Alexandre Dumas, reprenant une formule de Fenimore Cooper, oui, oui, le dernier des Mohicans : « Cette momie de ville. » L'idée était là, latente, il suffisait de la saisir.

« Une découverte très intéressante vient d'être faite par le savant inspecteur des fouilles de Pompéi, M. Joseph Fiorelli. Avant-hier, pendant qu'on creusait, à la profondeur de dix palmes, la pioche s'est heurtée contre un petit monceau de monnaies et de bijoux. M. Fiorelli a fait continuer à fouiller avec le plus grand soin, en enlevant la terre presque solidifiée grain par grain. Après quelques heures de travail, on a découvert le moule intact, fait par la cendre, d'un homme couché par terre, dont la chair s'était desséchée ; mais le squelette était entier. M. Fiorelli a eu l'heureuse idée de couler en plâtre la forme du Pompéien. [...] L'homme moulé est d'une précision de formes extraordinaire ; les moustaches, les cheveux, les plis de l'habillement, la chaussure sont d'un fini merveilleux. La fameuse question du *Thesaurum* de Gronovius et Grevius est vidée : les Romains avaient des caleçons ! Les archéologues pourront enfin être fixés sur la manière dont les anciens attachaient les sandales, en voyant un talon de chaussure complètement ferré. »

Cette lettre au journal *L'Italia*, le 6 février 1863, répercutée par diverses sociétés savantes en Europe, nous donne donc une date précise de l'intuition de Giuseppe Fiorelli. Il avait déjà pris l'habitude, au cours des fouilles archéologiques de Pompéi ou d'Herculanum, de faire couler du plâtre dans les vides qui se présentaient à mesure qu'on avançait dans la couche, afin de retrouver en relief les objets non minéraux qui, décomposés depuis longtemps, avaient laissé en creux la trace de leur présence : c'est ainsi qu'on peut voir aujourd'hui les volets ou les portes de bois de la villa des Mystères et de quelques autres villas, des roues de charrette ou divers meubles reconstitués en dur. Un autre témoin de l'époque nous en dit plus, en 1870, sur cette séance inaugurale.

« C'est dans une petite rue conduisant de la ruelle d'Eumachia à la rue du Lupanar, rue qui à cette occasion a reçu le nom de *Vicolo degli scheletri*, que le 5 février 1863 furent trouvés ces cadavres. Ces malheureux étaient sans doute restés enfermés dans leurs maisons et n'avaient essayé de fuir qu'au dernier moment, lorsque l'eau, la cendre et le *lapillo* les avaient chassés ; mais il était trop tard ! Déjà les matières volcaniques avaient rempli la rue fort étroite, et bordée de grands murs presque sans portes ni fenêtres, jusqu'à une hauteur de près de cinq mètres, et ce n'est qu'à cette élévation au-dessus du sol qu'ils furent rencontrés. Ils ne faisaient peut-être pas partie de la même famille, car ils étaient couchés assez loin les uns des autres. Deux corps cependant formaient un groupe, composé d'une femme et d'une jeune fille âgée d'environ quinze ans. C'est ce groupe que l'on voit à droite en entrant dans la petite salle de la rue Domitienne. Les deux femmes sont tombées l'une à côté de l'autre, mais en sens inverse ; leurs vêtements d'étoffe grossière semblent indiquer qu'elles n'appartenaient pas à la classe riche. »

Les moulages de Fiorelli sont désormais fameux. Au hasard des sorties hors des réserves, tous les visiteurs en ont vu. Le grand archéologue, qui fut le directeur des fouilles de Pompéi à partir de 1861, année de l'Unité italienne, a inventé là une technique simple pour transposer des signes parfaitement illisibles en une sorte d'éclatante reconstitution du passé. Un peu comme le passage du négatif au positif en photographie. Une jeune fille, couchée sur le ventre, a le visage posé sur son avant-bras, elle est coiffée d'un chignon ; elle est habillée en haut, nue à partir de la ceinture. Elle a un petit ventre assez rond, peut-être est-elle enceinte. Fesses splendides, pleines, fermes. Très jolies jambes, longues et fines, pieds gracieux. On l'aime dès qu'on la voit.

Un homme dont il ne restait que le tronc, trouvé dans la villa de la Pisanella : il avait la bouche bâillonnée, dernière tentative pour filtrer l'air devenu soudain irrespirable. Un muletier fut trouvé près de sa bête. Un « homme assis » s'est battu contre la tempête de lapilli, il s'est enroulé dans son manteau et est mort ainsi, accroupi et adossé au mur du portique de la Grande Palestre. Un bébé paisible, mort étouffé, sans s'en rendre compte, semble simplement endormi. Un homme sur le dos, bras et jambes écartés, dans une sorte de spasme d'agonie impressionnant. Un autre, bras et jambes écartés lui aussi, expose généreusement son sexe. Il y en a un qui lève les bras au ciel. Un autre, les deux bras sur la poitrine dans une position de repli et de résignation définitifs. L'un des moulages les plus extraordinaires est ce chien trouvé dans la maison de Vesonius Primus : un large collier clouté attaché à sa chaîne, il n'a pu se dégager, il a lutté follement comme en témoigne sa posture, deux pattes en l'air, deux autres recroquevillées contre le corps, le dos tordu dans un spasme terrible, la tête révulsée, la gueule ouverte d'où dépassent les crocs acérés du molosse.

Et il y a aussi ce « jardin des fuyards ». Un petit groupe, des voisins, des familiers, qui se sauve au moment de la catastrophe, certains avec quelques pièces et des bijoux, mais, dans la confusion des retombées de cendres qui étouffent et créent une nuit artificielle, ce groupe se lance dans un potager bordé par les fortifications de la ville et se heurte donc à la muraille infranchissable. Pas d'échelle, pas de brèche. Ils sont treize, ils meurent là, dans un désespoir absolu, perceptible immédiatement lorsque, après un peu de marche plaisante à travers de beaux jardins nettoyés, reconstitués, odorants, on découvre aujourd'hui la scène. Un homme tente de se redresser en s'appuyant sur ses avant-bras. Il surgit de la terre comme l'un de ces damnés qu'on voit dans les Jugements derniers des peintres gothiques. Deux autres sont couchés, calmes, mère et fils, comme s'ils dormaient paisiblement à même la terre. Un bébé s'est endormi sur le côté. Plusieurs autres fuyards sont sur le flanc dans la position du sommeil ou de la résignation.

Plus tard, on a critiqué la méthode de Fiorelli, qui occultait les ossements. On a inventé un moulage avec des résines « époxy », d'une grande laideur. Puis d'autres, encore plus transparentes, mais à quoi bon la transparence si c'est pour montrer des squelettes ? On a ensuite préféré garder les os tels quels afin de préserver le précieux ADN qui permettrait de déceler les sexes et les origines, de remonter les filiations, d'écrire une nouvelle histoire des populations. On y gagne certes en science, on y perd en humanité, on y perd en art. On perd en tout cas cette photographie instantanée de la dernière seconde d'agonie des Pompéiens.

1863 : l'année de la découverte de Fiorelli, c'est l'année même où Manet présente au Salon *Le Bain*, qui deviendra *Le Déjeuner sur l'herbe*, l'année où il peint *Olympia*. J'ai toujours pensé que Fiorelli était une sorte d'artiste, un sculpteur qui ouvrait la lignée des Rodin, Maillol, Giacometti, l'inventeur d'une esthétique qui annonce les grandes révolutions du XXe siècle. Il est mort en 1896, à l'âge de soixante-treize ans, il appartient donc au XIXe. Ses créations relèvent d'une certaine forme de hasard : on ne sait jamais ce qui va surgir de la coulée du plâtre dans un trou ouvert sur l'inconnu. Le hasard joue dans l'aboutissement technique de la sculpture. Toutes sortes d'obstacles peuvent s'interposer : des effondrements partiels, des os qui se mettent en travers (ne pas oublier que le squelette est toujours là, présent dans la cavité), le plâtre qui se fige trop vite, le moulage final qui s'effrite, les lapilli qui s'effondrent et gâchent le travail.

Le médium choisi par Fiorelli, ce fameux *gesso* qui pendant des siècles a été le grand intercesseur dans l'art italien, qui peut se modeler, se polir, se vernir, se colorer, prendre l'apparence des pierres les plus dures, ajoute un certain fond de classicisme à ces objets. Une personne qui ignorerait tout de leur origine y verrait une sculpture expressionniste, au réalisme soutenu. Elle ne saurait lire dans cette gestuelle dramatique l'asphyxie, la terreur, la mort d'une authentique personne.

Le moulage à la Fiorelli est aussi une anticipation du collage : pour certains corps, parfois, le vrai crâne apparaît au sommet du moulage ou bien un os fait saillie, des morceaux de vêtements ou de sous-vêtements, des fragments de chaussures, des bijoux, anneaux, bracelets, un bracelet d'esclave, surgissent du plâtre. Autre trait de modernité : l'érotisme de plusieurs sculptures. Figés dans leur nudité sans défense, ces corps moulés sont séduisants, racontent une histoire, demandent qu'on les écoute et qu'on les aime. J'y verrais volontiers une sorte de parti pris contre l'art abstrait et pour la figure humaine. Et ces œuvres modernes sont des rappels de sculptures anciennes : elles sont à la fois des gisants et des masques mortuaires. Et même la présence de l'artiste n'est plus indispensable puisque, bien après la mort de Fiorelli, on a continué à faire des moulages selon sa méthode.

Rossellini, dans *Voyage en Italie*, a mis en scène le moulage d'un couple à Pompéi. César, le sculpteur, a eu sa révélation à Pompéi et a commencé par mouler des corps. Yves Klein « moule » ses amis, teint leur statue en bleu d'outremer et la place sur un fond d'or. Segal ou Kienholtz s'inspirent sûrement du « jardin des fuyards » de Pompéi, qu'en retour on peut considérer comme une sorte d'« installation » dramatique, l'une des plus réussies qu'on puisse voir au monde.

L'empreinte, le moulage, la trace du corps sont devenus des thèmes constants dans l'art contemporain. Mais que faire de ceux de Fiorelli ? En réalité, ces objets semblent avoir toujours été un peu encombrants pour les archéologues. On n'a jamais bien su où les mettre. Ils furent longtemps exposés dans des vitrines de l'Antiquarium de Pompéi, d'abord au centre, avant la Seconde Guerre mondiale, puis, dans les années d'après-guerre, plutôt de côté, dans les passages ou près de la sortie : la jeune fille à plat ventre, l'homme assis, le chien, le muletier... Certains, subissant le sort de toutes les œuvres d'art, ont été détruits par les bombardements de 1943 : c'est le cas de l'homme-tronc bâillonné. On les a ensuite déplacés vers les Thermes stabiens ou le Macellum ou dans d'autres localités de la région. On a fini par mettre le chien effrayant à Boscoreale, non sans en réaliser au préalable d'autres moulages en plâtre. Les meilleurs ont été exportés pour des expositions à Bruxelles, à Rome, au Québec. Je rêve de les voir rassemblés tous en un seul lieu, comme l'œuvre complète, avec ses réussites et ses ratés, d'un grand sculpteur. Et puis, Fiorelli, c'est un si beau nom pour un artiste...

Nous restons côte à côte sur notre banc de pierre plutôt confortable. Nous regardons de loin les gens aller et venir, se croiser, s'ignorer ou au contraire se saluer, parler, glisser vers les buffets, s'y empiffrer, en repartir, rôder à l'écart, se plonger dans d'étranges conciliabules comme des conspirateurs de feuilleton. À force de champagne, j'ai la tête qui tourne, ma vue se brouille un peu, je perçois cette foule comme une sorte de scène de péplum grouillante de figurants : la reconstitution de l'animation du Forum aux temps antiques. Même remuements, mêmes murmures, mêmes rires. Sans doute aussi même éloquence, même vulgarité, mêmes désirs, mêmes haines... Parfois, une collègue d'Anna Maria vient la saluer. Elle me présente, la femme me regarde, s'interroge, ça flatte et amuse Anna Maria qui ne donne aucune explication, les deux femmes échangent quelques mots, nous nous retrouvons seuls, nous buvons encore du champagne. Deux petits chats noirs se sont approchés de nous, surgissant derrière notre banc, venant de la nuit. Ils miaulent, quêtant quelque nourriture. Anna Maria prélève l'un des canapés aux anchois que j'ai apportés tout à l'heure, le partage en deux et dépose les morceaux à terre. Les deux chatons se précipitent.

— D'où sortent-ils, ceux-là ?

— Oh, tu sais, dans Pompéi, il y en a des milliers. Des chats, des chiens, et beaucoup d'autres animaux.

— Pourquoi ?

— C'est simple. Lorsque les gens de Naples, de Caserte ou de Salerne partent en vacances, ou tout simplement lorsqu'ils veulent se débarrasser d'un animal, chien ou chat, peut-être même singe ou tortue ou serpent ou perroquet, va donc savoir ce que les gens peuvent élever !, eh bien, ils viennent là de nuit et le jettent à travers les grilles et les fossés de l'enceinte. Bien sûr, beaucoup d'animaux pourraient repartir, mais le lieu est assez clos, un peu sauvage, les recoins nombreux, ils retrouvent des congénères, s'accouplent, ont des petits. Ils vivent en bandes, comme dans les forums de Rome, avec toujours des matrones pour venir les nourrir, de la viande, des pâtes, des restes de réfectoires ou de restaurants. Tout ce petit monde vit tant bien que mal… On en enlève de temps en temps, quand la population devient trop pesante, je ne sais pas ce qu'on en fait, je préfère l'ignorer.

— Si j'en juge par les fameuses mosaïques qu'on voit à l'entrée des maisons, il y a toujours eu des chiens à Pompéi…

— Oui, tu penses à la mosaïque qui se trouve à l'entrée de la maison du Poète. Elle est belle. Elle a bien failli disparaître…

— Ah bon ?

— Oui, parce que jadis tous ceux qui entraient dans la maison la piétinaient. Maintenant on l'a protégée en faisant passer les gens ailleurs. Mais d'autres plaques se sont effacées. Pompéi avait connu un séisme très destructeur en l'an 62. On n'avait pas fini de restaurer la ville lorsque l'éruption de 79 est survenue. Ensuite, il y a eu les fouilles à partir du XVIIIᵉ siècle. Si Pompéi était demeurée sous terre et déblayée seulement aujourd'hui, ce serait formidable. Hélas, les fouilles depuis l'origine ont été une catastrophe permanente. Pendant longtemps les sites n'étaient pas protégés. Des curieux venaient visiter, emportaient des morceaux de marbre, de mosaïques ou simplement d'enduits qu'ils trouvaient beaux. D'autres volaient carrément des peintures, des objets, des crânes, des os. Chaque époque a connu des trafics insensés. Et ça dure toujours. C'est un vrai problème. Il y a eu la guerre, des bombes sur Pompéi. Et puis, autre cataclysme, le tourisme. Chaque année, des millions de visiteurs vont et viennent, passent et repassent sur les chaussées, les carrelages des maisons, se tassent dans des espaces exigus, foulent la terre, la pierre, les mosaïques, leurs vêtements frottent contre les murs, eux-mêmes n'hésitent pas à prélever, aujourd'hui encore, un fragment de mortier de couleur, un bout de marbre, un motif décoratif. Résultat : des peintures qui avaient été laissées sur place ont disparu, les pierres s'usent comme si on les frottait au papier de verre, et le papier de verre, on l'a en effet : les semelles des visiteurs plus la cendre et la poudre de pierre ponce ! Et l'érosion naturelle achève le tout. Pluies torrentielles, ruissellement des eaux sur les ruines, tremblements de terre, fréquents, parfois légers, parfois très gros comme celui de 1980 qui a détruit plusieurs maisons ici. Et le site va continuer à s'user. Dans quelques générations, j'en ai bien peur, il ne restera rien... ou presque rien. Sans oublier la menace du volcan qui demeure...

— Pour en revenir à ton cabinet secret..

— Ce n'est pas *mon* cabinet !

— Enfin ce lieu que tu nous a fait visiter hier, je dois dire qu'après coup cela crée une sensation étrange. Je crois bien qu'il est peu d'endroits au monde où l'on puisse voir en même temps autant de scènes érotiques, autant de vulves et de membres « virides » comme tu disais…

— Oh, ne me taquine pas ! Est-ce que tu parles aussi bien l'italien que moi le français ?

— Non ! Sûrement pas. Mais donc cette accumulation incroyable provoque un curieux malaise. Pas pour des raisons de pudeur ou de censure, non. On en a vu d'autres depuis quelques années ! Mais on se demande comment les Pompéiens, et sans doute aussi tous les Romains, vivaient la sexualité. Ça semble totalement libre, voluptueux, humoristique, mais aussi obsessionnel, talismanique, plein de tabous…

Marina, qui a fait le tour des groupes et a salué tous les officiels, s'est peu à peu approchée de nous. Elle surgit devant notre banc. Nous lui faisons place. Elle est magnifique. Son auréole de cheveux très fins, très frisés, rayons de blondeur fauve. Son grand décolleté met en valeur ses épaules fragiles, blanches, aux délicates veines bleu pâle, et son cou long et mince.

— Anna Maria, je te présente Marina Wilson !

— Bonsoir !

— Je te présente Anna Maria Caprioli. Elle est spécialiste en épigraphie romaine.

— Épigraphie ?

— Anna Maria ne s'intéresse pas trop aux grandes inscriptions solennelles gravées sur le fronton des temples ou sur les tombes. Ni à la propagande électorale. Elle prépare une thèse sur les graffitis érotiques qui sont beaucoup plus intéressants à ses yeux. Elle m'en a énuméré quelques-uns. Passionnants mais salés !

— Alors, j'ai raté ça ?

— Non, je pourrai recommencer pour vous !

191

— Avec toutes ces mondanités, je n'ai pas bu une goutte. Je lui tends ma coupe pleine.

— Je vais connaître toutes tes pensées ! Savez-vous, Anna Maria, c'est son anniversaire aujourd'hui et je lui ai fait ce matin un cadeau royal...

— Un cadeau ?

— Oui, j'ai joué à la Sibylle de Cumes.

— Et que fait-elle, la Sibylle de Cumes ?

— Demandez-le-lui !

— J'ai toujours pensé que, parvenu au fond de la caverne, le pèlerin accédait à la petite grotte et que la Sibylle ouvrait le rideau et lui montrait ses dessous... Du coup, Marina m'a montré son *cunnum* et aussi son *podex* !

Anna Maria est devenue toute rouge. Elle rit. S'exclame.

— *Cielo !*

J'interviens.

— Oui, ce fut céleste, en effet. Et c'est une hypothèse plausible. Pourquoi pas ? La Sibylle a joué à Baubô !

— Baubô ? demande Marina.

— Oui, celle qui soulève sa tunique pour montrer son sexe. Ainsi, elle fait rire Déméter, toute triste d'avoir perdu sa fille Perséphone enlevée par Pluton... Son geste est si obscène que tout le monde rit. Ou alors c'est son sexe qui leur a paru très laid !

Nous rions nous-mêmes si fort que des invités s'approchent, curieux. Je reprends.

— D'ailleurs, je me souviens de Sade, dans son récit de voyage en Italie ou dans son *Histoire de Juliette*. Il disait : « Cette sibylle n'était qu'une maquerelle et son antre un mauvais lieu... » J'irai plus loin encore. La caverne, c'est le mystère, la vision interdite, la fascination...

Marina chuchote à l'oreille d'Anna Maria.

192

— Redevenons sérieuses. J'ai une envie folle d'aller me promener dans Pompéi. C'est possible ?

— Je ne pense pas. C'est plein de barrières. D'accord, elles sont symboliques. Mais derrière ils ont sans doute disposé des gardiens qui nous surveillent de loin. On verra plus tard, il y a peut-être un moyen… Parfois le Surintendant ou un directeur des fouilles organise des visites nocturnes sous la lune. C'est spectaculaire, mais réservé à quelques privilégiés, des amis, des personnalités, et bien encadrés. On n'en perd pas en route. Si vous le leur demandiez, ils ne pourraient rien vous refuser. Il n'y a cependant aucun éclairage. On a bien construit un « Son et Lumière » voilà des années. Les circuits électriques et les projecteurs sont très vite tombés en panne. À moins que la camorra ne les ait sabotés pour je ne sais quelle raison. Les circuits sont toujours là mais c'est comme pour le funiculaire du Vésuve, il n'en reste que des vestiges rouillés.

Un des officiels vient chercher Marina et l'entraîne pour lui présenter quelqu'un. Elle se tourne vers nous, nous fait un clin d'œil.

— On se retrouve plus tard !

Anna Maria est fascinée.

— Qu'elle est belle ! Tu la connais depuis longtemps ?

— Oui, assez. On s'est rencontrés dans un studio de radio, au cours d'une émission.

— Et alors ?

— Alors quoi ?

— Tu as couché avec elle ?

— En attendant que tu me montres ton *cunnum* comme l'a fait Marina…

— Tu es saoul !

— Pas du tout ! Je te raconte ma nuit avec Marina mais à une condition.

— Laquelle ?

— Tu m'embrasses !

Elle me fait une bise sur la joue.

— Non, pas un *osculum* ! Je veux un *savium*, un vrai *savium* !

Anna Maria est d'abord étonnée, mais elle doit apprécier la modestie du gage. Elle regarde autour d'elle. Elle se lève.

— Viens !

— Où ça ?

— Là, derrière les piliers du temple de Jupiter. Je ne veux pas que toutes mes collègues me voient !

Elle m'entraîne dans une zone d'ombre. Nous sommes cachés de tous. Je la prends dans mes bras, nos lèvres se joignent, sa langue prend l'initiative, sa salive est délicieuse, parfumée au champagne, nous faisons durer le plus possible la lutte de nos langues. Je me remets à bander très fort et, comme nos tailles concordent, mon sexe se trouve plaqué sur son bas-ventre qui répond par de légers spasmes, elle semble aimer. Soudain, elle tremble violemment, elle recule, lisse d'une main sa jupette et m'entraîne. Nous revenons sur le Forum, près du banc de pierre derrière lequel sont cachées nos coupes et notre bouteille de champagne.

— Tu vois. Il ne faut pas me mettre au défi. Je suis capable de tout ! Mais j'ai préféré m'arrêter…

— Pourquoi ?

Elle se tourne vers moi, me regarde fixement, très sérieuse.

— Écoute, tu devrais comprendre : tu ne m'es pas indifférent… Sinon, je n'aurais pas accepté ce rendez-vous l'autre jour. Je l'avais presque oublié, je viens de m'apercevoir que je suis très sensible et aussi… très en manque ! Tu ne peux savoir. J'ai le cœur qui bat très fort. Tiens, mets ta main… Alors à toi !

194

— Tu sais, il n'y a pas grand-chose à raconter…

— Ah ! Ne te défile pas.

— Je vais essayer. Donc, on se rencontre dans un studio de radio…

J'enchaîne périphrase sur périphrase.

— Bon, et après ?

— Après, on a recommencé le matin. On s'est quittés le soir et je ne l'ai plus revue du tout jusqu'à ce jeudi, voilà…

— C'était quand ?

— Dix ans au moins !

— Quand je pense que moi, j'ai été folle de cette femme pendant des années…

— Des années ? Tu n'es pas si vieille !

— Non. J'ai vu son film dans un cinéma de Rome, j'avais treize ou quatorze ans. Elle m'a bouleversée. Je me suis mise à parler comme elle, avec une petite pointe d'accent british. Mes amies romaines se moquaient de moi. Je me suis coiffée comme elle, maquillée comme elle, habillée comme elle… Enfin, je veux dire avec des fringues ressemblantes mais plus modestes, bien sûr. Quand j'étais à Paris, pendant mes deux années d'études, j'ai même collectionné ses photos. J'achetais tous les magazines de mode et de cinéma. Je ne suis pourtant pas du genre midinette. Mais elle me plaisait. Plus qu'aucun homme. Plus qu'aucune autre actrice. Je rêvais souvent d'elle. Pour moi, elle était une sorte de déesse de l'Olympe… Et ces yeux, ces cheveux… Cette allure ! J'étais vraiment amoureuse d'elle. Enfin, cette folie m'a passé vers dix-neuf ou vingt ans. Je suis restée admiratrice. Tout à l'heure quand tu nous a présentées, j'avais le cœur qui battait !

— Eh bien, si nous parvenons à la récupérer, tu l'auras à toi toute seule pour la soirée. Pour l'instant, elle semble très entourée…

— Oui, les gens de Pompéi ne la lâchent pas. C'est normal, après tout. Écoute, je dois te le dire, si nous voulons être honnêtes tous les deux… j'ai beaucoup aimé t'embrasser. Je ne m'attendais pas à ça ! Et puis…

— Et puis ?

— Je ne sais pas comment le dire, mais… le fait que tu as été l'amant de Marina…

— Eh bien ?

— Ça m'a aussi beaucoup excitée. Tu vois, je suis franche…

— Je peux recommencer ?

— Non. On va nous voir et ça va faire scandale. Attends plus tard. Déjà, il y a beaucoup de gens qui me connaissent et qui nous voient ensemble depuis une heure. Ils vont se demander ce qu'on fait.

Nous sommes toujours assis sur notre banc de pierre, un peu à l'écart de la foule, un peu dans l'ombre, tranquilles, lorsque Anna Maria aperçoit soudain une personne qui passe rapidement non loin de nous.

— Andrea !

Le jeune homme tourne la tête, voit Anna Maria, sourit, vient vers nous. Il est en chemisette blanche, porte le pantalon bleu des gardiens de Pompéi. Anna Maria nous présente. Andrea, m'explique-t-elle, est un ami. Elle l'a connu sur un chantier de fouilles l'été précédent. Il est étudiant en archéologie, lui aussi. Mais il assure sa subsistance en étant gardien de nuit. Il repart vers sa garde de nuit. Anna Maria se lève.

— Reste ici, je vais aller faire un tour et parler à deux ou trois personnes pour donner le change.

— Tu reviendras ?

— Bien sûr ! Où veux-tu que j'aille ce soir sinon me perdre dans tes bras !

Grand sourire. Geste tendre du bout des lèvres. Elle fait quelques pas et se fond dans la foule qui s'est répandue sur toute la surface du Forum. La soirée commence à se traîner. Il y a une estrade au pied du temple de Jupiter. Le Surintendant y est monté, a tapoté un micro pour attirer l'attention. La rumeur des conversations a cessé. Le Surintendant remercie tous ceux qui ont participé au congrès, et les invite à profiter d'une soirée agréable sous la douceur de la nuit napolitaine et, il fait un geste large vers le nord, sous la protection du Vésuve grâce auquel, en fin de compte, nous sommes tous réunis ici ce soir.

Je cherche des yeux Anna Maria mais elle a disparu dans la mêlée. Qu'est-elle partie faire ? Retrouver cet Andrea ? Très beau, très jeune, il est manifestement davantage fait pour elle. Petite bouffée de jalousie. Je grignote un des derniers canapés, je bois encore un peu de champagne. La nuit a plutôt bien commencé, elle risque d'être faste, je le sens, j'en suis persuadé, à moins que ce ne soit le champagne qui m'inspire. Comme un invité de dernière minute, la lune surgit, un très mince croissant pâle, à peine perceptible, entre des pans de murs qui se dressent au loin, décors de théâtre désaccordés.

Une des particularités de la vie de marin, c'est cette capacité à écouter des histoires, à se les répéter jour après jour, dans la paisible rumination des nuits de veille, et, plus tard, à les raconter aux autres avec délectation. Ces récits, souvent d'une grande banalité, deviennent parfois de véritables légendes. Ils passent d'un bord à l'autre, d'une escale à l'autre, d'un pays à l'autre, d'une génération à l'autre. Ils peuvent se transformer en véritables mythes. Les sirènes d'Ulysse, Circé, Calypso, et même Pénélope, ne sont-elles pas d'abord des rêves de marins ? À mon premier embarquement, au cours des longs dîners bien arrosés, les officiers du navire évoquaient escales légendaires, lieux fabuleux, personnages étranges qu'ils avaient connus lors de leurs périples. Et les simples allusions, pas toujours suivies d'explications, suffisaient à déclencher chez moi d'infinies rêveries. Les hôtels mythologiques comme l'Oriental à Bangkok, fréquenté par Joseph Conrad et mille autres, le Raffles à Singapour, le Biltmore à La Havane, rendu célèbre par Graham Greene et Meyer Lansky. Les bars fantastiques que je connaîtrais sûrement un jour moi-même : le bar de la femme-serpent à Recouvrance, le Cinzano à Valparaíso, le Hot Jazz à Vancouver. Les ruelles d'aventure comme Dijk Straat à Amsterdam avec ses dames en vitrine, ou Lan Kwai Fong à Hong Kong, ou encore la calle Betis de Triana à Séville. Ou enfin des bordels, célèbres et bien sûr sordides, le tonneau de la putain à la jambe de bois d'Abidjan, le bouge de la Balafrée à Whitechapel, le sérail d'enfants de Port-au-Prince…

De tous ces récits, de tous ces souvenirs indistincts, mais, semblait-il, partagés par plusieurs de mes interlocuteurs, l'un surtout devait surnager dans mon imagination. C'était le bordel de naines de Naples. Je ne sais plus qui avait raconté cette histoire pour la première fois. Mais comme un ou deux des officiers présents semblaient acquiescer, l'un d'entre eux prétendant même l'avoir visité et donnant quelques aperçus croustillants, j'en avais conclu que l'histoire était authentique. À Naples, selon le narrateur, existait une maison close à l'ancienne, c'est-à-dire avec vaste salon bordé de canapés de velours rouge, miroirs à cadres dorés, lampadaires de vermeil, vitraux, chambres rococo à l'étage, et ce lieu n'était peuplé que de naines et de lilliputiennes. Le rêve de Toulouse-Lautrec ! La patronne était elle-même une toute petite dame. Comme dans tout lupanar classique, il y avait les brunes et les blondes, la rousse, la négresse, la « petite », la « grande », la « spéciale », mais aucune ne dépassait le mètre de hauteur, ou à peu près. Le tarif était plus élevé qu'ailleurs, l'établissement attirait cependant beaucoup d'amateurs. Le narrateur avait ce soir-là donné des détails et les marins, assez éméchés et se sentant bien à l'abri, entre hommes, posaient des questions anatomiques très précises. Les naines et les lilliputiennes étaient-elles bien naines de *partout* ?

Cette histoire revenait me hanter de temps à autre, éveillant d'étranges sentiments, une curiosité bizarre. J'essayais de chasser les songes que le salon des naines faisait naître en moi mais les images revenaient d'une saison à l'autre. Je n'avais aucune idée du lieu exact où pouvait se trouver, dans la ville, un pareil établissement. J'avais eu connaissance de cette histoire bien après avoir fait moi-même ma première escale à Naples. Aurais-je jamais l'occasion de revenir en Italie du Sud ? Peu à peu, j'oubliai ou, plutôt, je classai cette rumeur parmi les mille fantaisies et légendes colportées au cours de mes voyages et de mes trop nombreuses escales qui finissaient par se mêler, se confondre dans ma mémoire. Les chasseurs de baleines, les naufrages, les tempêtes, les pirates modernes et anciens, les coups de foudre fabuleux pour des vahinés d'escales exotiques, le feu Saint-Elme, les aurores boréales, les icebergs, les calmars géants, anecdotes et récits vécus ne manquaient jamais aux marins.

Les années passèrent. Une dizaine, peut-être. J'avais vingt-huit ans lorsque le hasard des voyages et des vacances me ramena à Naples. Et comme j'errais une fois de plus dans cette ville attirante et vénéneuse, je pensai soudain au salon des naines. J'interrogeai quelques amis napolitains. Oui, l'un d'entre eux avait vaguement entendu parler d'une telle histoire mais ne l'avait jamais vraiment crue. Et, en Italie comme en France, les maisons closes avaient été abolies depuis longtemps. Il me promit de se renseigner auprès d'un oncle un peu scandaleux qui avait jadis fréquenté les mauvais lieux. Mais la réponse se fit attendre et je décidai de me passer de ses informations. Au cours de ce séjour, je n'avais rien de particulier à faire à Naples et je me contentai donc de me promener, de faire quelques visites touristiques.

J'arpentai les ruelles rayonnant à partir de Spaccanapoli. Je traînai entre San Lorenzo et le Castel Capuano, entre la

Santissima Annunziata et les Archives. Je poussai jusqu'aux quartiers espagnols, ratissant systématiquement les ruelles encombrées, je repassai la via Roma, remontai jusqu'au Gesù, marchai vers les Miracoli, me perdant aux labyrinthes de la Sanità. Au bout de deux ou trois jours d'errances touristiques, je me rendis compte que le but inconscient de ma quête était peut-être ce fameux salon des naines qui revenait de temps en temps dans mes rêveries. Le salon rouge, les miroirs, les canapés, les petites créatures maquillées, accueillantes, à peine vêtues de tuniques de mousseline transparente. Au début, je n'avais pas vraiment de désir. Plutôt de la curiosité. Mais, depuis toujours, j'avais décidé de ne mettre aucune barrière, aucun préjugé dans mes rapports avec les autres. Et j'aurais eu autant de curiosité pour un bordel de garçons ou pour une maison de rendez-vous collectifs. Et puis, si l'occasion se présentait, pourquoi pas ? Je n'avais aucune réticence. Du moins le croyais-je.

Le quatrième jour de mes promenades, je sortis du Musée archéologique vers trois heures de l'après-midi. Je piétinai un instant sur la place, indécis. Soudain j'aperçus un peu plus loin, dans le haut de la via Foria, sur le trottoir d'en face, une toute petite femme. Elle marchait, un cabas à la main. Je me précipitai, déclenchant un concert de klaxons et des invectives furieuses, j'atterris sur le trottoir à une vingtaine de mètres derrière elle. Je lui emboîtai le pas. Parmi la foule, elle ne risquait pas de me voir. Elle était habillée avec élégance, c'était déjà un signe. Elle marchait à vive allure mais elle n'avait aucune chance de me semer. J'étais même obligé de ralentir mon allure pour ne pas la rejoindre en quelques enjambées. Elle descendit calmement la via Foria. En face de la Porta San Gennaro, elle se retourna une première fois. Je vis alors son visage. C'était une très jolie femme. Maquillée, bien coiffée, et des rondeurs où il fallait. J'étais déjà sûr de tenir la bonne piste. Elle continua, tourna à droite dans la via Duomo. Elle trottinait allègrement, il me sembla qu'elle avait un peu accéléré son allure. Le manège dura encore cinq ou six minutes. Puis elle s'apprêta à traverser au croisement de la via Santi Apostoli. Comme elle attendait sur le bord du trottoir que le policier régulant la circulation donne le signal, elle tourna encore une fois la tête et regarda dans ma direction. Aucune raison qu'elle fasse attention à moi, vu la foule qui avançait sur le trottoir à ce moment. J'eus cependant l'impression qu'elle m'avait repéré. Je lui souris. Elle s'engagea sur la chaussée.

Comme elle était gracieuse, je me dis que je n'aurais aucun problème pour faire l'amour avec cette délicieuse petite femme. J'aimais les prostituées, petites ou grandes. Et, après tout, si c'était son métier, pourquoi se gêner ? Elle bifurqua à gauche dans la via Loffredi, qu'elle parcourut en un instant, et cette fois, je n'étais pas très loin derrière elle, il n'y avait pas grand monde dans ce boyau, elle m'avait forcément aperçu. Parvenue au bout, elle prit vers sa gauche. C'était absurde car elle revenait ainsi en arrière. Je me dis qu'elle avait fait tout ce crochet pour ne pas éveiller l'attention d'éventuels policiers. D'ailleurs elle tourna encore une fois la tête pour vérifier que je n'avais pas perdu la piste. Comme rassurée, elle pressa le pas dans la via Luigi Settembrini et, soudain, elle avait disparu.

J'arrivai à la hauteur d'un porche monumental. Il ouvrait sur une grande cour au fond de laquelle s'élevait un de ces palais napolitains majestueux, à double escalier emboîté et ajouré. Bien sûr, comment n'y avais-je pas songé plus tôt ! Le salon des naines ne pouvait se tenir que dans un de ces bâtiments à hauteur de plafond démesurée. Et dans un vrai palais dont les restes de splendeurs nobles étaient plus ou moins effacés par la décrépitude des murs, la crasse des pavés, les débris accumulés dans la cour, le linge pendu partout aux étages. Mais je ne vis tous ces détails que dans un second temps. Car ce que j'aperçus d'abord, ce fut ma lilliputienne, ma reine ! Elle s'était arrêtée sur une marche de l'une des deux volées d'escaliers. Elle m'attendait ! Je traversai la cour avec nonchalance, en y mettant une certaine solennité en accord avec les lieux, en vrai client mâle, élégant, décontracté, et en prenant soin de ne pas trébucher sur les ordures qui parsemaient les pavés jadis magnifiques. Je parvins au pied de l'escalier et levai les yeux vers elle. Elle était debout sur la quatrième marche, raide mais souriante. Une brune aux yeux bleus. Charmante ! Une petite robe en crêpe de Chine mauve moulait à merveille ses formes menues mais parfaites. Elle me fit signe de m'approcher comme si elle voulait me confier quelque secret à l'oreille ou peut-être même me donner un petit baiser d'accueil. Je m'inclinai vers elle.

La gifle fut terrible, un vrai coup de massue, et me laissa à moitié assommé. Je titubai tandis qu'elle montait en courant les marches. Et je crois bien, mais je n'en suis pas sûr, qu'elle ricanait en galopant à toute vitesse vers son étage.

Anna Maria réapparaît soudain, rayonnante.

— Grande nouvelle ! Je suis allée voir le Surintendant et je lui ai demandé l'autorisation de faire visiter les ruines de nuit à Marina. Il a dû voir que j'y tenais beaucoup. Il me l'a accordée. Il faut que je te laisse encore un moment pour aller chercher des clés...

— Des clés ?

— Eh bien, oui. Presque tout est fermé par des grilles cadenassées. Des centaines de clés ! Il faut que je fasse un petit choix pour vous promener.

— Parce que je peux venir, moi aussi ?

— J'ai dit que tu nous accompagnais ! Et il faut que je prenne aussi des lampes. Alors tu m'attends ici.

— D'accord, mais Marina ?

— Je l'ai vue. Je l'ai prévenue. Elle viendra te rejoindre d'un moment à l'autre.

— Je croyais que tu étais partie voir Andrea.

— Andrea ? Mais pourquoi ?

— Je pensais qu'il y avait quelque chose entre vous !

— Andrea ! Quelle idée ! Il est très beau, c'est vrai, mais il n'aime pas trop les femmes, vois-tu.

— Ah bon ?

— Oui. Bien, je me sauve. À tout de suite.

J'ai soudain très envie de fumer. Je sors de mon petit sac un havane, je l'allume et je le savoure lentement en continuant à regarder le va-et-vient étourdissant de la foule sur le forum. Toujours autant de monde, toujours la même ardeur. Énergie volcanique. Une des amies qu'Anna Maria m'a présentées tout à l'heure s'approche.

— Je ne vous dérange pas ?

— Pas du tout, au contraire.

— Je peux m'asseoir ?

— Bien sûr !

— Vous la connaissez depuis longtemps ?

Je ne sais pourquoi sa question me paraît indiscrète.

— Oui, vingt ans. Je suis un ami de ses parents.

— Ah, elle ne m'avait jamais parlé de vous !

— Pourquoi, vous la connaissez si bien ?

— Oui, c'est ma meilleure amie.

Je n'aime pas les « meilleures amies », ce sont toujours des emmerdeuses. Il faut absolument que je me débarrasse de cette fille. Elle est très jolie mais je devine tout de suite qu'elle est trop curieuse, peut-être jalouse, et qu'elle risque de me faire rater ma soirée. Marina s'approche en compagnie d'un jeune homme. Présentations. Le monsieur est américain, archéologue lui aussi. Il parle avec l'amie d'Anna Maria. Et, heureusement, l'entraîne un instant vers l'un des buffets. L'amie continue cependant à nous surveiller de loin. Elle attend Anna Maria pour lui mettre le grappin dessus dès qu'elle paraîtra. Nous étions tranquilles. Voilà que des gens rappliquent. Ça va être difficile de se glisser discrètement dans les coulisses.

Anna Maria, qui a compris tout de suite la scène, s'est

arrêtée dans l'ombre du temple de Jupiter. Elle nous fait signe. Marina à pas lents se dirige vers l'entrée du marché, je la suis et nous voilà très vite dans le noir, tels des conspirateurs, près des barrières de toile. Anna Maria nous fait signe de passer. Elle porte un grand panier d'osier qu'elle me tend.

— Nous avons droit à quelques victuailles, nous autres, je vous ai préparé de quoi pique-niquer. Et j'ai dérobé trois bouteilles de champagne !

Nous courons un peu pour mettre tout de suite de la distance entre nous et d'éventuels suiveurs. Nous partons dans la nuit, vers le nord, vers la porte du Vésuve, trois ombres parmi les ombres. Légèrement titubants. Parce que nous avons déjà beaucoup bu. Et les trottoirs de Pompéi sont plutôt irréguliers... Et moi, parce que le butin que j'emporte dans ce grand panier est passablement lourd. Nous marchons dans la via del Foro. La nuit, la nuit claire de juillet. Je me sens pris d'une drôle de sensation. Clandestinité, secret, complot. Et ce sentiment absolu de légèreté, d'innocence, de liberté, de toute-puissance. « Les voiles de la nuit sont les aiguillons du crime », dit Saint-Fond à Juliette, la Juliette de Sade. Quels crimes allons-nous donc commettre ? Et aussi ce vers musical de Virgile qui cette nuit revient sans cesse comme une ritournelle obsédante, *Ibant obscuri sola sub nocte per umbram*. Ceux qui allaient obscurs sous la nuit solitaire parmi l'ombre, c'est nous, nous-mêmes, mes deux amies et moi, mais sans tragédie, sans héroïsme, sans peur, nos simples corps de mortels pour l'instant bien vivants, marchant dans le noir et prêts à jouir de tout ce qui se présentera.

Devant le temple de la Fortune Auguste nous tournons à droite. Anna Maria ouvre le portail de la maison du Faune qui donne sur la via della Fortuna. Jardins : palmiers, lauriers, cyprès. Elle allume une torche, nous fait visiter les larges espaces de cette somptueuse villa qu'évoquent encore les colonnes cannelées, les fragments de murs enduits, les pilastres : péristyle, exèdre, atrium, salles à manger, fontaines, deux impluviums dont un orné d'une statue de faune dansant, cuisine, salle de bains, étables... Nous nous asseyons au bord de l'impluvium au faune, la pierre est chaude. Nous explorons le contenu de notre panier. Coupes à champagne en plastique, assortiment de canapés, gâteaux... J'ouvre la première bouteille et je sers mes amies. Marina vide sa coupe d'un trait et se tourne vers Anna Maria.

— Tu m'avais promis de me répéter ce que tu as raconté à notre ami. Tu ne veux pas me révéler quelques-unes de tes confidences ?

— Eh bien, par exemple, *Restitutus multas decepit saepe puellas*, « Restitutus a souvent trompé un bon nombre de filles ». Encore des filles : *Suspirium puellarum Celadus thraex*. Celui-ci est dans la caserne des gladiateurs et ça veut dire « Celadus le Thrace fait soupirer les filles ». *Suspirium puellarum*, n'est-ce pas joli ?

— Une autre ! Une autre !

— Une inscription du lupanar ?

— Oui !

— *Arpocras hic cum Drauca bene futuit denario*. Avec le latin, c'est scandé de façon à amorcer une chute surprenante. « Ici, Harpocras a bien baisé... pour un denier ! » Ou encore, « Lahis suce pour deux as ». Quelquefois, les filles admirent un bon client : *Victor, valea, qui benes futues*, « Victor, tu es fort, tu baises bien ! » Toujours sur le mur du lupanar, un vantard : *Hic ego puellas multas futui*, « Ici, moi, j'ai foutu une grande quantité de filles ». De temps en temps, une simple publicité : « Eutychis, la Grecque aux belles manières, pour deux as. »

— Et tout est comme ça ? demande Marina comme je l'ai demandé moi-même une heure plus tôt.

— Non, il y en a de toutes simples, des cris du cœur. *O felicem me*, « Que je suis heureux ! » Un autre écrit sur un mur et apostrophe celle qui le fait souffrir : « Cruelle Lalagé ! » Certaines sont convenables. « Actius salue bien sa maman Cossinia. » Il y en a de drôles. « Salut à celui qui m'invitera à sa table ! » Une autre commence par *Miximus in lecto*… « Nous avons pissé au lit. J'avoue, aubergiste, que nous avons eu tort. Si tu demandes : pourquoi ? Il n'y avait pas de pot de chambre ! » On trouve toutes sortes d'autres graffitis. Le prix de certaines denrées. Des comptes privés. Les jours de marché. Les invectives contre tel tribun. Les annonces d'auberge comme celle d'Hédoné, près de la maison de l'Ours blessé : « Ici on boit pour seulement un as. Pour deux as le vin sera meilleur. Pour quatre as, du vin de Falerne. » Et ce mot terrible qu'on retrouve sur les murs, et sur beaucoup de tombeaux dans tout l'Empire romain. *Discite : dum vivo, mors inimica venit*, « Sachez-le : pendant que je vis, la mort hostile s'approche ». Beau rappel philosophique, mais ce qui m'intéresse le plus, ce sont les mots d'amour…

— Pourquoi ? demande Marina.

— Parce qu'on est au plus près de la vie, des corps, des désirs et que, d'une certaine façon, dans cette société si virile, c'est là qu'on découvre les fragilités. D'ailleurs, je vous en ai cité certains qui sont parmi les plus intéressants, spectaculaires, humoristiques, spirituels. Mais beaucoup sont plats, vulgaires, et relèvent d'une sorte de comique… comment dites-vous… troupier ! Sur les murs d'une taverne. *Vos mea mentula desuerit, dolete, puellae, pedicat culum. Cunne superbe, vale*, « Pleurez, les filles, ma bite vous a quittées, maintenant elle enfile les culs. Adieu, con superbe ». Ce n'est pas mieux que ce qu'on pourrait trouver aujourd'hui sur les murs des latrines dans les gares ou les aires de repos de l'autoroute, non ? Une autre inscription, très jolie : « Tu as fait huit métiers et tu pourrais en faire seize. Tu as fait l'aubergiste, tu as fait le potier, tu as fait le marchand de salaisons, tu as fait le boulanger, tu as fait l'agriculteur, tu as fait le marchand d'objets de bronze, tu as fait le vendeur ambulant, maintenant tu fais le brocanteur. Si tu te mets à lécher les cons, tu les auras tous faits. » Il y a une inscription que j'ai revue récemment. C'était sur un mur de la maison du Chirurgien : *Fortunatus futuet te inguine, veni vide, Anthusa*, soit « Fortunatus va te foutre… », *inguine*… ça veut dire l'aine… enfin profond dans le ventre… on va dire « au plus profond de la… de la… *fica*… ».

— La *fica*, la figue ? En italien. On l'a dit en français aussi. On ne le dit plus trop.

— Comment diriez-vous aujourd'hui ?

— Plutôt la chatte.

— Donc : « Fortunatus va te foutre au plus profond de la chatte, viens voir, Anthusa. »

— Tout ce que tu nous racontes m'enchante : j'adore les graffitis. J'en trouve et j'en découvre partout depuis toujours. Justement, à propos de *fica*, l'année dernière, j'étais à Rome. Je me suis promené dans le quartier du Campo dei Fiori. J'ai poussé jusqu'au palais Farnèse, notre ambassade à nous autres, Français. On n'en profite pas beaucoup, c'est toujours fermé et pourtant c'est le plus beau des palais romains et il contient des trésors d'art. J'ai longé le haut mur qui borde le jardin. J'ai vu une porte métallique

209

un peu rouillée qui portait dans le bas quelques restes d'affichettes. Sur le haut du battant, un phallus sommaire avait été dessiné et, au-dessous, un petit poème à la craie disait *Ieri nella fica / Oggi nella bocca / Domani nel culo !* Je traduis pour Marina : « Hier dans la chatte, Aujourd'hui dans la bouche, Demain dans le cul ! » C'est toute une morale, non ?

— Merci, mon cher, mais je parle italien couramment depuis l'âge de treize ans !

— Ah bon, dit Anna Maria. Tu as vécu en Italie ?

— Oui, j'étais en pension chez les bonnes sœurs à Rome. Ma famille, une famille catholique anglaise de la grande bourgeoisie, m'avait mise dans une institution très sérieuse, patronnée par le Vatican et destinée à former des jeunes vierges du meilleur monde à marier au moins avec des princes. Et j'étais particulièrement choyée parce que venant d'un pays anglican, donc voué au diable ! Après quatre ans de pensionnat et le bac, je suis allée à Cambridge. Moi aussi, j'ai eu une formation classique. Je n'ai pas fait de grec mais pas mal de latin. Il ne m'en reste pas grand-chose… Enfin, de ces études classiques on retient surtout ce qu'il y avait jadis dans les pages roses des dictionnaires. Des phrases toutes faites, des mots historiques, des proverbes. *Alea jacta est !* Et toi, Alain, tu t'en souviens ?

— *Vae victis !*

— *Dura lex sed lex !*

— *Veni vidi vici !*

— *In memoriam !*

— *In partibus !*

— *Alter ego !*

— *Grosso modo !*

— *Noli me tangere !* Ne me touche pas ! C'est le Christ

qui dit ça et le latin d'Église de son côté produit bien des phrases !

— *Ite missa est !*

— *Deo gratias !*

— *Post coitum omne hominum triste !*

— Ah, ça non ! J'ai toujours détesté cette phrase. C'est une phrase de curé. Après l'amour, moi j'ai toujours été joyeuse ! Très joyeuse !

— Moi de même. Je ne disais cela que pour te provoquer. C'est une phrase pour les pleutres qui ne savent pas jouir de la vie. *In vino veritas !* Buvons encore un peu !

— Vous avez de beaux restes… de latin ! commente Anna Maria, laconique. Vous savez au moins que *vagina* veut dire fourreau et que *penis* veut dire pinceau ?

Nous sortons par l'autre extrémité de la maison du Faune. Anna Maria nous entraîne dans le vicolo di Mercurio bordé de ruines fantomatiques. Le merveilleux, à Pompéi, c'est qu'on se croit dans un jeu d'enfant géant. Des maisons sont bien présentes, mais juste avec leurs murs en dentelles, peu élevés, la plupart du temps sans toits, un immense jeu de marelle. On voit à travers, on est Asmodée, on peut passer à volonté d'une maison à l'autre, on peut tout s'approprier. L'herbe pousse à l'intérieur. Des palmiers dans les salles à manger, des fougères dans les cuisines, des lézards sur les éviers. On peut faire son nid ici ou là, entrer ou sortir comme on veut. On ne sait pas toujours si on est dedans ou dehors. C'est une vraie fausse ville, une sorte de rêve funambulesque, pas du tout triste. Plutôt un décor de théâtre, de petites folies, de débauches bien sûr…

La torche d'Anna Maria accroche le sol cendreux où s'allument des milliers de paillettes. Nous marchons sur les dalles polygonales tapissant les rues de leur réseau régulier. Notre jolie guide s'arrête devant une grille, cherche dans son trousseau, lit les étiquettes, choisit une clé, ouvre un gros cadenas en fer à cheval, pousse le battant.

— C'est une maison très étroite mais qui contient une merveille. Tout au fond… Attendez, je vais vous l'éclairer. Voilà une fontaine très orientale. C'est une grande mosaïque faite de dizaines de milliers de minuscules tesselles en pâte de verre colorée. Bariolée comme un tapis d'Orient. Coquillages, oiseaux et arabesques. De la bouche de ce personnage, peut-être un Neptune, jaillissait un jet et l'eau cascadait sur ces marches. Au bord du bassin, un petit amour de bronze, il porte un dauphin sur l'épaule.

— Et ça ? demande Marina.

— Ce sont deux masques de théâtre, mais pas des vrais : ils sont en marbre.

— Ça devait être rafraîchissant d'avoir une telle fontaine chez soi !

— Avant de faire des études d'archéologie, comme je voyais à Rome et ailleurs toutes ces statues, j'ai longtemps cru que les Grecs et les Romains vivaient tout nus. Ou, au mieux, qu'ils étaient nus sous leur toge. Mais il suffit de passer un hiver à Rome pour comprendre pourquoi les Anciens avaient découvert bien avant nous les vertus de la laine. Ils portaient des caleçons de laine, des tricots, des manteaux, des écharpes, ils grelottaient l'hiver autant que nous. Mais ils avaient érigé la nudité comme une sorte de dimension sacrée du corps. C'était la tenue des héros et des dieux.

Nous reprenons le vicolo et descendons jusqu'au bout de la première ruelle à gauche.

— Je vous fais passer par là juste pour que vous aperceviez la bête la plus célèbre de Pompéi. Sur le seuil, en mosaïque, un chien menaçant, heureusement tenu en laisse, avec l'inscription CAVE CANEM. Ensuite, on va remonter vers la porte du Vésuve pour aller voir la maison la plus riche de la ville, la maison des Vettii.

Dès le vestibule, un grand tableau. Priape debout relève sa tunique et pèse à l'aide d'une balance son énorme phallus qui lui descend jusqu'aux genoux. Une vraie trompe d'éléphant.

— Les Vettii étaient des frères, d'opulents commerçants parvenus, certainement très enviés. Cette figure de Priape est là pour conjurer le mauvais œil des autres Pompéiens. Il est partout dans la ville. On plantait à l'entrée des jardins des Priapes en bois, le phallus dressé, et des pancartes menaçaient les voleurs de fruits ou de légumes. On a recueilli toutes sortes de petits poèmes grivois provenant de ces écriteaux. En voici un assez mignon qui s'adresse à une femme : « Tu te détournes afin de ne pas voir l'emblème viril / Car on te dit pudique / Sans doute, sauf que ce que tu crains de voir / Tu désirerais ardemment l'avoir dans les entrailles. »

— Mais ces gros engins, ça ne choquait pas les gens, les enfants ?

— Il faut croire que non. C'était aussi banal qu'un crucifix pour nous. C'étaient des manifestations populaires, des sortes de talismans, de porte-bonheur, il y en avait partout et ça ne choquait sûrement pas plus que ça. Un phallus dressé, c'était le symbole même de la civilisation romaine.

Anna Maria nous entraîne à travers pièces, portiques et péristyles en nous éclairant les peintures murales, nombreuses et remarquables. Dédale et Pasiphaé, Ariane abandonnée, Éros et Léandre, Pan et Amour, Jupiter, Léda, Danaé, Apollon et le Python, Persée et Andromède, Apollon et Daphné, et puis Héphaïstos, Ixion, Hercule, Artémis, les

Vettii ont dû dépenser beaucoup pour s'entourer de tous les personnages de la mythologie. Et des ribambelles de délicieux petits amours espiègles qui se livrent à toutes les occupations d'une grande maisonnée, verser le vin des amphores, tresser des couronnes de fleurs, préparer des huiles odorantes, teindre les étoffes... Et aussi, bien sûr, le grand maître des festivités pompéiennes, Dionysos-Bacchus suivi de sa horde de satyres et de ménades, toujours ivres et toujours dansants.

— En somme, dit Anna Maria, ce soir nous sommes deux ménades accompagnées d'un satyre !

Nous restons à l'entrée du jardin à humer la nuit d'été. Bassin, touffes de fleurs, un petit palmier, les odeurs âcres des buis et des lierres se mêlent aux arômes plus suaves des romarins et des myrtes. Anna Maria a posé la torche allumée sur un socle.

— Mais en fin de compte, demande Marina, comment les Romains vivaient-ils leur sexualité ? Vraiment comme on l'a dit ? Comme on le lit dans le *Satiricon* ?

— Oui, il faut que je vous donne d'abord un petit aperçu des façons de faire l'amour chez les Romains. Ça se résume par cinq verbes : *futuere, pedicare, fellare, lingere, irrumare*. Je m'explique. *Futuere*, c'est donc le verbe français foutre. De ce côté-là pas de problème. *Pedicare*, je te l'ai dit, c'est faire l'amour par-derrière. *Fellare*, c'est sucer, dans le sens d'une femme ou d'un giton suçant un homme. *Lingere*, c'est aussi sucer, lécher, mais le sexe d'une femme. Quant à *irrumare*, c'est la même chose que *fellare* sauf que c'est le faire de force, pour humilier quelqu'un. Les hommes mûrs faisaient l'amour indifféremment avec des femmes ou avec des jeunes gens. Ils avaient des droits sur leurs esclaves femelles ou mâles. Ils choisissaient souvent un mignon

214

parmi leurs esclaves. Pour les jeunes gens de bonne naissance, jusqu'à ce qu'ils aient le droit de porter la toge virile, il était bon d'avoir des relations sexuelles avec des hommes plus âgés. Ils pouvaient alors être passifs sans perdre leur honneur. Mais ensuite tout mâle se devait d'être actif, quel que soit le partenaire, femme, garçon ou esclave... Il lui fallait respecter les femmes mariées et les vierges. L'homme adulte qui se faisait sodomiser par un autre ou par un esclave était dit *impudicus*, impudique et hautement méprisé.

— Toutes ces conversations, mes chéris, m'échauffent. Nous n'allons pas passer la nuit à écouter des conférences.

— Enfin, Marina, c'est toi qui as posé toutes ces questions à Anna Maria. C'est vrai, Anna Maria est très savante en épigraphie latine et en peinture érotique pompéienne, mais j'ai cru comprendre en parlant avec elle qu'elle est très ignorante des choses de la vie... Elle doit faire quelques travaux pratiques...

— Nous allons l'aider, dit Marina. D'abord, ma belle, enlève ce que tu as sous ton boléro. J'ai une envie folle de toucher tes beaux seins.

Je n'ai encore jamais entendu ce ton voyou chez Marina. Ça contraste drôlement avec son accent anglais et sa tenue toujours digne. Et c'est apparemment très persuasif car Anna Maria s'exécute aussitôt, sans la moindre protestation, sans la moindre hésitation. Elle dégrafe son soutien-gorge de dentelle et libère ses seins. Marina les effleure du bout des doigts.

— Qu'ils sont magnifiques ! J'ai toujours rêvé d'avoir des seins aussi beaux...

— Oh ! Ils sont très beaux, les tiens !

— Non, pas autant que ceux de notre amie. Plus petits les miens. Modestes. Juste jolis.

215

Anna Maria ne dit rien. Elle a fermé les yeux sous la caresse de Marina. Elle est comme soumise. Elle tremble un peu.

— Tu as froid ?

— Non, c'est le plaisir… le plaisir de la caresse…

Je me glisse derrière Anna Maria et lui parle à l'oreille.

— Dès que j'ai vu tes doigts bronzés au musée, je ne sais pourquoi, mais j'ai deviné, ç'a été comme un flash, une intuition subite, une certitude absolue, presque magique, j'ai senti qu'ils seraient très vite serrés autour…

— Autour ?

— Autour de… de… ma *mentula* !

— Tu es fou ! Comment pouvais-tu penser une chose pareille sans me connaître ?

— Toute ma vie, j'ai eu ce genre d'intuition. J'ai su à la seconde même où je rencontrais une femme inconnue s'il y aurait quelque chose entre nous… Et je ne me suis jamais trompé… J'ai senti aussitôt la délicieuse salope en toi…

— Et toi, alors, comment doit-on t'appeler… Vieux cochon !

Tout en parlant, j'ai ouvert mon pantalon, j'ai saisi la main droite d'Anna Maria et je l'ai guidée vers mon sexe dressé raide. Elle ne dit rien, elle ne me repousse pas, elle me saisit avec le plus grand naturel, refermant sa paume sur l'objet comme si, depuis toujours, elle ne s'était préparée qu'à cet instant-là. Il faut dire que la torche posée à terre n'éclaire qu'un bout du jardin et que les ténèbres dissolvent toute timidité entre nous, prédisposent à la débauche.

— Oh, vous allez me rendre folle, tous les deux !

C'est son seul commentaire. Marina approche ses lèvres des siennes et l'embrasse à pleine bouche, à en perdre le souffle. Pendant qu'elles restent tendrement enlacées, les doigts d'Anna Maria, comme indépendamment d'elle, se sont mis à bouger un peu, caressants, indécis d'abord puis plus fermes, m'enserrant, allant et venant, réguliers, très savants soudain. Au moment où je me sens prêt, je soulève sa minijupe, j'écarte et baisse un peu sa minuscule culotte, et je jouis sur la raie de ses fesses, elle continue à me branler, du sperme plein les doigts, avec un plaisir sauvage évident. C'est trop sensible, je suis obligé de la calmer. Elle ralentit mais ne lâche pas sa proie. Et je découvre que, de son autre main, elle a soulevé la robe de Marina et la fourrage au ventre, de plus en plus excitée. Marina s'arrête, recule un peu.

— Doucement, ma chérie. Tu es un peu trop brutale ! Il ne faut pas perdre le contrôle dans ces moments-là…

— Avec ce que vous me faites subir tous les deux, c'est difficile. Et puis, je ne suis pas gauchère !

Elle me lâche, montre sa main droite à Marina. Rires.

Nous remettons un peu d'ordre dans nos tenues et nous installons sur un banc en bordure du jardin. Je débouche une bouteille de champagne. Nous grignotons quelques canapés et quelques morceaux de fromage.

— Nous ne pouvons pas passer la nuit à nous caresser et le reste, dit Marina. Je propose qu'au cours de la nuit nous soyons à tour de rôle des Shéhérazades. Chacun raconte une histoire, si possible en rapport avec Pompéi, les ruines, l'Antiquité, ou bien sa propre vie…

— Et l'amour, s'il te plaît !

— Oui, et l'amour !

— On va demander au monsieur de commencer, ça lui apprendra à être aussi impatient…

— Eh bien, d'accord. Une histoire qui est directement en

phase avec les lieux et c'est justement une histoire d'amour. C'est à propos des Romains de cette région. Ils aimaient tellement les poissons qu'ils en élevaient partout dans des viviers, des bassins, des creux de rocher, dans leurs piscines même. L'orateur Hortensius élevait une murène dans sa piscine près de Baïes. Il l'aimait tant que lorsque l'animal est mort il a pleuré. Pline rapporte dans son *Histoire naturelle* que l'épouse de Drusus, Antonia, avait une telle affection pour une murène qu'elle lui avait mis des boucles d'oreilles ! Capri, c'est le début de caprices, les deux mots vont bien ensemble. A-t-on vu plus de douces folies ailleurs que dans cette île ? À toi, Anna Maria !

— Tes deux histoires sont vraies. Elles me rappellent un personnage de cette époque, l'empereur Tibère. Tiberius Claudius Nero ! Sa passion excessive pour le vin le faisait surnommer Biberius au lieu de Tiberius, Caldius (c'est ainsi qu'on nommait le vin chaud) au lieu de Claudius, et Mero (vin pur) au lieu de Nero. Mais ce n'est pas tout ! Il était à Capri, tout seul, sans gardes, lorsque soudain un pêcheur s'approche de lui et lui offre un gros poisson, un surmulet. Furieux d'avoir été ainsi reconnu et surpris, Tibère appelle ses serviteurs et lui fait labourer la face à l'aide de ce poisson. Comme l'autre se réjouit quand même de n'avoir pas offert une belle langouste qu'il avait prise en même temps, l'empereur lui fait déchirer le visage avec sa langouste. C'était un drôle de loustic. Il laissait éclater sa haine contre toute sa famille, ses fils, ses petits-fils. Des gens sont accusés, exécutés, puis leurs familles, leurs proches, leurs amis. Une sorte d'ogre, de Staline de l'époque. Comme l'usage interdisait de tuer les vierges, les toutes jeunes filles sont violées avant d'être étranglées par le bourreau. À Capri, les torturés étaient précipités à la mer sous ses yeux. En bas, une troupe de marins broyaient les survivants à coups de rames et de gaffes. Il faisait boire à mort les hommes condamnés et leur faisait ensuite lier le sexe afin que, ne pouvant uriner, ils meurent dans d'atroces souffrances.

— Tu as oublié quelque chose à propos de Tibère, ses orgies.

— Oui, tu as raison. Ça fera un récit pour plus tard.

— D'accord. À toi, Marina !

— Je vais vous raconter une petite histoire de ma vie qui aujourd'hui m'apparaît tout à fait comique mais qui aurait pu avoir de tout autres conséquences. Lorsque Richard Hayes a voulu faire une adaptation de *Guerre et Paix* de Tolstoï, il a d'abord demandé qu'on lui réunisse le plus possible de photos de jeunes actrices. Dans le milieu des producteurs tout le monde pensait que ce projet de film était un pur suicide. Il y avait eu le film de trois heures de King Vidor en 1956, avec Audrey Hepburn et Mel Ferrer, sans oublier Henry Fonda, Vittorio Gassman et quelques autres beaux acteurs ou actrices dont Anita Ekberg. Non, lui, il n'écoutait pas, il avait une idée fixe et il la mènerait jusqu'au bout. Il a regardé mille photos au moins. Dans le lot, la mienne. Je faisais un peu de théâtre à Cambridge, j'étais jolie, ma photo, je ne sais comment, avait circulé jusqu'en Amérique. Il a voulu me rencontrer. Il est venu à Londres. Il m'a invitée au restaurant. Ça s'est très bien passé. J'étais très émue, excitée. Et en même temps accablée, car comment rivaliser avec Audrey Hepburn, et de plus dans un film pour lequel les banques américaines ne miseraient pas un kopeck ! Il m'a conseillé de lire le roman. Le scénario ne serait pas prêt avant six mois. Je n'avais jamais lu *Guerre et Paix*. J'ai acheté le livre et j'ai passé trois jours entiers à le lire. Au début, je trouvais la jeune Natacha très sympathique, je partageais ses rêves, sa timidité, sa joie de vivre. Mais ensuite, je n'ai pas apprécié son comportement. Je pensais qu'elle aurait dû se donner au prince André tout de suite, je n'aurais pas écouté Anatole Louraguine comme elle le fait. Quant à l'espèce de crise mystique, jamais je n'aurais sombré là-dedans. Et à la fin, après toutes ces aventures, cette femme devient une sorte de mère de famille poule pondeuse, ça m'avait dégoûtée. Je n'étais pas alors une vraie féministe mais il me semblait que ce destin de femme était lamentable ! Lorsque Dick Hayes est repassé par Londres, je lui ai dit que je ne voulais pas du rôle ! Quelle sotte j'étais ! C'était comme si un homme avait refusé les rôles de Richard III ou de Macbeth sous prétexte qu'ils étaient des assassins ! Il a été très patient, il m'a longuement expliqué qu'un acteur, c'était sa fonction sacrée, se devait d'interpréter tous les rôles, y compris ceux qui montrent des personnages qu'il désapprouve ou antipathiques... Ce que je pouvais être naïve à l'époque !

— Je voudrais qu'Anna Maria me raconte l'origine de la dame aux belles fesses. La sculpture que je préfère au musée, c'est la Vénus callipyge, ou plutôt l'Aphrodite callipyge, n'oublions pas que nous sommes dans une région où tout le monde parlait grec, même sous Néron ! Depuis toujours, chaque fois que je passe par Naples, je viens lui rendre une petite visite. C'est une sorte de culte secret. Or, je trouve qu'Anna Maria a exactement les mêmes fesses que cette Aphrodite. Comment expliquer cela ?

— Tu ne crois pas si bien dire. Je suis romaine mais mes ancêtres sont de Syracuse...

— Siciliens ?

— Oui. Entre le Vésuve et l'Etna, mon cœur balance. Or, d'où vient la Vénus callipyge que tu aimes tant ?

— Ah, ça, je l'ignore !

— Eh bien, de Syracuse ! Voilà. C'est une belle histoire que rapporte un récolteur d'anecdotes mort au début du IIIᵉ siècle de notre ère, Athénée, et que tu devrais connaître car elle a été reprise par La Fontaine dans un de ses *Contes*. Deux sœurs de Syracuse étaient très fières de leur superbe derrière. Pour se départager, elles arrêtent un jeune passant et lui demandent de trancher. Il donne la préférence à l'aînée, il en tombe amoureux et, plus tard, l'épouse. Son frère tombe amoureux de la cadette et, à son tour, l'épouse. À la mort de leur père, les deux dames héritent d'une belle fortune. Elles font édifier dans leur ville un temple dédié à Aphrodite, mais une Aphrodite nouvelle, callipyge, c'est-à-dire « aux belles fesses ». La Fontaine dit : « … ç'eût été le temple de la Grèce / Pour qui j'eusse eu plus de dévotion. »

— Donc tu pourrais être une lointaine descendante de ces sœurs grecques ? Et il est vrai que les détails du fessier de la statue de Naples se retrouvent très exactement chez toi !

— Oh, tu sais, dit Marina, j'ai bien peur que tous les beaux culs, à partir du moment où ils sont vraiment réussis, ne se ressemblent !

— Pas du tout ! Il y en a d'étroits, il y en a d'épatés, il y en a de ronds, d'autres plus longs, c'est fou au contraire la diversité qu'on peut observer…

— C'est comme le *delta*, ainsi que l'appelle Aristophane, le pubis. L'angle varie à l'infini, entre les deux plis bien écartés formant un angle large, obtus, c'est celui de la plupart des Vénus du musée de Naples, jusqu'au petit angle aigu, tout pointu, c'est celui de la statue d'Isis. C'est toujours le même sexe mais sous des formes chaque fois différentes. Et je ne parle pas de la décoration de la chose, tous les degrés de frisure, toutes les teintes …

221

— Je vois qu'Anna Maria a beaucoup regardé ses amies dans les cabines de bain. Pour une chaste érudite, tu te défends plutôt bien... Et puisque nous évoquons les deux filles de Syracuse dont le concours me fait penser au jugement de Pâris, levez-vous, troussez-vous et tournez-vous, je vais juger...

Elles s'exécutent. Leurs jolies fesses luisent doucement dans le faisceau de la torche.

— Alors, tu restes muet ?

— Je dois dire en toute honnêteté que vous êtes magnifiques toutes les deux. Marina est un peu plus mince de taille et de hanches qu'Anna Maria, mais vos fesses, vos cuisses, vos genoux, vos chevilles, quoique différents, sont absolument superbes, je refuse de choisir ! D'ailleurs je n'ai pas de pomme d'or et, surtout, il manque une troisième déesse !

Dès que j'ai découvert la *Sainte Agathe* de Francesco Guarino, Sant'Agata pour les Napolitains, à la chartreuse de San Martino, j'ai été séduit. Pendant des années j'ai essayé de comprendre pourquoi elle me plaisait tant. Je l'ai beaucoup observée, en retour elle me toisait elle-même avec attention, et j'essayais de saisir le sens de ce regard. Une femme, une vraie femme de chair, m'avait-elle déjà regardé ainsi ? Que pouvait-elle bien attendre de celui qui la scrutait et qu'elle fixait aussi intensément ? Aucun indice de la moindre religiosité dans ce tableau, au point que je pouvais douter du titre, aucun élément d'élucidation, une femme et c'est tout, ou presque tout. Le scénario semblait simple. C'est une belle brune, au visage plein, au cou tendre. Sa chemise blanche est ouverte, décolletée, découvrant une épaule ronde et blanche. Elle tient du bout des doigts devant sa poitrine un châle aux ourlets brodés qu'elle a rassemblé en un large tampon. Quelques traces de sang sur le châle, sur la chemise et sur la peau de la jeune femme, mais on ne devine pas d'où ce sang peut provenir. Ne serait-ce pas seulement des taches de peinture ? Son bras est passé négligemment derrière le montant d'une chaise et sa main gauche retombe, molle, une pose que partagent tous ceux qui s'ennuient une fin d'après-midi, dans un salon où il n'y a rien à dire ni rien à voir. Au-dessus de la chemise, retombant de chaque côté sur les bras, un ample manteau de teinte violine et mordorée. Sans ces traces rouge vif, mais si légères sur le linge blanc, on pourrait penser qu'Agathe se tient ainsi pour le peintre. Mais elle a quelque chose d'indéfinissable, de troublant dans le regard qui annonce peut-être le repos sensuel dans l'atelier après la séance de pose.

Car si je l'examine attentivement, maintenant au musée de Capodimonte où on l'a transportée, je découvre très vite que son portrait est traité de façon particulière. D'abord la femme ne me regarde pas de face mais de trois quarts. La partie du visage la plus proche de moi est en pleine lumière, l'autre dans l'ombre. Petite bouche rouge, humide et bien ourlée, nez long et droit, grands yeux, mais un je-ne-sais-quoi de bizarre, voire de pervers, n'ayons pas peur des mots. Je finis par comprendre qu'elle a les paupières rougies, le coin de l'œil mouillé, et même le nez rose, elle a pleuré. Si je ne m'attache qu'à la partie dans l'ombre, à peine discernable, je suis en présence d'un spectre hagard qui me regarde avec reproche. Si au contraire je n'observe que la partie lumineuse de ce visage double, composé donc comme certains portraits de Picasso, face solaire et face ténébreuse, je perçois comme un sourire. Si je ne connaissais rien de l'histoire, je serais un peu gêné par l'expression de cette femme. Elle me toise de haut, les lèvres entrouvertes, l'œil humide, elle veut se faire consoler, elle veut se faire aimer, c'est une séductrice. Il se mêle à la fois de la tendresse et du vice dans le regard. Peut-être est-ce une prostituée qui a posé. Une fille du premier tiers du XVIIe siècle pour jouer une fille du milieu du IIIe siècle de notre ère. Grande distance ! En tout cas séduisante aguicheuse !

Agathe, « vierge noble d'esprit et très belle de corps »,
raconte la *Légende dorée*, était originaire de Catane, au pied
de l'Etna. Le gouverneur de Sicile, Quintianus, la désire et
veut l'épouser : « De basse extraction, il voulait se faire
craindre en épousant une noble ; étant libidineux, il voulait
jouir de sa beauté ; étant cupide, il voulait s'emparer de ses
richesses ; et, comme idolâtre, il voulait l'obliger à sacrifier
à ses dieux. » Il la fait venir. Elle résiste. Il la livre alors à
une courtisane nommée Aphrodisie et à ses neuf filles, toutes débauchées. Elle résiste, reste vierge. Retour devant
Quintianus, savoureux dialogue sur leurs dieux respectifs,
elle semble bien plus maligne que lui. Il l'envoie en prison.
Le lendemain, il la convoque à nouveau : « Renie le Christ
et adore les dieux. » Refus. Il la fait attacher au chevalet, la
tête en bas, dit-on, et torturer. Et Agathe : « Je prends autant
de plaisir à ces tourments que celui qui entend une bonne
nouvelle… »

Furieux, le gouverneur ordonne qu'on lui torde longuement les seins puis qu'on les lui arrache à l'aide de tenailles.
Agathe : « Tyran impie, cruel et sinistre, n'as-tu pas honte
d'amputer chez une femme ce que tu as sucé chez ta mère ?
J'ai, au-dedans de mon âme, des seins intacts, dont je nourris tous mes sens : ces seins, je les ai, depuis l'enfance, con-
sacrés au Christ. » Ces phrases fort jolies méritaient de
passer à la postérité. On la jette à nouveau en prison, san-
glante, pantelante. Dans la nuit, un vieillard vient à elle, précédé d'un enfant portant une lampe. Il lui propose un
remède. Elle refuse. Le vieillard : « Ma fille, je suis chrétien, n'aie aucune honte. » Agathe, cinglante : « Comment
pourrais-je éprouver de la honte, puisque tu es un vieillard,
et même d'un très grand âge, et que moi, j'ai été si cruellement déchirée que personne ne pourrait concevoir de

volupté à mon égard ? » Le vieillard est saint Pierre, elle est instantanément guérie. « Son sein avait été replacé sur sa poitrine », dit la *Légende*. Quelques jours plus tard, Quintianus reprend ses entrevues et s'acharne. Il la fait rouler nue sur des tessons et des charbons ardents. Aussitôt, un grand tremblement de terre abat une partie de la ville, le peuple se révolte. Retour d'Agathe en prison où elle prie le Christ et meurt en poussant un grand cri.

Un an plus tard, à la date anniversaire de sa mort, l'Etna fait éruption, la lave déferle sur la ville. On court au tombeau d'Agathe, on saisit le voile dont il est couvert, on le brandit contre le feu qui s'arrête. Protectrice de la Sicile, Agathe est invoquée pour conjurer les éruptions volcaniques, les tremblements de terre, la foudre et les incendies. Elle est à la fois la sainte patronne des nourrices et celle des fondeurs de cloches. Elle a séduit bien des peintres. Sebastiano del Piombo lui offre un bourreau avec tenailles à chaque sein. Carle Van Loo montre sa guérison par saint Pierre. Chez Zurbarán, la sainte présente ses deux beaux seins sur un plateau d'argent, tels deux gâteaux baroques ou, mieux, deux sorbets surmontés chacun d'une fraise des bois. Souvent elle est figurée portant les instruments de son supplice, les tenailles, ou bien les accessoires de ses miracles, torche, bâton enflammé ou voile. Je me souviens que Federico Zeri m'avait raconté une anecdote au sujet d'Agathe, mais je l'ai oubliée…

Dans le début des années quatre-vingt-dix, j'allais parfois rendre visite à Zeri qui s'ennuyait, ou faisait semblant de s'ennuyer, dans son agréable solitude de Mentana, l'ancien Nomentum des Romains, là où avaient habité aussi bien Atticus que Sénèque ou Martial, à une trentaine de kilomètres du centre de Rome. Historien d'art et critique de réputation internationale, célèbre surtout pour ses colères et ses polémiques, il s'était fait construire, au cours des décennies, au milieu de jardins fleuris criblés de statues et d'inscriptions lapidaires, une sorte de magnifique villa romaine pleine de salons calmes, de bureaux studieux, de bibliothèques confortables, toutes ces pièces bourrées de centaines de marbres, de tableaux anciens et modernes, de dessins, d'objets les plus divers, de jeux, de petits robots *made in* Hong Kong, comme de tous les gadgets que lui envoyaient ses admirateurs du monde entier.

Il recevait volontiers au fond de l'une de ses alcôves favorites, affalé dans sa bergère doublée de tapisserie, écoutait tous les ragots venus de Rome, de Milan, de Londres ou de New York, et les redistribuait à sa façon, au besoin en les modifiant quelque peu, fumant sporadiquement un de ses petits cigares qu'il n'arrêtait pas de rallumer sans succès. Il m'a souvent parlé de personnages dont j'ignorais même l'existence. Dans sa solitude, il était au courant de tout. Politique, finances, sciences, il aimait certaines sciences, beaux-arts, musées, marché de l'art, faussaires, mode, mafia, cinéma hollywoodien, il avait des contacts avec des acteurs et des actrices d'Italie ou d'Amérique. Il racontait à mi-mots qu'il avait eu une liaison (platonique peut-être) avec une célèbre actrice hollywoodienne. Il savait tout, et son savoir mondain était d'une fraîcheur que lui auraient enviée bien des journalistes. Mais il était aussi l'un des plus grands colporteurs de *gossips* qu'on puisse imaginer. Il m'a raconté sur ses patrons successifs, le comte Contini-Bonacossi, Paul Getty ou Giovanni Agnelli, des choses que je ne peux rapporter. Sur ses ennemis, il était capable de dire des choses monstrueuses, incroyables, impensables, qu'on ne pouvait pas accepter (« Vous déraillez, c'est impossible… ») et qui, pourtant, un jour ou l'autre, bien plus tard, souvent des années après, s'avéraient tout à fait fondées.

Zeri était très anticlérical. Il connaissait des centaines, peut-être des milliers de blagues sur la Bible et les Évangiles. Le Christ et la femme adultère, La création du monde, L'arche de Noë, La Cène, Marie-Madeleine, Les trente deniers de Judas, Moïse et le buisson ardent, La multiplication des pains, Le centurion et les clous de la croix… Il m'a cent fois fait rire et mis souvent les larmes aux yeux en me racontant une plaisanterie insensée sur le Nazaréen, comme il disait, ou sur ses apôtres ou sur un des héros bibliques. Quand on lui demandait : « D'où viennent donc toutes ces histoires ? », il répondait avec une candeur feinte et avec son inimitable petite pointe d'accent (il parlait un français parfait, pétri de Mallarmé, de Rimbaud, de Baudelaire, et même de Simenon ou de Céline, il était cultivé au-delà de tout) : « Mais des couvents, des monastères, et, bien sûr… », il tirait sur son éternel toscano éteint, faisant un peu durer le suspense, « … des couloirs du Vatican ! » Il maîtrisait toujours le fil du discours et, quand la récréation était terminée, il revenait à ses soucis principaux.

Une de ses préoccupations intellectuelles était la persistance du *limes* romain à travers l'Histoire. À l'époque de nos conversations, nous étions au pire moment des guerres dans les Balkans. Des massacres, des viols massifs avaient lieu en pleine Europe sans que personne puisse ou veuille intervenir. Et Zeri, tirant pour une fois sur un des havanes que je lui avais apportés mais, à mon grand dépit, le laissant évidemment s'éteindre, se lança un soir dans une brillante improvisation à propos de cette frontière religieuse, ethnique, historique, politique, presque magique, qui traversait ainsi l'histoire du continent depuis l'empereur Constantin, autour de laquelle s'amassaient les conflits et contre laquelle on ne pouvait rien, ou presque rien.

Une autre de ses réflexions était liée à l'influence considérable des origines de la religion chrétienne sur le destin et les sensibilités de l'Europe. « Rendez-vous compte, me dit-il, les persécutions de Dioclétien et de quelques autres empereurs romains ont marqué l'Occident pour deux millénaires, et peut-être même plus. Toute la sensibilité occidentale, religion, poésie, littérature, politique, peinture, musique, architecture, tout, tout, tout, a été marqué par ces massacres, ces supplices sadiques, ces récits monstrueux qui ont donné naissance à une mythologie bien plus forte encore — et ça, c'est vraiment paradoxal — que la mythologie grecque ! L'Occident (il prit alors un ton solennel) a été blessé très douloureusement, marqué très profondément, pour des siècles, par cette horreur inscrite directement dans sa chair ! Toutes les religions modernes, mais aussi tout l'art, la seule chose que nous révérons vous et moi, n'est-ce pas ?, sont sortis de là ! Rendez-vous compte. Ce fut sans doute comme Auschwitz. Des milliers et des milliers de gens torturés, décharnés, violentés, massacrés aveuglément. Vous croyez qu'Auschwitz pourra donner encore mieux que Giotto, Michel-Ange ou Caravage ? Je le souhaite ! ». Je ne savais que lui répondre. J'avais l'impression que non. Et aussi que déjà, bien avant Auschwitz, l'humain avait plusieurs fois montré ses limites. C'était une question bien trop compliquée, en tout cas beaucoup trop compliquée à régler en une simple soirée. Et soudain, j'avais hâte de rentrer à Rome et, bêtement, d'aller dîner, tout seul, chez Otello, près de la piazza di Spagna !

Il est vrai que, lorsque j'avais repris le volant de ma voiture de location et que j'avais quitté les allées de la villa pour plonger sur la route de Rome, je m'étais remémoré tout ce que je savais des supplices. Arrachage de la langue, des oreilles, du nez, des yeux, estrapade, flagellation, noyade, pendaison, écorchement, dépeçage, lapidation, crucifixion, sciage, découpage, pal, écartèlement, bûcher... En ces époques, on avait déjà épuisé tout ce que l'habileté du tortionnaire pouvait faire subir au corps du martyr et ce catalogue était valable pour les siècles à venir. La cruauté et l'imagination des bourreaux renforçaient la foi des fanatiques chrétiens, et la foi des chrétiens stimulait l'imagination des bourreaux selon un mécanisme d'une absolue et monstrueuse logique. L'acharnement sur les corps avait évidemment une origine sexuelle. Les hommes étaient aussi châtrés, les femmes violées par des armées entières puis envoyées dans des bordels. Beaucoup de saintes, dans le légendaire chrétien, passaient par le lupanar mais conservaient leur pureté. C'était le cas d'Agathe dont la conduite copiait de très près celle de Lucie, la sainte, sicilienne elle aussi, à qui on avait arraché les yeux. À la source de l'inspiration des sculpteurs, des dessinateurs, des peintres, des enlumineurs, ces déferlements d'horreur dont la chronique, sans cesse remaniée, sans cesse améliorée, occupe des milliers de pages. Tout ce qui était imaginable avait été réalisé et devait pouvoir être représenté pour l'édification de chacun.

Dans les embouteillages de la via Nomentana qui me ramenait vers Rome à la nuit tombante, bien des choses me passaient par la tête et me tourmentaient. Je me mis à penser à la sainte aux seins arrachés. Agathe est donc une sainte sicilienne mais aussi napolitaine. Son tampon sanglant est un éternel rappel de cet épanchement de sang qui marque régulièrement toute vie de femme. Le supplice est impossible à imaginer dans sa douleur, dans son horreur, ce n'est pas une amputation chirurgicale, c'est un arrachage ! On ne peut se promener ensuite avec ses seins sur un plateau, Zurbarán n'avait rien compris. Je devinais tout de la vie d'Agathe : le supplice était une préparation à une sorte d'orgasme mystique. Elle poussait un grand cri en mourant, elle avait assumé sa vie et sa volupté. Elle avait, comme elle le disait si bien, « des seins intacts au-dedans de son âme ». Et cela, c'était une des plus belles trouvailles du christianisme, avoir des seins « à l'intérieur ». Allez donc les peloter, les mordre, les presser, les tordre et les arracher, ceux-là ! Vous n'y parviendriez jamais !

La sainte ignifuge avait été l'une des figures les plus vivantes du panthéon de la ville. Comme si elle avait offert aux Napolitains le sang de ses seins, à la façon dont saint Gennaro avait offert celui de son cou tranché, sang pieusement recueilli puis conservé et qui deux fois par an se liquéfie puis se fige jusqu'à la fête suivante, annonçant l'exécution d'Aldo Moro ou, en d'autres temps, l'arrivée de Silvio Berlusconi. Et voilà que tout à coup, au milieu des années quatre-vingt-dix, la Sant'Agata de Guarino fit son apparition sur les murs de Naples. Elle n'était pas seule, le voile de Véronique taché tantôt de la Méduse, tantôt du visage de Pasolini, s'étalait sur les murs. Et aussi le *Narcisse* du Caravage, la *Judith et Holopherne* d'Artemisia Gentileschi. Et même Pulcinella mourant, et Parthenopé, la sirène qui a donné naissance à la ville, et Déméter, la déesse de la Terre, désespérée parce qu'on lui a ravi sa fille et que Baubô déride en soulevant sa tunique, et la Sibylle de Cumes, ma chère sibylle, et le petit plongeur de Paestum… Au hasard de ses errances, piazza San Domenico, ou via Tribunali, ou salita

231

della Grotta, ou sur les quais de Santa Lucia, ou près de Santa Chiara, le promeneur curieux découvrait toutes sortes de personnages tout droit sortis des musées et si bien intégrés dans les murs pelés de la ville qu'ils semblaient plus vivants encore que les passants, plus réels même que leurs supports vétustes. La ville, en perpétuelle ruine depuis des siècles, abîmée par le tremblement de terre de 1980, lentement recouverte de ses ordures, offrait aux regards des portes murées, des fenêtres cimentées de gros parpaings laids, des couches de mortier infâmes, des palissades pourries, des échafaudages destinés à demeurer des années, des dizaines d'années peut-être, des immeubles effondrés, des terrains vagues, des murs composites d'où surnageait parfois une colonne antique ou un porche baroque. Une ville de ruines noires et de poussière. Et soudain tous ces personnages se mettaient à coloniser ces friches du désastre.

Plusieurs fois, j'ai sursauté en découvrant face à moi, dans un porche muré, à l'angle d'une rue, au pied d'un mur, l'un des personnages tragiques d'Ernest Pignon-Ernest. Le peintre s'était pris d'une passion terrible pour Naples, où la menace de la catastrophe imprègne tout, rues, murs, édifices, souterrains, grottes. Il collait partout de grands panneaux de papier, des personnages dans des sortes de trompe-l'œil, alcôve, fenêtre, arcade, soupirail. Ces êtres, presque toujours dessinés sur un fond noir, surgissaient d'un couloir, d'un passage, d'un porche obscur. Très lumineux, ils semblaient sculptés par les ombres qui les cernaient, sortes de fantômes caravagesques engendrés peu à peu par les murs, au terme d'une étrange parturition minérale, et se substituant aux lèpres ordinaires des crépis et des pierres qu'ils camouflaient un temps. Et eux-mêmes étaient livrés, au cours des saisons qui suivaient les séances de collage, à cette dégradation générale, humaine, climatique, chaque phase de leur désintégration formant comme une nouvelle strate artistique de ce retour à la lèpre d'origine.

Multipliant les images de femmes sur les murs de la ville, Ernest Pignon-Ernest ne pouvait échapper à la sainte aux seins coupés. Le peintre Guarino avait été bien plus malin que tous les autres. Il avait compris que ce n'était pas en montrant le supplice, ou les instruments du supplice, ou les flots de sang, ou encore les mamelles coupées sur un plateau, qu'on obtenait le meilleur effet, mais par une simple suggestion, un simple regard. Son Agathe a bien des seins intacts « au-dedans de son âme » et c'est ce qui la rend si séduisante. L'idée du supplice exerce une attraction plus forte que tout. Une belle femme en pleurs qui a été torturée (battue, dénudée, compissée, violée, humiliée…), ou qui va l'être, peut-être est-ce là le sommet de l'érotisme chrétien, européen, moderne. Le peintre expose, en une seule image magnifique, tout le fonds sadique de l'art.

Et, de son double de papier recomposé par le peintre d'aujourd'hui, les lambeaux graffités, crayonnés, délavés, décollés par les pluies et les vents, lacérés, restaurés parfois par des mains pieuses, réduits à des copeaux, des bribes minuscules, le noir du fond de l'image noyé peu à peu dans l'ocre jaune du mur porteur, seuls subsistaient, nouveau miracle napolitain, le visage et les yeux d'Agathe, et toujours cet air de reproche larmoyant, ou — qui peut savoir ? — d'étrange invite amoureuse.

Nous sommes revenus vers la région du Forum. En passant devant la boulangerie de Modestus, Anna Maria nous montre le four et les meules.

— C'est là qu'était placée l'espèce d'enseigne que tu as vue au cabinet secret avec une silhouette stylisée de phallus et l'inscription « Ici habite la félicité ». Et, dans le four, on a retrouvé quatre-vingt-un pains, mais bien sûr un peu trop cuits ! Continuons cette rue, je vais vous montrer le lupanar... Si je trouve la clé dans tout ce trousseau ! Je les ai enfilées sur cet anneau tout à l'heure mais je ne les ai pas mises dans l'ordre.

Le bâtiment, situé à l'angle de deux rues, est modeste et discret.

— Une entrée sur chaque rue, ce qui devait être pratique pour ne pas se croiser. Et, à droite de l'entrée principale, une fois de plus Priape qui possède deux gros phallus et en tient un dans chaque main. Dix lits, cinq au rez-de-chaussée, cinq à l'étage. Vous voyez, ce sont des alcôves en maçonnerie où même les traversins sont en pierre, mais rassurez-vous, il devait y avoir de la literie par-dessus ! Et chaque alcôve se fermait à l'aide d'une porte de bois. Au-dessus, des tableautins montrant quelques spécialités maison et sur les murs toutes sortes d'inscriptions dont je vous ai déjà donné des échantillons. On a trouvé dans l'établissement un plat de haricots aux oignons que personne n'avait eu le temps de consommer.

— Mais nous, dit Marina, nous avons le temps de consommer ! Ou plutôt d'imiter les Pompéiens.

Elle entre dans la seconde alcôve à gauche, se met à quatre pattes sur le lit de ciment, se contorsionne, relève son fourreau, fait glisser sa culotte.

— Fais-moi l'amour, dit-elle. Montrons à Anna Maria comme nous sommes encore jeunes.

Le spectacle de Marina, offerte comme une vulgaire pute, est très stimulant. Je viens sur elle. C'est très inconfortable pour les genoux.

— C'est dur !

— Vois-tu, Anna Maria ! Quel goujat ! On lui offre la plus belle femme du monde et tout ce qu'il trouve à dire : « C'est dur ! » Aucune importance ! Faisons semblant.

Je me colle à elle, nous nous agitons. Anna Maria nous éclaire avec sa torche et nous regarde, très amusée.

— Et puis…

— Et puis ?

— L'autre position qui est là sur le mur !

— *Venus pendula*, dit Anna Maria.

Marina sort de l'alcôve. Je m'y allonge.

— Mais tu triches, tu n'es même pas déshabillé !

Elle me baisse mon pantalon, elle monte à cheval sur moi et s'assied sur mon ventre.

— Vous ne croyez pas qu'on serait mieux dehors ? demande Anna Maria.

— Heureusement qu'il y avait des matelas, dit Marina.

C'est en effet très dur ! Cessons ce jeu qui n'a pas l'air d'exciter du tout ce monsieur !

— C'est que...

Nous descendons du lit de pierre.

— J'oubliais, là au fond, derrière ce mur, les latrines...

— Justement, c'est ce que je voulais dire ! Avec tout ce champagne que nous avons bu, je commence à avoir une sérieuse envie... Et j'aurais été incapable de...

— Moi de même..., avoue Marina.

— On ne peut pas les utiliser, c'est obstrué depuis vingt siècles ! Je referme la porte. Allons dans la ruine juste en face, c'est de la terre avec de l'herbe...

Nous avons traversé la rue en un clin d'œil. Marina, l'air toujours aussi pute, s'accroupit au milieu de la petite pelouse. Anna Maria la rejoint, l'imite. Elles rient, elles ont l'air tout à fait heureuses. Tourné vers elles, je me mets aussi à pisser d'abondance. Accroupies face à moi, elles se déversent comme des fontaines. Femmes qui pissent, Rembrandt, Picasso. Un spectacle éternellement ravissant. Leurs cuisses blanches faiblement éclairées par le maigre croissant de lune maintenant à la verticale juste au-dessus de nous. Les jets drus qui éclaboussent et leurs reflets d'or. Musique délicieuse sur l'herbe, la terre, les cailloux. Elles rient encore. Complices. Soudain Anna Maria, toujours accroupie, toujours pissant, rallume sa torche et la braque vers moi.

— Tu triches ! Ou alors, tu m'offres l'équivalent !

Elle obéit et dirige la torche entre ses cuisses.

— Nous sommes fous ! dit Marina. Je veux qu'il me voie moi aussi ! Éclaire-moi !

Anna Maria l'éclaire. Je m'arrête, pris d'une impulsion subite, je viens vers elles, je m'accroupis, je mets les mains dans leurs jets intarissables. C'est chaud. Ça sent très fort le champagne. Je bande. « Les histoires les plus tragiques suivies d'un dénouement céleste », note quelque part Nietzsche. Et les histoires les plus *célestes*, quel dénouement ?

Nous marchons maintenant vers le sud de Pompéi. Apparemment, la fête du Forum est terminée. Des employés vont et viennent, transportant des tables, démontant les projecteurs. Nous prenons la rue de l'Abondance. Anna Maria me confie une des deux torches. Elle éclaire le sol compliqué de la rue, les hauts trottoirs, la chaussée, les dalles, les passages surélevés pour le franchissement des carrefours. Il ne s'agirait pas de buter contre ces bornes si solides ! J'éclaire à droite et à gauche à mesure que nous progressons. Plusieurs porches successifs rectangulaires, en enfilade, ouverts sur des profondeurs de nuit, décors fabuleux d'un théâtre imaginaire, autant de coulisses suggérées. Restes de crépis colorés, fûts de colonnes, bassins. Comptoirs de *tabernae* avec leurs trous circulaires bordés de morceaux de marbre, récipients à jamais inutiles. Parfois le faisceau de lumière ne saisit plus des porches mais des alignements désordonnés de murs amputés, décapités, réduits, dont la succession crée des formes étranges, difficiles à déchiffrer, un peu fantastiques. Monde de ténèbres inquiétantes, maléfiques. Souvenirs d'images de guerre, de catastrophes affreuses. On a l'impression qu'à tout moment pourrait surgir quelque chose de terrible. Ou quelqu'un.

Et justement, à l'angle de la rue de Stabies, paraissent deux hommes armés de torches eux aussi. Émotion. Mais non, ce sont des gardiens. Ils n'ont pas l'air surpris.

— *Ciào, Anna Maria !*

— *Ciào !*

Court conciliabule. Les hommes repartent vers le nord. Nous continuons dans la rue de l'Abondance.

— Il est une heure et demie, on a toute la nuit encore devant nous ! Où nous entraînes-tu, Anna Maria ?

— Nous allons tout au bout, du côté de l'amphithéâtre.

— Une histoire, Alain ?

— C'est une histoire que j'ai lue. Elle a été racontée par Maxime Du Camp, l'ami de Flaubert. Il l'a recueillie à Capri, à son retour d'Orient. Pas loin de Marina Grande, en venant du Capo, il y avait les ruines d'un four à chaux. Une nuit, une vingtaine d'années avant sa visite, alors que le four marchait à fond, et que le brasier se voyait de loin sur la mer, une barque aborde, venant de Naples. En sortent deux hommes masqués et armés, tenant dans leurs bras une jeune fille bâillonnée. Elle se débat. Mais, sans un mot, sans un geste de trop, les hommes s'approchent du four et jettent la fille au milieu des flammes. Ils rembarquent, reprennent les rames et disparaissent dans la nuit. Ça, c'est une histoire napolitaine typique : une fille qui a perdu son honneur et que sa famille fait disparaître. Plutôt périr que perdre sa virginité ! Les frères ou les oncles sont là pour venger la honte !

Anna Maria se tourne vers Marina.

— Mais dis-nous, toi qui as commencé si tôt dans le cinéma. On a beaucoup parlé alors de tes amours avec Dick Hayes. Tu ne pourrais pas nous raconter ?

— Tout le monde a pensé à l'époque que j'étais sa maîtresse. Et il n'a rien fait pour démentir la rumeur. Moi non plus, d'ailleurs. Et, c'est vrai, plusieurs membres de l'équipe de tournage ont cru en avoir la preuve devant les yeux puisque quasi officiellement nous avons couché ensemble et on m'a vu sortir de sa chambre un matin. Nous étions tous logés dans un grand hôtel proche des lieux de tournage au

238

Canada. On avait reconstitué les palais de Moscou et la steppe russe dans le froid du Québec. Mais non, notre nuit d'amour n'en fut pas vraiment une. J'avais tout juste un peu plus de dix-huit ans, je vous le rappelle, enfin j'allais sur mes dix-neuf. J'étais vierge et d'une timidité maladive. Mais je n'ai rien pu lui refuser. Il avait fini par m'attirer un soir chez lui. Nous avions beaucoup bu tous les deux. Il avait voulu m'avoir, il m'avait, j'étais consentante et j'éprouvais un peu d'amour pour lui. Après tout il était mon Pygmalion. Et nous devinions bien, à la projection des rushes, que nous allions vers un chef-d'œuvre. J'ai joué le jeu jusqu'au bout. Il m'a déshabillée, je me suis laissé faire. Il m'a demandé de marcher dans la chambre, d'aller et venir, de passer à plusieurs reprises devant le grand lampadaire qui éclairait le centre de la suite. Il s'est lui-même déshabillé peu à peu. Mais j'ai bien senti dès le début que c'était bizarre... Il m'a demandé de m'allonger sur le lit. Il m'a regardée encore. Il m'a touché les seins puis entre les cuisses. Je ne ressentais rien ou en tout cas pas grand-chose. J'étais un peu inquiète de ses réactions, il pouvait être brutal. Il était gros, très gros, avec un ventre énorme, un peu vieilli prématurément, alcoolique, un mélange d'Orson Welles et de Joseph Losey à leur apogée. Il pouvait boire un litre de cognac en deux ou trois heures. Mais il avait du génie. Et son visage était resté juvénile. Il ne s'est rien passé. Il m'a caressée. Je ne connaissais pas grand-chose aux hommes mais je comprenais qu'il n'avait aucun désir. Il s'est endormi sur le lit.

— Et alors, demande Anna Maria. Qu'est-ce que tu as fait ?

— J'ose à peine le dire ! C'est la première fois que je me trouvais nue dans un lit avec un homme. Et, malgré tout,

239

j'étais assez excitée, et très frustrée. Eh bien... je me suis caressée. Et ensuite, j'ai été diplomate : j'ai dormi près de lui et j'ai attendu le matin pour sortir de chez lui, ce qui explique la légende. Mon premier homme, je ne l'ai connu que bien plus tard, et pas du tout dans le milieu du cinéma !

Nous avons parcouru presque toute la rue de l'Abondance et Anna Maria nous arrête devant une villa.

— C'est la maison de Loreius Tiburtinus. C'était un prêtre du temple d'Isis. Dans son jardin, des canaux, des bassins. Pendant les fêtes, on y jouait une sorte de réduction de la crue du Nil. Or, pas loin, sur le mur du théâtre, un certain Tiburtinus avait écrit un poème, le fragment est maintenant au musée à Naples. Est-ce le même Loreius Tiburtinus ou un membre de sa famille ? Toujours est-il qu'il laisse éclater sa passion amoureuse dans un poème de forme assez précieuse : « Que se passe-t-il ? Ô mes yeux, après m'avoir attiré dans le feu, / vous inondez d'eau mes joues / Pourtant les larmes ne peuvent éteindre la flamme / Ces choses enflamment le visage et liquéfient l'âme. » À côté, quelqu'un a ajouté : « Et déjà l'incendie s'étend à tous les proches / Si bien que la flamme se propage. » Et un troisième auteur, à son tour, vient écrire une autre phrase encore : « Est seul digne d'amour celui qui à une fille sait beaucoup donner. » Bon, avançons. La maison suivante est celle de Vénus. On va y entrer mais Vénus me rappelle une histoire. Voilà, c'était il y a quelques années. Vous savez qu'un bon tiers des ruines de Pompéi n'a pas encore été déblayé. Plusieurs quartiers restent sous sept mètres de terre. Pour que de grands arbres n'y poussent pas, pour que ça ne devienne pas une jungle, on entretient depuis longtemps ces zones en petits jardins. On y cultive des fleurs, glaïeuls, lupins, œillets, roses, et aussi des oignons, des fèves, beaucoup de fèves, des haricots, des petits pois, de la vigne, la vigne y est superbe, des plantes aromatiques. Autour de Pompéi, c'est un peu la même chose, la zone agricole est surveillée mais sans doute pas assez. Les policiers spécialistes du trafic des œuvres d'art étaient très intrigués par la mise en circulation, en France, en Suisse, en Allemagne, d'un grand nombre d'objets dont le style, la fraîcheur, la nouveauté faisaient irrésistiblement penser à Pompéi. Dont une petite Vénus charmante. Ce n'était pas la première fois, il y a toujours eu un pillage intense des ruines, bien avant qu'elles ne soient fouillées. Je ne sais plus comment ça a commencé. La police a dû suivre un suspect qui les a fait remonter à un autre et ainsi de suite. Ils ont été filés, surveillés longtemps. Dans les vignes, pas loin d'ici, mais hors des remparts de la ville, on pouvait voir une grande cabane à outils, une simple bâtisse ordinaire comme on en trouve partout dans les campagnes voisines. Et là, une bande de fouilleurs secrets venait régulièrement. Ils avaient creusé pendant des semaines, des mois même, plusieurs tunnels. Ce n'est pas un terrain très dur. Il suffit de pelleter et d'étayer puis de disperser discrètement la terre dans la campagne. Ils avaient atteint des villas encore enfouies et récupéré de la vaisselle, des statuettes, des objets d'argent, des pièces de monnaie. La police a établi une souricière et toute la bande a été arrêtée. Sur Pompéi, vous savez, il y aurait tout un roman à écrire : des bandes de voleurs bien organisés qui osent cambrioler et piller les musées d'État, des réseaux de revente à travers l'Europe, les rivalités politiques et mafieuses locales autour de ce puits d'argent, deux millions de visiteurs par an, bientôt trois, ne l'oubliez pas !, le maire et l'évêque de Pompéi, les autorités de Naples qui veulent faire la loi dans les

241

fouilles, les entrepreneurs de travaux publics qui se jettent comme des vautours sur les chantiers, plusieurs centaines de gardiens dont la plupart obéissent à la camorra, des menaces, des chantages, des agressions, et des batailles rangées pour telle ou telle zone d'influence... Et même désormais la n'draghetta calabraise vient narguer la camorra napolitaine et essaie de lui piquer une part du gâteau pompéien ! C'est affreux ! Et, malgré tout, les chercheurs parviennent quand même à tirer leur épingle du jeu. Voilà, nous sommes au fond de la villa de Vénus. Vous voyez une fresque très fraîche, une Vénus bouclée couverte de riches bijoux, couchée nue dans sa coquille et flottant sur la mer, avec son voile gonflé par le vent. Le croisement de ses jambes est plutôt raté. Mais l'ensemble est sympathique, amusant, et les couleurs sont jolies. Vénus, c'est la déesse de Pompéi. Ses images y sont innombrables...

— Tu as remarqué qu'entre la valve de la coquille de Vénus et sa vulve, il n'y a qu'une lettre de différence...

— Oh, toi, tu es malin ! Oui, déjà dans la langue latine, le *v* est particulier, mais aussi en français et en italien.

— Vulve, vagin, valve, valvule, volve, vallée, vallon, tous ces mots évoquent des profondeurs humides et sombres, les royaumes de Vénus. Le *v* place les lèvres en position d'un baiser...

Nous sortons de chez Vénus, nous descendons vers la palestre. Nous débouchons sur les allées de pins géants et nous les longeons jusqu'à l'amphithéâtre dont la masse se dresse dans la nuit. Nos pieds butent contre d'énormes pommes de pin, sèches et craquantes, sonores comme des tambours. Nous montons par l'escalier monumental extérieur. Du sommet de terre et d'herbe, par les percées en ogives rondes, la vue est très impressionnante : le champ de ruines, noir, avec juste les saillies des murs légèrement éclairées par le ciel étoilé et la très maigre lune, s'étale au pied de la montagne funeste, elle-même irradiante. L'espace ovale du cirque est un puits de nuit où les restes des gradins forment un dessin étrange. Une soucoupe volante prête à décoller vers la nébuleuse d'Andromède.

Nous nous asseyons sur l'herbe et regardons le ciel. Le cosmos et l'histoire humaine. Dans cet espace, des hommes sont morts pour le plaisir d'autres hommes. Les combats étaient furieux, la foule déchaînée, les passions allaient jusqu'au délire. Des légendes naissaient. Et, au-dessus, l'éternelle indifférence des étoiles.

— C'est beau, dit Marina. Quel calme, quelle paix, quelle aventure… J'ai une idée. Nous allons nous mettre tout nus ! Après tout, nous sommes liés tous les trois. Nous nous aimons, non ? Et puis, nus à Pompéi, n'est-ce pas une vraie expérience ?

Pourquoi pas ? Nous ôtons nos vêtements, nous restons serrés les uns contre les autres, je suis entre les deux femmes. Nous avons chaud. Nous sommes heureux sans trop savoir pourquoi. On aimerait faire n'importe quoi mais l'imagination est limitée. J'aimerais me mettre à quatre pattes et jouer avec l'une et l'autre. J'interroge Anna Maria.

— Pourquoi tant de coïts *a tergo* dans les représentations des Pompéiens ?

— Je l'ignore.

— Je crois que c'est une position très raffinée, et pourtant celle qui nous rapproche le plus de nos origines animales. Tu vas voir. Mets-toi à quatre pattes… Dans cette position qui est une position royale, à condition que l'homme à genoux soit à peu près à la bonne hauteur, c'est le cas pour nous, dans cette position donc, les cuisses de la femme étant bien plus refermées que lorsqu'elle est allongée sur le dos, sa fente se fait plus étroite...

— Attention, *lente impelle* !

— Oui, je me souviens de l'inscription ! Quelle douceur !

— Ce que vous êtes beaux ainsi ! s'écrie Marina. Assise tout contre nous, elle se caresse doucement.

— Le phallus doit se frayer un chemin, il tend encore plus sa tête, ses reliefs procurent au fourreau de la femme ses plus fortes sensations. Et puis, de ses deux mains libres, l'homme peut soupeser, caresser les seins pendants de la femme. Les tiens, quel poids, quelle fermeté, quel bonheur ! La femme, de son côté, peut tendre une main en arrière et s'exciter à toucher, soupeser, bouger les couilles ballantes de l'homme.

Nous jouons un instant comme des petits toutous accouplés et joyeux. À quatre pattes sur l'herbe. Au sommet de l'amphithéâtre de Pompéi, une nuit de la fin juillet, sous les étoiles ! Merveille ! Soudain, Anna Maria bondit en avant, se déboîtant d'un coup de notre enchevêtrement.

— Pardon, mais tu sais bien que je suis en état de chasteté depuis des mois. Je ne prends plus la pilule. C'est beaucoup trop dangereux pour moi... mais je peux jouer avec ton *tintinnabulum*. Si tu veux, je continue comme ça, comme tout à l'heure.

— Non, j'ai une meilleure idée. Tu as les plus beaux seins du monde. Donne-les-moi à aimer !

Je me rassieds sur l'herbe. Elle comprend, se met à genoux tout contre moi.

— Comment s'appelle cette position en latin ? demande Marina, faussement érudite. De son côté, elle continue à se caresser le sexe, lentement, avec application.

— Je ne sais pas, balbutie Anna Maria, très troublée. Doucement ! Tu es fou ! Doucement ! Décidément, tu m'auras toute inondée de toi ce soir !

— Tu n'as pas compris, Anna Maria ? Il est complètement fou de toi !

À nouveau paisibles, assis, regardant la nuit vide et claire. Marina et moi, côte à côte, Anna Maria, un peu plus loin. Nous restons un long moment silencieux. La voix calme de Marina nous sort de notre torpeur…

— Pas question de nous assoupir ! Il est temps de jeter un peu de… de quoi… de sperme sur le feu. Au monsieur, donc !

— La première fois que j'ai visité la grotte bleue, j'ai eu une aventure érotique. Vous savez comment ça se passe. Lorsqu'il y a beaucoup de touristes, les bateliers vous entassent, tous dans le même sens, encastrés les uns dans les autres, afin de pénétrer dans la grotte d'une façon particulière. L'entrée est très basse. Et ce jour-là, il y avait du monde. Le nautonier nous a placés. J'étais le dernier, assis au fond de la barque, les jambes écartées, et la première personne devant moi était une jeune Américaine blonde, quatorze ou quinze ans, plutôt jolie et dodue. Au dernier moment, un garçon qui ne voulait pas quitter sa mère a rejoint notre barque, on nous a fait nous tasser encore et la jeune Américaine s'est retrouvée bien plus serrée contre moi. Elle avait les fesses collées à mon sexe. Au début, ça allait à peu près, j'essayais de penser à autre chose. Il faut compter vingt minutes de navigation et on arrive à la grotte, chaque barque attend son tour. Les mouvements de la mer, la chaleur, l'intimité, bref, je ne pouvais me contrôler et elle a dû sentir assez fort mon érection dans le bas de son dos. S'il y a un peu de houle, les bateliers profitent d'une décrue pour se glisser à toute vitesse dans le trou. Mais, auparavant, ils font se coucher tous les passagers en arrière, donc les uns sur les autres jusqu'à ce que les gens soient tous au-dessous du niveau du plat-bord de la barque. Puis ils attendent une bonne occasion. Ça peut durer une à deux minutes. C'est très long dans cette situation. La fille était donc couchée sur moi et devait bien sentir mon sexe comme une barre dure contre ses fesses. Elle semblait innocente mais elle a dû deviner qu'elle pouvait jouer à une sorte de jeu pervers sans conséquence et sans compromission. C'était peut-être la première fois qu'elle était si proche d'un sexe d'homme. Elle s'est mise à faire d'imperceptibles mouvements du bassin, au rythme du roulis, et me mettant en quelques secondes au bord du supplice. Il se trouve que la mer avait un peu forci et que le batelier peinait à trouver un creux propice. Enfin, il nous a lancés dans le trou. Dès que nous avons été dans l'ombre, glissant à travers le passage et débouchant dans le calme de la caverne, l'Américaine a bougé encore plus, m'écrasant cruellement. Nous nous sommes redressés et, comme les autres passagers, nous avons contemplé les fonds bleus, les reflets sur les parois, les ombres des autres barques chargées de passagers qui évoluaient en silence autour de nous. Trois ou quatre minutes. Nous avons repassé le sas et, cette fois, elle a recommencé, m'écrasant et pensant peut-être me faire mal, me punir, mais c'était tout le contraire, vous vous en doutez. Une fois ressortis en plein soleil, elle aurait pu prendre un peu d'aise, se détacher de moi, changer de position, elle est restée collée. Dans ces conditions, je n'avais plus de raison de me gêner, j'ai profité des quelques secousses de la barque relancée en pleine vitesse pour bouger à mon tour et j'ai tout laissé se produire. Je me suis demandé si elle avait compris ce que signifiait ce spasme dans son dos vers la fin du parcours. Nous sommes descendus à quai les deux derniers. Elle a tourné la tête, m'a regardé droit dans les yeux puis elle s'est détournée, a rejoint sa famille et a disparu.

— Décidément, Capri prédispose à tous les plaisirs !

— Je vous l'ai dit tout à l'heure : « Capri, caprices »... Une autre histoire ?

— Oui, dit Anna Maria. Elle n'est pas gaie mais étrange. Et on n'en parle à peu près jamais, c'est comme un secret honteux. Après le débarquement en Sicile, l'été 1943, fin août exactement, les bombardiers américains ont pilonné le secteur pour détruire les voies ferrées, les ponts, les routes, les installations portuaires entre Salerne et Naples. C'était la technique du tapis de bombes, ils visaient mal, plus de deux cents bombes sont tombées sur Pompéi ! Des ravages indescriptibles. Des colonnades de temples encore debout jetées à terre, des maisons pulvérisées, des murs éventrés, des fresques détruites, et, à l'Antiquarium, des objets et des moulages d'hommes et de femmes définitivement disparus.

— Tiens, j'ai une histoire de catastrophe, moi aussi. De petite catastrophe, en fait. Il y a trois ou quatre ans, l'avant-dernière fois que je suis monté au Vésuve, j'ai discuté avec une femme qui travaillait à l'une des cabanes de cartes postales et de souvenirs au sommet. Elle m'a montré sur l'à-pic de la falaise juste en face une grande cicatrice claire d'une centaine de mètres de haut et d'une cinquantaine de large. Elle m'a raconté que quelques mois auparavant elle était là, assise, les yeux dans le vague vers la paroi opposée, lorsque cette plaque, de peut-être un millier de tonnes, s'était détachée, avait glissé et s'était écrasée dans le fond du cratère. Avant que tout soit arrivé en bas, son cœur s'est mis à battre si fort qu'elle a cru qu'elle allait avoir une crise. Le sol a un

247

peu tremblé, mais c'est tout. Le plus comique, si l'on peut dire, c'est qu'une seconde après un nuage de poussière a tout envahi et s'est même élevé assez haut au-dessus du Vésuve, déclenchant alertes et paniques dans tout le pays. Heureusement, tout s'est assez vite dissipé…

— Avant de quitter l'amphithéâtre, dit Anna Maria, je vais vous raconter une histoire qui s'est produite ici et qui a été aussi vécue par les Pompéiens comme un drame. On la connaît parce qu'elle a été racontée, et pas par n'importe qui, par Tacite lui-même, et aussi parce qu'il y a une peinture qui montre l'événement et qui est conservée au musée, à Naples. C'est à propos des combats de gladiateurs. Les combats du cirque attiraient une foule considérable, déchaînaient les passions les plus folles, un peu comme le football aujourd'hui. En 59, éclate une rixe dans l'arène entre les habitants de Pompéi et ceux de Nuceria, la ville voisine, Nocera à notre époque. On ne sait pas comment la bagarre a commencé. Les Nocériens étaient sans doute venus soutenir leur équipe. Tacite dit qu'il y a eu des injures d'abord, puis on a lancé des pierres, enfin on est allé chercher des armes. Les bagarres essaimèrent partout dans les environs de l'amphithéâtre. Ce fut sauvage. Tous les voyous de Pompéi s'y mirent. Et, bien sûr, les Nocériens, qui devaient être moins nombreux, eurent le dessous. On releva de nombreux morts et aussi beaucoup de blessés. Le Sénat romain ouvrit une enquête et jugea. Néron interdit Pompéi de jeux pour dix ans et fit exiler l'organisateur des combats et les principaux chefs des bagarres. Mais trois ans plus tard, après le tremblement de terre de 62, on a été pris de pitié pour la ville, on a autorisé à nouveau les jeux ici.

— Eh bien, dit Marina, je suis en retard d'au moins deux histoires sur vous !

Nous sommes redescendus de l'amphithéâtre, nous avons marché le long de la palestre puis jusqu'aux vergers bordant les remparts du sud. Le faisceau des torches saisit, ici ou là, des alignements d'arbres, des vignes. Nous parvenons au « jardin des fuyards », silhouettes qui surgissent brusquement, blêmes dans les maigres lumières comme une scène terrifiante de fin du monde. Impressionnant ! Les moulages couchés sur la terre au pied de la muraille infranchissable, figés dans leur terrible agonie.

— Des êtres humains qu'on pourrait toucher, peut-être réveiller de leur cauchemar... dit Marina. Qui ont vécu dans cette belle ville. Qui ont aimé. Et qui croyaient se sauver en s'enfuyant. Deux mille ans plus tard, ils sont toujours là, dans le même geste de fuite. Changeons de lieu. Ce coin risquerait de me donner le cafard.

Pendant quelques années, j'ai passé mes vacances d'été dans un village de la côte amalfitaine, une minuscule bourgade tout en terrasses et en escaliers, greffée sur la route côtière et coincée entre la montagne abrupte et les étroites plages de sable volcanique. Cette année-là, je m'en souviens assez bien parce que nous étions montés à Ravello pour un concert donné à la villa Rufolo et qu'il s'était produit un incident. On y donnait des œuvres de Wagner, en habituel hommage à celui qui fut le maître des lieux pendant plusieurs saisons, et aussi des pages de quelques compositeurs romantiques. Pendant l'ouverture du *Vaisseau fantôme*, un des violonistes avait été victime d'un curieux accident. Une de ses cordes avait cassé net et lui avait labouré la joue gauche. Il était sorti, le visage ruisselant de sang, et la suite du morceau avait été un peu perturbée par l'incident. À l'entracte on avait appris que ce n'était pas trop grave. Il devrait être facile de retrouver la date exacte en consultant les programmes de ces concerts que j'ai conservés quelque part dans un placard.

C'est, je crois, un ou deux jours plus tard que s'est produite l'histoire que je vais vous raconter. Le village était charmant mais j'aimais peu sa plage. Étroite, couverte d'un sable gris-jaune qui brûlait la plante des pieds de celui qui n'avait pas pris la précaution de chausser tongs ou espadrilles, et surtout d'une telle densité de baigneurs qu'il était difficile d'y séjourner tranquille. Je laissais d'ordinaire mes amis se baigner dans les premiers mètres du rivage et je partais loin, souvent à deux ou trois cents mètres du rivage, transgressant les interdits. Je ne suis pas très sportif mais, lorsque j'étais adolescent, je m'étais fait une certaine réputation en natation. Quelques championnats, quelques médailles, bref une certaine technique, et l'illusion que je pouvais maîtriser n'importe quelle situation dans l'eau.

Je ne m'arrêtais que lorsque j'apercevais, au-delà des petits caps de la côte, le campanile du dôme d'Amalfi vers l'ouest. Arrivé à bonne distance, je me mettais sur le dos, je faisais la planche et je rêvassais en regardant le ciel et les montagnes. Je pouvais passer là de longs moments. L'eau, claire, turquoise, était plus fraîche qu'au bord des plages et le silence paraissait divin. Cet après-midi, j'avais nagé assez loin et, un peu essoufflé, j'avais pris ma position favorite lorsque j'entendis une voix m'interpeller. Je tournai la tête vers le rivage. Quelqu'un s'approchait. C'était une femme. Elle avait noué sa chevelure brune au-dessus de la tête à l'aide d'une grosse pince. Elle sortit un bras de l'eau et fit un geste de salut.

— Attendez-moi !

Je n'avais pas l'intention de bouger et la laissai donc approcher. À son accent, j'avais reconnu une Italienne et j'étais intrigué : comment savait-elle que je parlais français ? Quand elle ne fut plus qu'à quelques mètres de moi, je vis qu'elle avait un beau visage long, le nez fin et pointu, des yeux immenses… Elle ressemblait à Silvana Mangano, une Mangano haletante.

— Ça va ? Vous vous sentez bien ? Pourquoi êtes-vous venue si loin ?

— Ça va aller, oui, je crois…

— Mettez-vous sur le dos, faites la planche, vous pourrez vous reposer…

— C'est que… je ne sais pas trop bien comment faire…

Elle s'est retournée, elle a essayé de se mettre sur le dos, mais elle se pliait en deux et commençait à couler comme tous ceux qui n'ont pas encore maîtrisé cette position.

— Attendez, je vais vous aider, allongez-vous…

Je plaçai une main sous ses reins nus et je la soulevai doucement.

— Sortez le ventre et la poitrine, cambrez-vous un peu et ça marchera tout seul…

Elle obéit. Je vis aussitôt que j'avais affaire à une femme d'une exceptionnelle beauté. Elle portait un maillot une pièce, très décolleté, et ce que le maillot moulait, seins et ventre, était affolant. Comme elle avait l'air angoissé, je décidai de faire un peu d'humour pour la détendre.

— Avec ce que vous avez comme appas, vous ne risquez pas de couler, rassurez-vous !

Elle sourit à peine. Elle essayait de trouver son équilibre sur le dos. Elle était un peu gênée. Pour se maintenir en surface, elle était obligée de faire saillir son pubis et ses seins et cette posture lui semblait peut-être trop provocante. À la différence de la Mangano dans *Riz amer*, elle avait les aisselles rasées de près. Au bout d'un moment, elle se sentit plus rassurée. Elle tourna son visage vers moi.

— C'est tout ce que vous savez dire à une femme ? Des appas, vous voulez dire des bouées ?

— Excusez-moi, c'était spontané. Je pense que vous ne rougirez pas si je vous dis que je vous trouve splendide, étonnante, miraculeuse... Je pourrais vous dire de façon plus poétique des choses comme « Aphrodite surgissant des eaux ». C'est le pays, non ?

Je lui montrai les montagnes en face de nous. Elle rit franchement, cette fois.

— Je ne suis pas une apparition. Ni une déesse mythologique. Je suis venue vous voir. Je vous ai suivi.

— Suivi ? Moi ?

— Oui, une fantaisie. Je vous ai vu au concert l'autre jour.

— Le concert sanglant ?

— Oui. Et aussi chez Masaniello.

— Masaniello ?

— Le restaurant, là, près de la plage.

— Ah, oui, je vois. Quand ?

— Presque tous les soirs. Vous y dînez avec vos amis, n'est-ce pas ?

— C'est bizarre. Je ne vous avais pas remarquée. Pourtant, même habillée, vous ne devez pas passer inaperçue !

— J'ai une table assez loin derrière vous...

— Et pourquoi cette poursuite ?

— Attendez, chaque chose en son temps. Vous êtes sûr que nous ne sommes pas trop loin ? On ne risque rien ?

— On risque toujours. Ici, vous avez au moins trois cents mètres de fond. La côte est très abrupte, paraît-il. Aussi abrupte que la montagne en face de nous. Mais ça n'a pas grande importance : on peut très bien se noyer dans un mètre d'eau.

— Je n'ai pas peur. Et vous croyez que les gens nous verraient si on avait un problème ?

— Sûrement pas. À cette distance, nous ne sommes que deux têtes d'épingles. Et même à la jumelle, nous sommes peu détectables. D'ailleurs les maîtres nageurs ne nous ont même pas vus, ni vous ni moi, franchir la limite de la baignade.

— Pourquoi cette limite ?

— Pour empêcher que les baigneurs aillent se faire découper en rondelles par les hélices de tous les engins diaboliques qui pétaradent aux alentours. Ça va, vous vous sentez bien ? Vous n'avez pas froid ? Pas de crampe ? Moi, je commence à être gelé. Il faut que je nage.

Je me suis éloigné d'elle. J'ai fait quelques brasses, quelques mouvements de crawl, un peu de papillon, un peu de dos crawlé, un grand cercle qui m'a ramené vers elle. J'étais perplexe. Elle m'intriguait.

— Vous êtes bon nageur.

— Je me défends. Mais c'est le seul sport que j'aie jamais pratiqué. Vous, ça va toujours ?

— Oui. Je vais nager un peu moi aussi pour ne pas me refroidir. Mais restez près de moi.

Je l'ai suivie pendant qu'elle faisait ses brasses. Elle nageait avec beaucoup d'aisance. J'ai pensé aussitôt qu'elle devait savoir faire la planche depuis son plus jeune âge et que toute la scène précédente n'avait été que comédie pour m'offrir quelques images surprenantes de son corps. Je la regardais évoluer à quelques mètres devant moi. Elle avait les fesses aussi splendides que les seins. Tout ça ne me disait pas pourquoi elle était venue. Elle s'est arrêtée.

— Et les requins ? Vous y pensez ?

— Oui, il y en a en Méditerranée. Une fois, des types de Positano en ont pêché pas loin d'ici. Mais, de mémoire d'homme, on n'a jamais vu de requins attaquer les humains

254

dans cette région. Il faudrait des circonstances exceptionnelles… Ne restez pas ainsi à pédaler à la verticale, vous allez vous fatiguer. Remettez-vous sur le dos.

— À vos ordres, monsieur le maître nageur !

— Comment se fait-il que vous parliez si bien français ?

— Mon mari est français. Mes trois enfants sont bilingues.

— Un mari, trois enfants ! Où sont-ils ?

— Là, sur la plage.

— Et ils ne s'inquiètent pas ?

— Ils me croient rentrée à la villa…

— Et alors ?

— Alors, voilà ! Ça fait plusieurs jours que je vous observe, ici, sur la plage, au concert, au restaurant. Et, je n'y peux rien, c'est comme ça. Je vous le dis tout cru. Prenez-le comme vous voudrez, je suis amoureuse ou, non, plus exactement, j'ai envie de vous !

J'étais interloqué. Oui, certes, cette femme était un cadeau incroyable, une Aphrodite, un présent des dieux de l'Olympe. Mais ici, en pleine mer, une telle déclaration …

— Je vous ai choqué ?

— Non, pas du tout. Heureusement, les femmes sont libres aujourd'hui. Non, pas de problème. Vous me plaisez beaucoup. J'ai même rarement rencontré une femme aussi… comment dire ?… aussi somptueuse que vous. Rentrons et retrouvons-nous quelque part. Ou bien, si c'est trop compliqué cet après-midi, venez chez moi ce soir…

— Vous n'avez pas compris. Je n'ai pas une minute de liberté. Mari, enfants, plage, repas et tout le reste. Ce sera ici ou pas du tout.

Elle flottait sur le dos, paisible et souriante.

— Ici ! Mais comment…

255

— Ah ça, mon cher, c'est vous l'homme !

Elle s'est contorsionnée un peu dans l'eau, baissant ses bretelles, elle a retiré d'un coup son maillot, elle a ôté sa pince à cheveux, l'a accrochée au maillot et m'a tendu le tout.

— Ne le perdez pas. Sinon, je ne pourrai plus sortir de l'eau.

Elle a continué à flotter sur le dos, les yeux fermés, sa longue chevelure noire se déployant autour de ses épaules avec lenteur. Je voyais ses deux seins ronds, dressés, étonnamment blancs, son pubis saillant, sa toison remuant doucement dans les vaguelettes. J'ai retiré mon maillot, je l'ai enfilé sur la bretelle du sien et j'ai noué soigneusement l'ensemble autour de ma cheville droite. Tous ces mouvements m'ont un peu essoufflé. Je me suis allongé sur le dos, contre elle. Elle a ri.

— Vous jouez à Tristan et Iseut ?

— Non, je reprends mon souffle.

— Mais est-ce que je vous fais vraiment envie ?

— Dans ma tête, oui. Mais pour le reste…

Elle s'est tournée vers moi et elle a plaqué son corps contre le mien. Cette femme, c'était un prodige : seins et ventre collés contre les miens, hanches et fesses dans mes mains, pendant un instant nous sommes restés ainsi, béats, à demi immergés. Ses cheveux flottant me chatouillaient les épaules. Je donnais des petits coups de pied de temps à autre pour nous maintenir à flot. Elle a senti mon envie, elle a ironisé.

— Vous voyez, maître nageur, que l'eau froide ne triomphe pas toujours. Le désir est plus fort que tout. Vous êtes sûr qu'on ne peut pas nous voir ?

— Si ! Il y a un vendeur ambulant qui vient exprès d'arriver d'Amalfi pour louer des jumelles et toute la plage est en train d'observer nos ébats ! Et six policiers nous attendent avec des menottes !

— Eh bien, tant pis.

Elle a écarté les jambes et ses mollets ont enserré les miens. Sa main a glissé le long de mes hanches, elle est descendue en hésitant jusqu'à mes cuisses puis elle est remontée, elle a passé lentement ses doigts sur mes couilles, s'est saisie de mon sexe en érection et l'a introduit prestement dans son vagin. Nous avons commencé à faire l'amour par petites ondulations souples et tranquilles. Pour ne pas jouir trop vite, je me mis à penser à des dauphins et à des baleines, oui, nous étions de vrais mammifères marins, accomplissant une sorte de rite sexuel au large de cette terre de tremblements de terre et d'éruptions volcaniques, isolés des foules de la Riviera, seuls sous un ciel bleu implacable, ou encore Aphrodite et Poséidon enlacés sur l'onde domptée, tout près des îles des Sirènes, rejouant une histoire immémoriale, l'eau fraîche ralentissait tout à merveille et je voyais bien que ma belle baigneuse, elle, était déjà en route vers l'éruption de son plaisir. Elle respirait fort et poussait de petits cris étonnés, ses seins ronds et durs pressés contre les miens, sa bouche cherchant la mienne, nos langues salées se retrouvant entre deux souffles, recrachant l'eau de mer, se reprenant, mes mains s'agrippant tantôt à ses hanches pleines, tantôt à la rondeur folle de ses fesses, nous nous enfoncions dans l'eau, elle s'en moquait, il fallait que je redresse l'équilibre de notre assemblage amphibie, que je veille du coin de l'œil afin que nous ne nous rapprochions pas trop de la plage, je buvais parfois un peu la tasse, et nous continuions ainsi, elle m'a repris soudain le sexe, l'a saisi, l'a serré très fort pour l'empêcher de s'amollir, s'en est servi comme d'un outil pour se labourer

257

la vulve et le clitoris, jouissant très fort maintenant, pronon-çant dans un souffle à mon oreille des mots italiens que je ne comprenais pas, peut-être des formules magiques ou des comptines, ou encore d'horribles obscénités, criant cette fois bien plus fort, s'enfonçant mon sexe d'un seul coup vif dans le vagin, laissant se succéder en cascade les saccades violen-tes de son ventre, et me chantant à nouveau dans l'oreille d'un souffle rauque de venir, venir, venir, venir plus vite, achever cette folie, jouir à mon tour, exploser en elle, dans sa caverne sous-marine affolée, exploser comme l'aurait fait un dieu antique, ce que je m'empressai de faire, saisi à mon tour par le spasme d'une brutale, longue et délicieuse éjaculation.

Nous avons flotté un long moment, toujours assemblés, brisés, cœurs palpitants, bouches soudées mêlant nos halei-nes courtes, ne sentant presque plus nos membres endoloris. Le soleil était déjà assez bas. Il fallait mettre un terme à cette aventure. Et je craignais qu'après tous ces efforts phy-siques l'un d'entre nous ne soit pris d'une crampe. Je chu-chotai à son oreille.

— Réveille-toi !

— Mais je ne dors pas. Je jouis de l'après. C'est aussi délicieux que le pendant... Sous une autre forme... Je n'avais jamais éprouvé un tel plaisir depuis au moins vingt ans ! Merci. Je t'aimerai toujours. Même si je ne te revois jamais.

— Je n'y suis pour rien. C'est toi seule qui as eu l'idée...

Je nageai un peu en m'écartant d'elle. Je portai la main à ma cheville. Stupeur. Les maillots avaient disparu !

— Les maillots sont partis !

— Non !

Je m'attendais à une explosion de colère. Elle s'est mise à rire.

— Il faut bien qu'on paye pour une pareille fête !

Je plongeai la tête sous l'eau, les yeux grands ouverts. Rien autour de nous. Le vide émeraude, les profondeurs troubles, vertes et noires, aucun objet dans un rayon d'une douzaine de mètres. Je ressortis la tête.

— Pas de trace. Je les avais pourtant bien attachés.

Elle flottait sur le dos. Elle souriait, elle était dans son nirvana. À la vue de ses deux seins ronds dressés sur l'eau, de son pubis aux algues noires flottantes, attirantes, de sa chevelure qui ondulait autour de son visage, j'ai eu à nouveau très envie d'elle. Mais j'étais taraudé par la question des maillots. Je regardai vers la plage. Toujours aussi noire de monde. Peut-être qu'en allant vers la pointe de la corniche, juste sous la rampe de la route qui cernait le petit village massif serré autour de son église, là où il y avait une espèce d'esplanade de rochers soudés par du béton et moins fréquentée que le sable, je pourrais tout en restant dans l'eau expliquer à quelqu'un prenant là son bain de soleil que j'avais perdu mon maillot, lui demander de me prêter une serviette de bain, sortir, aller retrouver mes amis sur la plage, en admettant qu'ils y soient encore, leur emprunter deux maillots, revenir à la nage vers elle et lui apporter la délivrance. Tout cela prendrait près d'une heure. Pourrait-elle rester tout ce temps à faire la planche, pas trop loin du bord mais assez cependant pour qu'on ne découvre pas sa nudité ? La plage était restée familiale. Aucune femme ne s'y baignait les seins nus comme sur tant d'autres plages de l'Italie du Nord et de l'Europe.

Je lui fis part de mes réflexions et des diverses hypothèses. Des bouées marquaient la limite de la zone de baignade.

Nous pourrions peut-être aller jusque-là. Elle resterait cramponnée à une bouée. Non, ce n'était pas possible. À une trentaine de mètres, ses enfants ou son mari pourraient la reconnaître. Ça ferait tout un drame. Elle ne saurait comment expliquer la perte de son maillot. Ni pourquoi elle se trouvait dans la mer alors qu'elle avait dit qu'elle rentrait à la villa.

— Je crois que la solution serviette de bain et maillot de rechange est la bonne. Nous n'avons pas le choix. Vas-y !

— Est-ce que tu vas tenir ainsi pendant une heure ? Je vais mourir de peur pendant tout ce temps…

— Avec la technique que tu m'as apprise…

— Ce ne sera pas suffisant. Si tu as une crampe et que tu es prise de panique…

— Une crampe ?

— Le mieux, c'est d'appeler à l'aide, dans ce cas. Tant pis pour la pudeur. Tu raconteras n'importe quoi !

— Ne t'en fais pas pour moi. Tout va très bien se passer.

— Repère-toi à l'aide des arcades de la route, au-dessus de la plage. Essaie de rester toujours entre la quatrième et la septième à partir de la droite. Et dans l'axe des bouées de la plage, là, à gauche. Nage de temps en temps si tu vois que tu as dérivé. On se retrouvera dans cet alignement.

Elle me fit un petit signe. Je l'ai quittée à regret. Je ne nageais pas vite. J'avais les jambes en coton. Je me retournai de temps en temps pour estimer la distance qui nous séparait. J'allais vers la pointe choisie, c'était sans doute la meilleure solution. J'ai avancé ainsi pendant un petit quart d'heure. J'étais maintenant à près de deux cents mètres de la femme. La corniche était, elle aussi, à au moins deux cents mètres encore. Je désespérais d'y arriver jamais. Seule légère consolation, un faible courant qui me poussait vers l'est. Je nageais comme un forcené. Ça durait, ça durait, ça n'en finirait jamais.

Soudain, une petite tache dans l'eau à une trentaine de mètres a attiré mon regard. Planche, poisson mort, paquet d'algues ? La curiosité m'a poussé à dévier un peu ma course. Et à mesure que je m'approchais, mon cœur s'est mis à battre ! C'était noir, ça flottait sous la surface en ondulant mollement. J'ai fait quelques mouvements de crawl au risque de m'épuiser davantage. Je suis parvenu à proximité de l'objet, j'ai mis la main dessus. C'était son maillot ! La pince à cheveux était toujours accrochée au tissu. Mais mon maillot, lui, s'était envolé. J'ai regardé aux alentours. Sans succès. Enfin, c'était déjà ça. Son honneur à elle était sauf. Pour moi, on verrait plus tard. J'ai fait demi-tour. D'abord je ne la vis pas. J'essayai de tenir compte du courant. À voir à quelle distance il avait entraîné ce maillot, il devait être beaucoup plus fort que je ne le pensais.

Au bout d'un bon moment, je finis par l'apercevoir. Elle était toujours sur le dos, elle semblait paisible. Je l'appelai. Étonnée, elle redressa la tête. Elle vint vers moi. Quand elle ne fut plus qu'à une dizaine de mètres, je brandis le maillot.

— Regarde ce que j'ai !

— Incroyable !

Nous nous sommes rejoints. Elle m'a serré dans ses bras. J'ai retrouvé d'un coup toutes ses rondeurs rassurantes. Elle me plaisait beaucoup. J'en oubliais tous les autres soucis.

— Ta pince à cheveux est restée ! Mais, mon maillot à moi, disparu…

— Mon pauvre petit, mon pauvre petit maître nageur !

Elle riait.

— Ça va. Nous allons revenir jusqu'aux bouées. Je te montrerai où sont mes amis. Tu iras les voir et tu leur diras de m'apporter un maillot de rechange à la bouée où je me serai accroché. Et voilà tout !

Elle avait rassemblé toute son abondante chevelure en une grosse torsade qu'elle serra dans sa pince. Pendant qu'elle levait ainsi les bras, je lui embrassai les aisselles.

— Viens contre moi avant que je ne me rhabille.

— Après tout ce que je viens de faire, je ne pourrais pas...

— Écoutez-moi ce sot ! Tu me prends pour une pieuvre. Moi aussi, je suis exténuée. Mon bel amant ! Mon amant inconnu et que je ne veux pas connaître. Je veux juste un petit câlin...

Nous nous sommes à nouveau enlacés. J'aimais la tenir dans mes bras, sentir la pression de ses fabuleux tétons contre moi. Nous étions glacés tous les deux. Même sous le climat presque tropical de la côte amalfitaine, il n'était pas évident de tenir deux ou trois heures dans l'eau. Il était temps de rentrer, de toute façon. Mais, malgré la fraîcheur, les vieux réflexes reviennent, jusque dans les circonstances les plus sauvages. Elle a senti que mon érection se réveillait, elle m'a pris le sexe, l'a caressé doucement sous l'eau.

— Écoute. Moi, je ne veux plus. J'ai eu une fête. C'était formidable. Ça ne pourra pas être mieux, quoi que nous faisons, pardon, fassions. Mais si tu veux, toi, tu peux le faire. Dans la position que tu voudras, comme tu voudras. Que veux-tu que je te fasse ?

— Rien. Je sais ce que je vais faire. Tourne-toi.

— Comme ça ?

— Oui. Nage un peu avec les bras, comme ça nous avancerons vers la plage.

Je lui ai écarté les jambes, j'étais derrière elle, je me suis glissé entre ses cuisses et je l'ai pénétrée sous l'eau. Je l'ai enlacée et mes mains sont venues prendre ses seins. Elle faisait quelques mouvements des bras. Elle riait. Nous avancions ainsi, comme deux grenouilles accouplées. La plage ne se rapprochait pas vite. J'étais à la fois glacé et brûlant, une bizarre sensation. Elle s'est mise à parler.

— Je voudrais que tu me baises comme les hommes le rêvent et le font en général. À toute vitesse. En trente secondes ou deux minutes, comme tu voudras. Ne cherche pas à me faire jouir. Je ne veux pas. Prends ton plaisir en égoïste. Fais comme si j'étais une simple putain. Ce sera ta récompense pour tous tes exploits…

— Mais…

— Ne discute pas. Il faut rentrer vers la plage. Tout a été fantastique. Bien plus que je ne me l'imaginais dans mon lit, la nuit après le concert, ou quand je t'ai vu au restaurant ou chaque fois que j'ai pensé à toi… Mais il faut finir. Se quitter.

Nous avancions toujours un peu, propulsés par ses brasses assez vigoureuses. Elle, au moins, avait récupéré. J'étais prêt à lui obéir. Ce n'était pas tellement son vagin qui maintenant m'intéressait. Mon plaisir, en effet, je pouvais, si je voulais, l'expédier en une minute. C'étaient ses seins, ses merveilleux seins auxquels mes mains étaient comme agrippées. Je les caressais, je les palpais, je les pinçais, je titillais leurs tétins, j'énervais leurs aréoles, je ne savais qu'en faire, j'aurais voulu avoir dix mains, je jouissais du bout des doigts et des paumes. Elle devait se sentir sur une pente dangereuse car elle n'était pas indifférente à ces caresses. Elle a agité son cul d'avant en arrière et l'a tortillé en cadence avec une science incroyable, et en quelques secondes elle m'a amené au bord de l'extase.

— Pas si vite !

263

— Mais si, mon petit chéri. Le soleil se couche ! Et nous avons tant de choses à faire encore !

Elle a remué un peu. J'ai voulu résister. Ce n'était pas possible. J'ai poussé un cri. La jouissance a été terrible, une explosion folle, presque un évanouissement. Le spasme a été si fort que j'ai lâché prise. Et j'ai vu alors, sous la surface de la mer verdâtre, cette image étrange, ses magnifiques fesses, ses cuisses ouvertes, mon sexe raide qui s'écartait d'elle lâchant sa semence par petits sursauts et cette espèce de filet laiteux qui suivait le mouvement, s'effilochant de son vagin rose vif encore entrouvert sous l'eau comme une belle anémone de mer jusqu'au gland gris-mauve, tuméfié, furieux, qui giclait en tremblant encore de sa frénésie finale. Elle s'est retournée. Elle m'a enlacé à nouveau et m'a embrassé si longtemps que nous en avons perdu le souffle tous les deux. J'avais de plus en plus de mal à me maintenir à la surface. J'étais épuisé. Même si j'avais dû mourir dans la seconde, je m'en moquais.

— *Wake up, baby !*

C'est elle qui, une fois de plus, prenait l'initiative. Il fallait y aller, en effet. Nous n'étions plus très loin de la plage. Nous devions nous séparer pour ne pas attirer l'attention. J'avais rarement joui avec une telle intensité. Les dieux marins ? La mer m'avait apporté un cadeau fantastique. Cette femme était une déesse. Et je savais que j'allais l'apercevoir pendant au moins deux semaines, car maintenant je la *verrai*, au restaurant chaque soir, aux derniers concerts de la saison, sur la plage peut-être, dans l'eau sûrement, mais que ce serait comme si nous ne nous connaissions pas, comme si nous n'existions pas, comme si rien ne s'était jamais produit, et ce serait un supplice atroce et délicieux à la fois. Un regard complice peut-être, à distance, au milieu du passage le plus romantique d'une symphonie de Beethoven ressassée depuis des dizaines d'années et qu'on n'écoute que par politesse et qui pourtant vous met les larmes aux yeux. Un geste sur la plage, par exemple lorsqu'elle tord ses cheveux pour les discipliner, ou lorsqu'elle passe un doigt de contrôle le long du balconnet de son maillot deux pièces (deux pièces cette fois, pas le noir, une tenue qu'elle ne remettra pas de la saison, pourquoi ?), pour s'assurer que le sein est bien prisonnier de son piège, ou le même mouvement du doigt pour s'assurer que le bas du bikini est bien tendu sur le pli de la fesse, et ces simples gestes que j'observe de loin me font presque tomber raide sur le sable toujours trop brûlant d'Atrani, aïe, j'ai prononcé le nom, tout le monde va se reconnaître, tant pis ! Ou lorsqu'elle se penchera vers l'un de ses enfants et qu'elle éclatera de rire, le même rire de gorge, oui, j'en suis sûr, qu'elle avait eu après avoir joui. Et, des jours plus tard, au moment le plus fou, le plus explosif, le plus tumultueux, de *Mort et transfiguration*, toujours à la villa Rufolo, et juste à l'instant où un oiseau de nuit dérangé par Richard Strauss passe en couinant, elle se retourne, elle a une sorte de sourire étrange, presque un rictus, mais elle ne s'adresse pas à moi en particulier, je crois, elle ne sait peut-être même pas que je suis là, huit rangs derrière (j'ai compté), et, à cet instant, j'ai une envie folle de me lever, d'aller la prendre par la main, de l'entraîner sur les terrasses, dehors, au clair de lune, de la déshabiller et de la baiser, là, d'une façon bestiale. Ou une fois, au restaurant, lorsqu'un de ses enfants est soudain malade, elle traverse toute la terrasse, passe devant notre table, elle a la main sur l'épaule de la petite fille, je vois ses doigts et je pense que ces mêmes doigts serraient mon sexe raide sous l'eau quelques jours plus tôt, oui, sous l'eau, les mêmes doigts…

Nous étions maintenant parvenus à l'une des bouées.

— Regarde, mes amis sont encore là. Le petit groupe à gauche du troisième parasol vert et jaune au bord de l'eau. Peut-être même sont-ils inquiets de ma disparition. Tu vas y aller. Tu vas leur dire que tu as rencontré un baigneur qui a perdu son maillot, moi, leur ami, et qu'ils m'en envoient un rapidement.

— D'accord. Mais tu ne leur raconteras rien. Et tu feras en sorte qu'ils ne me disent pas bonjour le matin…

— Bien, j'y veillerai. Mais nous pourrions devenir amis par hasard…

— Non !

— Je ne connais même pas ton prénom.

— Elena.

— Elena comme la Belle Hélène ?

— Oui. L'Hélène de Troie.

— Et ton nom de famille ?

— Écoute, tu en demandes trop ! Pas de nom !

— Mais si je voulais te revoir…

— Non, tu ne me reverras pas. Mais si, par extraordinaire, tu voulais me revoir, je peux te dire juste deux choses. Je suis avocate au barreau de Pérouse, Perugia, tu sais, entre Assise et le lac Trasimène. Et mon mari est professeur de latin…

— De latin ?

— Oui, ça t'étonne ?

— Non. C'est étrange.

— Pourquoi ?

— Peut-être parce que j'adore le latin et que…

266

— Si tu veux me retrouver un jour, ces deux informations te suffiront…

— La belle Hélène…

— Ma mère voulait m'appeler Hélène, mon père Barbara. La guerre de Troie ou les Barbares. C'est ma mère qui a gagné. Maintenant, j'y vais. Adieu, mon beau maître nageur…

Je restai cramponné à ma bouée. Elle avait abordé sur la plage, son mari et ses enfants étaient partis, ils avaient dû trouver la villa vide, ce n'était pas trop grave, il faudrait qu'elle trouve une histoire plausible à leur raconter. Elle avait contacté mes amis. Ils avaient un maillot dans un sac. Elle avait tenu à me le rapporter elle-même. Elle revint donc à la nage jusqu'à la frontière de la plage. J'enfilai le maillot. Il était assez étroit mais, pour sortir de l'eau, il suffirait. Il fallait que je prépare moi aussi une vague histoire pour mes amis. Mais ça, je savais très bien le faire.

— Cette fois, je pars pour de bon.

Elle a plongé et nagé très vite. J'étais si fatigué que je n'ai pas eu le courage de la suivre. J'ai attendu un peu, deux ou trois minutes peut-être, et je suis revenu à brasses lentes vers la plage. Mes amis étaient étonnés, ils ne m'ont posé aucune question. C'était presque l'heure d'aller au restaurant, à la taverne de Masaniello, comme d'habitude. Et il suffisait de commander un peu de vin et de bavarder une demi-heure pour patienter jusqu'à l'heure du dîner.

Nous sommes remontés vers la rue de l'Abondance, nous avons tourné à gauche, reprenant la direction du centre-ville. Nous titubons parfois sur les gros pavés. Mais Marina se rattrape et saute allègrement en riant comme une fille qui jouerait à la marelle. Anna Maria nous énumère les sites devant lesquels nous passons, la maison du Verger, la maison du prêtre Amandus, la maison du Laraire, la Fullonica. Après la maison du Cithariste, nous tournons à gauche et descendons jusqu'au temple d'Isis, cher à Nerval.

— Il n'y a plus grand-chose à voir, dit Anna Maria. Mais c'était le mieux conservé. Un très joli petit temple…

Nous montons les sept marches jusqu'à la plate-forme. Nous nous asseyons là et buvons le fond de notre dernière bouteille. Le champagne est maintenant un peu tiède, légèrement écœurant. Quelques fruits, des gâteaux secs, des olives, un drôle de mélange. Je regarde autour de moi ces murs écorchés, ces ruines qu'on a entièrement dépouillées de leurs ornements avant de les rassembler au musée. Chapiteaux, statues de Vénus ou de Dionysos, bustes, statuettes, stèles, trépieds, vases, candélabres, ex-voto, dizaines de tableaux ou de fresques, un miracle de couleurs. Bleu du ciel ou des mers, vert tendre des frondaisons, rose des chairs nues, jaune et mauve des voiles et des toges… Et l'ocre éclatant, jaune, paille, citron, or, et tous ces rouges des fonds, vermillon, carmin, brique, sang, orange, violet, coquelicot… Et au milieu, sous le portique, il y avait cette statue d'Isis, belle femme plus nue que nue car vêtue d'une tunique d'une finesse extraordinaire qui moule sa poitrine aux seins pleins, tendres, écartés, aux pointes charnues, enflées, lustrées par les doigts des visiteurs trop curieux ou amoureux, son nombril, son ventre légèrement bombé et son long pubis pointu. Ces gens aimaient les corps…

Mais Anna Maria nous entraîne déjà. Il reste un bel endroit, pas très loin, juste derrière. Nous contournons la palestre samnite, traversons le grand théâtre par le bas et suivons une galerie qui débouche par une arcade sur le petit théâtre. Le lieu est plus sympathique. Deux télamons de tuf aux extrémités des parapets. Dans le noir, ils prennent l'allure de deux gros ours bougons. Plongé ainsi dans la nuit, ce petit odéon ressemble à une vaste conque marine, resserrée, hospitalière, accueillante. Une vingtaine de gradins seulement. Nous laissons tomber nos vêtements et, miracle, assis à demi nus sur les larges pierres, nous découvrons qu'elles sont tièdes encore de la journée d'un soleil torride.

— Je me souviens d'une autre histoire, dit soudain Marina. Ça s'est passé il y a vingt ans ou même un peu plus. Le collectionneur…

— Collectionneur de quoi ?

— Attendez, vous allez voir. C'était un charmant vieux comte italien de la région de Milan. Très ancienne noblesse lombarde, hôtel particulier en ville, grand manoir au bord du lac de Côme, fortune appréciable. Je l'avais connu au cours d'un dîner chez mon éditeur italien…

269

— Ah, c'est vrai que tu as publié tes Mémoires !

— Oh, j'aimerais tant les lire ! C'est paru quand ?

— Eh bien, il y a au moins vingt ans ! Je préfère ne pas en parler. Je réglais quelques comptes, surtout avec mon premier mari. Ce n'est pas fameux. Pensez-vous, j'étais toute jeune et j'écrivais déjà mes Mémoires !

— Alors ?

— Le comte m'envoie des fleurs à mon hôtel, dès le lendemain. Puis il m'écrit, à Paris, à Londres. Il était tombé amoureux de moi. Il avait au moins soixante-quinze ans, j'en avais à peine trente-huit, je menais une vie mondaine, plutôt agitée. Pendant des mois, lettres, bouquets, il me téléphone, me presse, m'invite, je refuse prétextant un vague tournage. Finalement, il invite mon éditeur et sa femme à passer quelques jours au bord du lac. Dans ces conditions, j'accepte l'invitation. Dîners, soirées, rires. Tout ce beau monde est très cultivé, très joyeux, un peu snob, cela n'avait rien d'ennuyeux. Au cours d'une promenade en canot sur le lac, il se déclare, il me demande en mariage. Il savait tout de moi, il savait que j'étais libre. Je lui dis que je mène une vie beaucoup trop nomade, que je serais toujours partie au loin, que sa vie serait un enfer. Je n'évoque pas la différence d'âge, évidemment. Il me demande de réfléchir. Je lui dis « restons amis ». Un an plus tard, lors d'une rencontre à Milan, il revient à la charge. Je refuse poliment. Des mois passent encore. Je retourne un jour à la maison du lac avec mon éditeur et sa femme, c'était devenu une sorte d'habitude, au printemps. Je dois dire que le comte était un homme tout à fait charmant et que j'avais du plaisir à converser avec lui. Une après-midi, alors que nous nous promenions dans le parc, il me dit : « Je vais vous confier un secret… Venez ! » Et il m'entraîne au troisième étage de

270

son manoir, là où, sous les toits, se trouvait une vaste et vieille bibliothèque bourrée d'archives et de livres anciens. Dans la bibliothèque, une petite porte, toujours fermée à clé. Il sort une clé, me fait entrer. Une obscurité poussiéreuse. Il a refermé la porte derrière nous, il est allé tirer le rideau de la fenêtre. C'était un cagibi dont les murs étaient couverts de vitrines, enfin une sorte de bibliothèque mais de taille moyenne. Et, dans chaque case, quelque chose que tout d'abord je ne distinguai pas bien. En m'approchant, je pensais à des bouts de laine ou des mèches de cheveux. Chacune avait son étiquette, un nom, une date. J'ai compris d'un seul coup ! Des brunes, des blondes, des rousses, des blanchissantes même, mais ce n'étaient pas des cheveux. Toutes les femmes de sa vie ! C'était un gentil Barbe-Bleue. Il ne les avait pas tuées, bien sûr, il leur avait seulement demandé ou peut-être volé ce discret souvenir d'elles. Il en avait eu beaucoup, et c'est vrai qu'il avait eu jadis en Italie, dès les lendemains de la Première Guerre mondiale, la réputation d'un grand séducteur. Combien y en avait-il ? Il me dit un chiffre que j'ai oublié. Plusieurs centaines dans mon souvenir.

— Collectionneur de touffes !

— Oui ! Et, le pauvre, il avait des problèmes. Les mèches blanchissaient, surtout les plus anciennes, celles des années vingt, celles de sa jeunesse. Il avait consulté en vain des spécialistes de musées. Oui, c'est une question qui se pose pour les parures de chapeaux, les crinières de chevaux, les mèches de Napoléon ou autres. Mais l'histoire ne se termine pas là. Comme j'étais un peu abasourdie, contemplant cette si étrange collection, il me demanda une faveur, une faveur « divine », dit-il. Il savait qu'il n'y aurait jamais rien entre nous mais il aurait été infiniment touché, il en pleurerait d'émotion, il m'en vouerait une reconnaissance éternelle (je ne savais pas, étant donné son âge, ce qu'était l'éternité pour lui), si je voulais bien ajouter une mèche à sa collection. Évidemment, il écrirait sur l'étiquette qu'il ne s'était jamais rien passé entre nous et que c'était un pur don gracieux. J'étais tellement impressionnée, et tellement émue, que, sans réfléchir, j'ai baissé d'un seul coup mon pantalon et mon slip devant lui, sans aucune honte, et Dieu sait qu'il me regardait attentivement, j'ai saisi une grande paire de ciseaux posée là sur une table et j'ai coupé une boucle blonde, la plus large et la plus longue possible afin qu'elle soit la plus belle de sa collection, et je la lui ai tendue en lui disant qu'il n'avait pas besoin d'écrire quoi que ce soit car c'était comme si nous avions effectivement été amants. Je me suis sauvée dans ma chambre. Eh bien, mes amis, croyez-moi, je me suis rendu compte que cette histoire m'avait tellement excitée que j'en étais toute mouillée !

— Et qu'est-il devenu ?

— Il est mort quelques années plus tard. Je n'ai jamais su ce qu'était devenue sa collection… Sans doute brûlée par des héritiers horrifiés, comme d'habitude ! Si nous montions au sommet du théâtre, on doit avoir une belle vue. Vous avez remarqué comme la nuit est claire ? Ou bien, c'est nous qui nous sommes habitués ?

— Ou alors nous sommes comme Tibère qui voyait la nuit, dit-on. À la façon des chats. Je pense plutôt que le jour est proche.

Nous grimpons jusqu'au parapet de l'Odéon. On ne voit pas grand-chose, le maigre croissant de lune est en train de plonger derrière le Vésuve et la lumière des étoiles est vraiment trop faible.

— Oh, je commence à être fatiguée ! dit Anna Maria. Et elle s'allonge de tout son long sur le chemin de ronde.

— Tu sais que tu es belle ainsi alanguie ! dit Marina. Une magnifique odalisque !

Elle s'agenouille auprès d'elle et lui caresse une épaule. Anna Maria frissonne. Marina, du bout des doigts, lui effleure les seins, puis le ventre, et sa main vient se perdre entre les cuisses de notre amie. Anna Maria lève le bras et enserre la taille de Marina.

— C'est drôle, chuchote Marina, mais c'est la première fois de ma vie que je suis amoureuse d'une femme !

— Moi aussi, dit Anna Maria qui ferme les yeux et tremble.

— Tu as froid, ma chérie ?

— Mais non, c'est la deuxième fois que tu me demandes ça ce soir. Ce n'est pas la fraîcheur... Au contraire...

Marina s'est allongée auprès d'Anna Maria. Appuyé au parapet, je regarde vers le Vésuve dont je perçois la masse noire sur le ciel un peu plus clair. Je ne sais quelle heure il est, peut-être quatre heures, peut-être plus. Je ne sais pas non plus à quelle heure le jour se lève. Peu importe, *carpe diem*, comme dit l'autre, encore un poète romain, Horace. Cueille le jour, attrape-le, vole-le, arrache-le à la mort, goûte-le, croque-le, vis-le, jouis-en ou, mieux, jouis-le !

Étrange, mais, debout ainsi, parmi les dalles et les ruines solennelles, au moment où j'entends les souffles, les légers râles de mes amies, qui rivalisent dans l'affûtage de leurs sens, tout entières aux prises avec la montée de leur plaisir, je me remémore soudain ce vers de Nerval, toujours lui, mais ne sommes-nous pas dans un décor des *Chimères*, « *les soupirs de la sainte et les cris de la fée* ». Qui est la sainte, qui est la fée ? Qui soupire et qui crie ? Mais petits cris et soupirs de plaisir... J'ai toujours eu le don, depuis ma plus

273

tendre enfance, de transformer le noble, le sacré, le religieux, le sérieux, en soties, en citations déplacées, en contrepèteries, en obscénités. Je n'y peux rien. C'est ma nature, disons, pour simplifier. Et ça m'a toujours sauvé des effusions religieuses, des croyances bêtasses, des illusions de saison, des sectes à la mode, des gourous et autres dalaï-lamas. Et bien entendu aussi de la sacralisation du sexe. Toutes ces folies qui risquent de vous tomber dessus avant même que vous ne vous en aperceviez et de vous empoisonner la vie.

Donc, même si je participe ardemment à la scène, pour l'instant en voyeur légèrement fasciné, je me moque de moi-même comme du couple que forment ma sainte et ma fée, maintenant Marina, déchaînée, mange goulûment la vulve broussailleuse d'Anna Maria qui gémit, pleure, appelle doucement sa mère, « *Mamma... Mamma... !* », et moi je regarde, de plus en plus excité, et d'une certaine façon nous sommes tous les trois à la fois divins et ridicules, comme les dieux de l'Olympe d'ailleurs, et je pense à la scène saugrenue que découvriraient là les gardiens s'ils nous surprenaient. Au cœur d'un monument à ciel ouvert de Pompéi, trois personnages tout nus, dont deux d'un certain âge déjà (enfin l'homme a les cheveux assez blanchis, quant à la femme, elle ne fait pas son âge, mais elle se teint, c'est évident !), ayant sans doute détourné une toute jeune innocente, et de plus une employée des fouilles, et se livrant à des débauches bizarres, la plus âgée des deux femmes vite identifiée comme la célèbre, trop célèbre Marina W. en personne, pensez donc !, l'actrice britannique, l'ambassadrice de la culture, la présidente de la campagne pour la sauvegarde des grands lieux archéologiques du monde, houla !, quel scandale mondial ! *Che commedia ! Che storia ! Che vergogna !*

Plus tard, quand Anna Maria se relève, en larmes, dans la si faible lueur de la nuit d'été, je vois qu'elle a les fesses toutes marquées par le grain épais, bulleux, rugueux des marches de l'Odéon. La pierre a gravé une plaisante culotte d'Arlequin sur ses rondeurs. En y passant la paume, je sens comme une désagréable peau grumeleuse. Ma beauté napolitaine à la peau si douce est devenue une inquiétante Mélusine, une sirène à queue de carpe. Elle se retourne en riant. Larmes et rires à la fois.

— Pourquoi tu me touches là ?

— Passe ta main, tu verras !

— Hou ! C'est l'empreinte de Pompéi. La pierre est dure, je ne m'en suis pas aperçue. Mais, dis-moi, tu veux recommencer ?

— Non, dit Marina. Laisse-le-moi. Enfin !

Je m'assieds sur une des marches. Marina vient se placer face à moi, à califourchon, cuisses largement écartées, elle s'enfile délicatement sur mon sexe encore bien dressé, elle est tout inondée de sa séance avec Anna Maria, elle plaque sa bouche à la mienne et nous faisons l'amour ainsi, calmes, tranquilles. Anna Maria est venue se mettre à genoux derrière moi, sur la marche supérieure, elle colle son ventre et ses seins contre mon dos, décuplant mon excitation, elle m'embrasse le cou. Sur mes épaules les cheveux de l'une et de l'autre se mêlent. Nous bougeons doucement, une danse au rythme lent.

Anna Maria me chuchote à l'oreille.

— Dis-moi quand tu vas jouir. J'aimerais voir.

— Voir quoi ?

— Voir tes yeux !

Elle attrape une des torches, l'allume et filtre la lumière à travers ses doigts. Lumière rose, tout près de nos visages.

Marina enfouit le sien dans mon cou, elle chuchote à mon oreille.

— C'est délicieux. Je crois que je ne pourrai jamais m'arrêter ! Est-ce que tu vas venir bientôt ?

— Quand tu voudras, ma petite chérie.

— Alors, vas-y !

Mon plaisir déclenche celui de Marina. C'est un long spasme, brutal et voluptueux. Je la serre dans mes bras à l'écraser. Elle-même se tétanise et m'enserre dans ses longues cuisses. Anna Maria, plaquée contre nous, est heureuse elle aussi. Nous restons ainsi longtemps, enlacés. Plus tard, j'interroge Anna Maria.

— Si j'ai bien compris, c'était *Venus pendula*, non ?

— Oui.

— Et alors, ton spot, ça t'a appris quoi ?

— À l'instant fatidique, tes yeux se sont révulsés !

Plus tard, nous nous levons et, sur la dernière marche de l'odéon, nous dansons en nous donnant la main et en chantonnant « à la vie, à la mort ! ». Nous sommes assez saouls, nous avons bu les trois bouteilles de champagne, en plus de tout ce que nous avions absorbé auparavant. Nous sommes naïfs comme de jeunes enfants. Les seins de mes tendres amies sautent et se balancent en cadence à l'unisson de mon sexe. Nous sommes tous les trois de beaux mammifères, notre spectacle amusant nous remplit de joie. Nous sommes hilares, grotesques, nous nous aimons à la folie. Satyre et ménades…

— J'aime vos seins et vos chattes !

— Et nous, nous aimons ta bite et tes couilles…

Comment ne pas être heureux avec des partenaires si libres et si légères ? La débauche nous libère de toutes les pesanteurs sociales ou morales, elle nous vaccine contre le malheur. Et la rencontre est miraculeuse : Marina, plus libertine encore que la première fois où je l'ai rencontrée, et visiblement amoureuse de sa partenaire ; Anna Maria, c'est évident, devait s'ennuyer à mort dans sa chasteté volontaire et elle voit soudain son ventre se réveiller comme un Vésuve ; et moi, j'ai décidé une fois pour toutes, un jour, il y a longtemps, d'aller droit là où mon désir et ma liberté me portaient, flottant au pur hasard des rencontres. Et Vénus, la bonne déesse, m'a toujours royalement servi !

Long silence. Nous nous sommes assis sur le bord du gradin. Des oiseaux esquissent quelques trilles timides dans les chênes verts qui bordent le Forum triangulaire, au-delà du Grand Théâtre. Puis quelques roucoulements de tourterelles. Comme les filles se taisent, je reprends la parole.

— C'est drôle : on désire toujours rapporter dans la vie quotidienne les trésors qu'on a vus en rêve. Moi, les rêves ne me font pas rêver, mais la vie oui ! Vous êtes mes trésors !

— Ce qu'il y a de terrible, dit Marina, c'est que tous ces gens qui se sont aimés, ici ou là, n'ont laissé aucune trace de leurs sursauts amoureux…

— Si, les graffitis ! dit Anna Maria.

— Bon, d'autres histoires ? Tu avais parlé d'aventures de Tibère, tout à l'heure. Anna Maria ?

— Oui. Voilà, c'est toujours à Capri où il s'était installé au point d'abandonner souvent les affaires de Rome. Il avait organisé un lieu où des couples de filles et de garçons se débauchaient devant lui pour exciter ses sens. Il en avait placé aussi dans les grottes et les parcs, déguisés en sylvains et sommés de se montrer en activité dans toutes les postures possibles. On a dit aussi qu'il se faisait téter le sexe par des nourrissons non encore sevrés, ça paraît assez invraisemblable. Pour les historiens romains comme Suétone, le pire, c'est lorsqu'il allait au bain. Autour de lui, dans sa piscine, des petits enfants bien dressés devaient nager, jouer entre ses jambes, le titiller de la langue et des dents. Il les appelait ses « petits poissons »… À toi, Alain.

— Eh bien, mes petites poissonnes, puisqu'on évoque les débauches des empereurs, je connais un récit qui m'a toujours enchanté. C'est celui de Juvénal, dans ses *Satires*. Il évoque Messaline, *meretrix Augusta*, la « pute impériale » comme il la nomme. Elle, je l'aime beaucoup : on en dit tant de mal qu'elle en devient sympathique. C'est une vraie belle salope à la romaine ! D'ailleurs, il y avait une chanson sur elle dans nos cours de récréation, une chanson que j'ai même retrouvée à l'armée, mais qui, alors, connaissait l'histoire romaine ? Évidemment, avec son nom qui se termine en *ine*, un seul mot en français pouvait rimer, on en avait donc fait une suceuse de pines. Messaline avait été mariée à l'empereur Claude, très jeune, ce qui l'excuse d'avance car elle devait beaucoup s'ennuyer à la cour. Elle était aussi la mère d'Octavie et de Britannicus. Elle avait une réputation de débauchée. On s'ennuyait tellement nous-mêmes en pension qu'on achetait en douce les livres latins interdits et la meilleure façon de savourer les passages cochons, c'était de les apprendre par cœur pour les avoir toujours avec soi. Après, on cachait les livres qui nous étaient parfois confisqués. Et plus tard, lors de mon service militaire dans la marine, pendant les longues nuits de veille en mer, je me récitais ces vers jamais oubliés. Donc Juvénal raconte que Messaline, dès que son Claude est endormi, se déguise et sort en ville. *Sed nigrum flavo crinem…* enfin je vous le dis en français. Elle cache ses cheveux noirs sous une perruque blonde, elle entre dans le tiède lupanar aux vieux rideaux. Une cellule particulière lui est réservée. Et là, sous l'écriteau mensonger de Lysisca, les seins pris dans une résille d'or, comme la *Vénus au bikini* de ton musée, Anna Maria, elle prostitue sa nudité et offre ce ventre qui fut le tien, généreux Britannicus. Elle accueille n'importe qui avec des caresses et réclame le prix de sa passe. Et alors, mes chéries, à cet endroit se trouvait un vers que les savants, trop prudes, avaient carrément ôté du texte et relégué loin en note, mais que nous, petits malins, avions retrouvé : et renversée, couchée, elle absorbait les décharges de la multitude ! Les décharges de la multitude ! Avec le latin, on pouvait tout dire ! Lorsque le patron libérait enfin ses filles, elle se retirait à regret. Encore toute ardente du prurit de sa vulve en érection (ça c'était traduit par des périphrases du genre « encore toute ardente de ses sens vibrants »), et lassée de l'homme, mais non rassasiée, elle s'en allait. Et pour finir, deux vers splendides, parmi les plus beaux de la littérature latine : *obscurisque genis turpis fumoque lucernae / foeda lupanaris tulit ad pulvinar odorem,* « affreuse avec ses paupières noires souillées par la suie des lanternes, elle rapportait au pulvinar l'odeur fétide du lupanar ». Phrase hautement musicale. Aussi musical que du Virgile, que demander de plus ? Le génie, c'est d'avoir mis en balance *lupanar* et *pulvinar.* Le bordel et la couche de l'empereur ! Et puis *lassata viris necdum satiata,* « lassée de l'homme mais non rassasiée », une formule magnifique qui dit tellement bien ce que les classiques appelaient les fureurs utérines et l'impossibilité de venir à bout du désir féminin.

— Oh, tu exagères ! Toute femme n'est pas insatiable ! C'est une légende lancée par les religions et par les psychanalystes...

— Venez, dit Anna Maria, en se levant. Je vous emmène dans une charmante maison. C'est juste en face, à deux pas. Cette fois ce sera la dernière, je crois bien. C'est celle où il y a l'inscription sur les amants et le miel. Encore une très belle mais pas du tout obscène pour une fois : *Amantes, ut apes, vitam mellitam exigunt...* C'est pour cela qu'on a appelé le lieu maison des Amants. « Les amants, comme les abeilles, transforment la vie en miel. » Ou bien, autre interprétation, « butinent la vie douce comme le miel ».

— Bravo !

— Oui, mais un sceptique a écrit en dessous, on le sait parce que c'est d'une autre écriture : *Velle,* ce qui veut dire « On le souhaite » ou « Si seulement c'était vrai ! ».

— Nous sommes de vieilles abeilles et nous avons butiné la vie d'Anna Maria. Anna Maria, tu es une source de jouvence !

Nous reprenons la brassée de nos vêtements, les sacs, les chaussures, le panier et le gros trousseau de clés. Il n'y a que la rue à traverser. Pieds nus sur les dalles cendreuses. Anna Maria essaie plusieurs clés, finit par trouver la bonne, ouvre la grille et nous entrons dans une jolie maison, atrium, péristyle, colonnes blanches et noires. Au passage, Anna Maria éclaire de la torche la fameuse inscription sur l'un des cadres du portique mais nous nous arrêtons à peine, nous n'avons plus l'énergie du début de la soirée. Au milieu, un petit jardin où nous nous affalons aussitôt.

La pluie tombait depuis des heures, des jours peut-être, noyant tout, les montagnes, la ville, les rues, les quais, la baie, les îles sous un rideau trouble, gris bleuté, gris argenté, masse fluide s'écoulant sans cesse, cascade ou chute d'eau. Les immeubles du bord de mer surgissaient, fantomatiques, devenus aussi mous et liquides que leurs reflets sur les trottoirs gluants. Une seule musique, composée de dizaines de sons différents, gouttes sur les carrosseries des voitures, fouet cinglant des bourrasques sur les vitres, débordements des gouttières claquant sur l'asphalte, ruisseaux se rejoignant en gargouillant et se ruant vers les bouches d'égout, rivières dévalant les rues en pente, chuintement léger de l'averse sur la mer... Un écoulement permanent et harmonieux qui aurait sans doute été plus agréable à contempler de l'intérieur, dans la quiétude et la tiédeur d'une salle de café, par exemple. Mais, à cet endroit, nul café, nul être humain, et même aucun porche où s'abriter. La femme et l'homme, serrés l'un contre l'autre sous un parapluie noir mité, marchaient vite, sans trop regarder où ils mettaient les pieds, projetant à chaque pas des gerbes d'eau argentée.

— On ne peut pas continuer ainsi, dit la femme. Nous sommes trempés. Et complètement perdus !

— Mais non, c'est la bonne direction, tu vois bien, l'ouest est par là, la mer est à gauche. On finira donc par y arriver !

— Je ne sais pas comment tu peux te repérer. On ne voit pas à plus de dix mètres !

— Il faudrait pouvoir sortir la carte et regarder un peu où nous sommes…

Ils continuent sur les grandes avenues du bord de mer.

— Pourquoi Virgile ici ? demande la femme.

— Il a passé des années, pas mal d'années même, à Naples. Il s'est inspiré des paysages pour ses *Géorgiques*, et bien sûr des champs Phlégréens pour l'*Énéide*, pour toutes ces scènes où Énée débarque, visite la Sibylle à Cumes, descend aux Enfers par le lac d'Averne. Et puis, il avait acquis du terrain, un jardin et une villa…

— Mais il n'est pas mort ici…

— Non, il voyage en Grèce, il veut voir les paysages de son *Énéide* qu'il a commencée onze ans plus tôt et qui est déjà un poème de dix mille vers. Que ce soit en tablettes de cire ou en papyrus, ça devait représenter un sacré bagage ! Il fait un repérage, en quelque sorte. Il tombe malade à Mégare. Il revient en bateau. Il meurt à Brindisi…

— Quand ?

— En 19 avant notre ère, si je me souviens bien. Il a cinquante et un ans, ce qui est assez jeune. Il est incinéré, à la façon romaine, on rapporte ses cendres à Naples. Il aurait préparé lui-même en mourant son épitaphe, croit-on. Même si ce n'est pas lui qui l'a écrite, c'est joliment tourné : *Mantua me genuit, Calabri rapuere, tenet nunc / Parthenope ; cecini pascua, rura, duces.* Soit : « Mantoue m'a donné la vie, la Calabre me l'a ravie, Parthénope me garde désor-

mais ; j'ai chanté les pâtures, les campagnes, les héros. »
Mais *duces*, ça pourrait aussi vouloir dire les bergers, et ce
ne serait pas faux dans son cas.

— *Viva* ce *Duce*-là !

— Exact, les chefs sont aussi des bergers.

— Et alors ?

— Alors, on dit que Virgile aurait été enterré ici dans son
propre jardin et que ce tombeau au cours des siècles aurait
été l'objet d'un culte...

Ils traversent l'avenue du bord de mer, s'enfoncent dans
un boulevard qui part vers les hauteurs. La pluie toujours
aussi dense. Ils ont les pieds mouillés, les pantalons trempés
jusqu'aux genoux, lourds comme des tuyaux de plomb. Le
parapluie fuit par plusieurs trous, ils ont de l'eau dans le
cou, il fait frais. Soudain, il y a un porche un peu plus large.
Ils se mettent à l'abri. L'homme sort la carte de sa poche
intérieure. Elle est mouillée. Il la déplie avec précaution.
Peine perdue, elle se déchire. Il la retourne, la replie pour
avoir accès à la zone qui l'intéresse.

— Nous sommes pourtant très près, je ne comprends pas !

Il replie la carte et la replace dans sa poche intérieure.

— Tu es sûr que c'est par là ?

— À Naples, on n'est jamais sûr de rien. Mais d'après la
carte c'est par là, juste derrière l'église Santa Maria di Piedigrotta. Ça veut dire au pied de la grotte, et la grotte, c'est
le tunnel romain qui passait d'un bord à l'autre du Pausilippe et menait aux champs Phlégréens. Or le jardin et le
tombeau de Virgile étaient situés tout près de l'entrée de ce
tunnel. Allons-y !

Des rues en pente, toujours désertes, donnent dans cette
nouvelle avenue, l'eau y ruisselle comme autant de torrents
de montagne, rendant la marche parfois impossible. Ils

s'arrêtent, changent de chemin, enjambent les flots, traversent en courant les flaques. Nouvel arrêt sous un porche. Vestes, pantalons, cheveux dégoulinants.

— Tu es sûr que tu veux trouver ce tombeau ? demande la femme.

— Oui.

— Mais pourquoi aujourd'hui ? Demain il fera beau. Tout sera plus simple.

— Oui, et la pluie peut aussi durer des semaines et nous serons bien avancés.

— Mais pourquoi cette curiosité et cette obstination puisque tu sais que ce tombeau n'est sûrement pas celui de Virgile ?

— Mais, écoute, Pétrarque, Boccace, le marquis de Sade, Goethe, Chateaubriand, Nerval, et même Cendrars qui, tout jeune, a habité là. Tout le monde est venu. C'est un pèlerinage littéraire ! Pourquoi pas nous ? Et, en plus, j'ai vu sur le guide qu'on y aurait enterré Leopardi aussi, juste à côté de Virgile. Sauf que les cendres de Leopardi ont peut-être été ensuite ramenées chez lui à Recanati, en tout cas, on les a vite perdues de vue, si l'on peut dire !

— Tu vois : deux tombeaux douteux, ça fait un pèlerinage douteux !

Ils montent une rampe. Mais la rampe les éloigne de la falaise, visible à travers les rideaux de pluie, et donc du probable tunnel. Ils parviennent à une autre avenue, en surplomb. Maintenant ils ont à leurs pieds les toits des immeubles qu'ils longeaient une demi-heure auparavant. Des visages flous de femmes aux étages, blêmes derrière les vitres engluées par le déluge.

Ils partent dans la direction des murailles de pierre jaune couronnées d'arbres et de palissades.

— J'ai lu dans le guide, dit la femme, que ce mausolée qui devrait se trouver pas loin d'ici était en fait un grand columbarium romain avec plusieurs niches, donc les cendres de plusieurs défunts…

— Oui, j'ai lu ça aussi. Mais ce n'est pas l'authenticité du lieu qui est intéressante mais son… son… esprit.

— En attendant, l'esprit de ton Virgile fait tout ce qu'il peut pour nous empêcher de parvenir jusqu'à lui ! Et moi je suis trempée jusqu'aux os !

— Le poète appelle ça *imbriferum ver*, printemps pluvieux. Aujourd'hui, nous dirions plutôt printemps pourri. Bon, on marche encore dix minutes et, si on ne trouve rien, on rentre à l'hôtel.

Un abri encore. Ils s'arrêtent. La femme prend la carte, la déplie, l'observe attentivement.

— J'ai compris !

— Quoi donc ?

— Eh bien, tu vois. Sur la carte, un petit croquis montre une sorte de monument, mais il est dessiné un peu à l'écart, comme c'est souvent le cas. On a mal visé. Il faut aller directement derrière l'église. Et elle est là, pas loin de nous, regarde !

Ils repartent. Marchent encore cinq minutes. Traversent la place de l'église. Derrière, coincée entre l'abside et une voie ferrée bien fermée de grillages et de haies, une rampe s'élève en pente douce.

— *Salita della grotta !* Voilà, ça doit être par là !

Ils remontent le chemin transformé en torrent boueux. L'eau bouillonne à leurs pieds, faisant rouler des cailloux jaunes et noirs. À droite, la tranchée du train, à gauche, la muraille avec des cavités emplies de ferrailles, d'autres fermées par des portes de bois. Au bout d'une centaine de mètres, la montée bute contre la falaise. Aucune issue. Une vague clairière encombrée de vieilles voitures et d'autres ferrailles. En face, l'entrée d'un tunnel. Mais ce n'est pas la grotte, juste un tunnel ferroviaire, et, de toute façon, bien protégé par les grillages. Mouillés, imbibés. Leurs jeans pèsent maintenant des tonnes. Désespoir, mais désespoir joyeux. Une quête inutile, parfaitement inutile, et ridicule, mais pas question d'abandonner. Un train surgit de la pluie et plonge dans le tunnel avec un beuglement lamentable. Ils redescendent. Parvenus au bas de la rue, pris d'une impulsion subite, ils tournent à gauche et passent sous le large pont du chemin de fer. En face d'eux s'ouvre un tunnel, mais pas un tunnel romain, une voûte moderne, de béton, une sorte d'entrée d'autoroute, où s'engouffre tout un flot de voitures. Elles passent à vive allure, soulevant des gerbes qui éclaboussent le mince trottoir. Ils courent pour échapper aux douches d'eau sale.

Après le pont, le trottoir s'élargit. Et là, miracle, une haute grille ferme un bois touffu. Une plaque rouillée, d'apparence ancienne :

TOMBA DI VERGILIO
MAUSOLEO DI LEOPARDI

Aucune autre indication. La grille est fermée d'un cadenas massif. Pas de présence humaine. Derrière, une végétation folle.

— Nous ne sommes quand même pas venus jusqu'ici pour rien ! dit la femme. Allons-y ! À nous deux, Virgile ! Deux mille ans après !

Ils commencent à escalader la grille en s'aidant de morceaux de grillage déchirés qui la doublent. En un instant, ils sont de l'autre côté. De plus en plus trempés, mais, au point où ils en sont... Une allée monte vers la falaise. À une trentaine de mètres, une plaque de marbre a été posée sur le rocher. Ils la déchiffrent. C'est en latin. Ils comprennent qu'ils sont arrivés.

Longue sirène stridente, insupportable. À cinq mètres d'eux, un train jaillit comme un diable du tunnel et dans un grand grincement de freins vient s'arrêter à une centaine de mètres de là, le long des quais d'une gare.

— Ah ! je reconnais cette gare ! dit l'homme. Juste en dessous de l'auberge de jeunesse. Mergellina !

Le chemin continue à flanc de falaise. Il est obstrué par des ronces entremêlées avec les branches de lauriers, de chênes verts, de romarins géants, qui forment une jungle infranchissable. Ils lèvent les yeux. Au-dessus des fourrés, visibles à travers les jeunes feuillages du printemps, des escaliers, des plates-formes, des arches taillées dans le roc annonçant l'entrée de grottes, et une sorte de monument en pierre perché sur une saillie de la falaise de tuf.

— Eh bien, on l'a vu, dit l'homme.

Ils redescendent dans le paysage de pluie.

Le jour ne va pas tarder à poindre. Vers les montagnes de l'est, le ciel est déjà blanchâtre. Tout près, le Vésuve se teinte de son habituel gris cendreux. Les oiseaux sont de plus en plus excités. Marina s'est allongée sur une petite table basse, un plateau de marbre à pieds de lions, comme si ce n'était qu'un canapé bas et mou. Sa tête, qui dépasse de la pierre, tombe en arrière, dévoilant son long cou. Ses boucles tombent jusqu'aux pieds griffus. Elle a la main gauche sur la bouche, l'autre derrière les reins pour amortir la dureté de la pierre. Une odalisque de Matisse. Je suis émerveillé par la grâce de ses bras. Ainsi cambrée, jetée en arrière, ses seins menus semblent pointer hors de son buste comme s'ils voulaient s'en détacher ou s'offraient impérieusement à la caresse du premier venu. Comme s'ils voulaient jouer leur vie lascive indépendamment de leur maîtresse. J'ai envie de toucher, d'embrasser, de caresser la peau si blanche de ses seins, et aussi celle de son aisselle lisse, émouvante. Taille si fine, nombril parfait, ventre étroit saillant en une ondulation musicale, la main accentuant la forte cambrure des reins. Il faudrait la dessiner, la photographier, la sculpter, garder la trace de cet instant magnifique

288

où tout, lumière atténuée, forme serpentine, abandon, chair vivante sur le marbre dur, cascade de la chevelure, regard perdu, tout est grâce et désir.

Elle a les pieds posés sur le bord de la table, les cuisses écartées avec, au centre, sa touffe blonde, frisée, en bataille. Ses fesses, écrasées sur le marbre, débordent un peu de chaque côté. La lumière lointaine du levant passe au-dessus du mur décapité. Elle éclaire les genoux de Marina et une partie de ses cuisses. Anna Maria est assise sur la marche de l'impluvium, juste dans l'axe de la table. Et j'imagine que c'est la première fois qu'elle voit ainsi la vulve d'une femme. Une vraie femme, en chair et en os, plus en chair qu'en os d'ailleurs, en son temps considérée comme l'une des plus belles au monde. Mais à cette heure, après tant de péripéties, Anna Maria, coudes appuyés sur ses genoux levés, sexe offert elle aussi, ne s'étonne plus de rien. Nous sommes tous les trois comme des enfants, nous avons bien joué, nous sommes rassasiés, mais tout prêts à recommencer.

— Dites-moi, mes amies. Il va peut-être falloir songer à sortir d'ici avant qu'il fasse tout à fait jour. Sinon nous risquons d'attirer un peu trop l'attention...

— Quelle heure est-il ? demande Marina.

— Je ne sais pas, mais en cette saison le jour se lève vers six heures. On ne doit pas en être loin.

Anna Maria s'est levée, elle s'approche du muret sur lequel nous avons tout à l'heure posé nos vêtements. Lingeries, sacs et chaussures, elle distribue à chacun son bien. Les deux femmes mettent un temps fou à se chausser. Marina le fait debout comme la Vénus sortant du bain, s'appuyant sur le bord d'un mur et enfilant ses talons hauts sans regarder, perdant un peu l'équilibre à chaque mouvement. Anna Maria essaie de retrouver son savant laçage. Assise à terre, nue, les jambes ouvertes, penchée sur ses chevilles, elle est comme une nouvelle déesse pompéienne, délicieuse, un peu obscène. Marina enfile sa petite culotte noire en prenant soin de ne pas y accrocher ses talons hauts puis se glisse en se tortillant dans son fourreau, elle s'approche de moi et se tourne. Je lui remonte sa fermeture. Anna Maria se relève, titube un peu sur ses talons pointus et, le ventre toujours à l'air, marche de long en large en agrafant son soutien gorge. Puis elle remet sa minijupe, défroisse son boléro de dentelle, y glisse ses bras dodus. Mais, je m'en aperçois, elle ne remet pas son slip qu'elle range dans son sac. Elle va jusqu'à la limite de la villa et jette un coup d'œil à l'extérieur.

— Je vais reporter le trousseau de clés, le panier et les torches. Vous allez m'attendre dans la maison voisine qui n'a pas de grille. Je n'en ai pas pour plus de dix minutes. Ne bougez surtout pas !

— Mais tu reviendras ?

— Bien sûr !

Elle rit.

— Il faut que je rapporte ce trousseau à la conciergerie générale, derrière le Forum. Vous, restez là et ne vous montrez pas.

Elle nous conduit dans une maison dont les murs sont à demi écroulés. Au milieu, une petite pelouse. Je m'allonge. Marina vient à mon côté. À peine Anna Maria disparue, je m'endors. Sans doute Marina aussi. Nous nous réveillons. Anna Maria est là. Elle se moque de nous.

— Alors, les vieux ? Fatigués ?

— Pas du tout ! dit Marina qui se relève en titubant.

Un dernier regard à la maison des Amants juste à côté, puis nous repassons par le bas de l'odéon. Nous tournons à gauche et longeons le quadriportique des gladiateurs. Nous suivons Anna Maria. Sa jupette virevolte et découvre largement à chaque pas le haut de ses cuisses et le bas des fesses. J'ai une envie irrésistible de toucher son cul nu. Marina, qui m'observe tout en marchant à mon côté, en balançant à bout de bras sa mantille de dentelle, sourit et me fait des signes de dénégation. Pas vraiment le temps ! Ce qui m'étonne toujours, c'est le retour de la faim, du désir, même au fin fond de la fatigue la plus plombée. C'est déjà un petit jour gris terne. Le ciel couleur perle. En bas, tout près de la porte de Stabies, Anna Maria nous entraîne dans le jardin d'une maison aux murs élevés. Une percée dans un mur, un second jardin tout en longueur, nous nous retrouvons devant un grand appentis où les jardiniers et les hommes d'entretien ont rassemblé carrioles, brouettes, râteaux, pelles et autres instruments. Au fond de l'appentis, une petite porte. Anna Maria tourne la poignée, ouvre le battant, se penche pour jeter un coup d'œil à l'extérieur, nous fait signe de passer.

— Attention, on ne pourra plus revenir en arrière ! Rien oublié ?

Anna Maria referme la porte. De ce côté-ci, pas de poignée. Nous nous retrouvons sur un parking presque vide, celui réservé au personnel des fouilles et de l'administration. À l'entrée, sur la via Plinio, une barrière pour voitures et une guérite, vide à cette heure. Nous partons vers la droite et décidons de prendre un café. Le ciel s'est teinté de subtils tons pastel.

— Après le café, on ne va pas se quitter. On va aller chez moi, dit Marina. Il faudrait trouver un taxi.

— Il n'y a pas de taxi ici à cette heure, pourquoi ne pas prendre le train jusqu'à Sorrente ?

Je laisse les deux femmes s'installer à la terrasse d'un

café proche de la Porta Marina et je monte vers la gare. Les marchands de souvenirs, de boissons et de cartes postales commencent à disposer leurs étalages sur les trottoirs. Une nouvelle journée. Tout recommence comme dans un vertige. Comme tous les fêtards accablés, je me sens étranger, j'ai un peu la nausée. Je n'ai plus qu'une envie, me coucher, bien à l'abri, quelque part, n'importe où, et dormir. L'horloge de la gare : il est six heures moins dix. L'horaire est affiché sur un des murs. Le temps que nous prenions notre café, il y aura des trains. En revenant vers la terrasse, je vois qu'Anna Maria tient Marina tendrement enlacée et chuchote à son oreille.

Le reste de la journée n'a guère d'intérêt. Nous sommes rentrés à l'hôtel de Marina. Derrière son comptoir, le gardien de nuit nous a regardés. Nous devions former un curieux trio. Défaits, pâles, les yeux cernés, les ravages de la nuit nous marquaient terriblement. Mais c'est un palace et la cliente est une star, elle peut revenir dans n'importe quel état et avec qui elle veut, on ferme les yeux. Nous sommes montés chez Marina. Nous nous sommes en partie déshabillés, Marina et moi gardant nos slips, Anna Maria, je ne sais pourquoi, son boléro, et nous avons plongé dans les draps frais. Nous avons passé la journée vautrés, chacun dans son sommeil, dans ses réveils et ses somnolences de bête repue. J'ouvrais parfois les yeux, je retrouvais mes deux compagnes, nues, entortillées dans les draps, écrasées de fatigue, profondément endormies. Je replongeais. Un mouvement dans le lit, je m'éveillais. L'une d'elles s'était levée comme une somnambule, se dirigeait vers la salle de bains, revenait, sombrait à nouveau.

Chaque fois que j'étais éveillé ainsi, je me disais que je

devrais profiter de la situation, saisir une des femmes par la cheville, la forcer à s'allonger près de moi, et la reprendre. L'idée de ce jeu me plaisait mais, dans mon immense fatigue, je sombrais vite à nouveau dans la profondeur glauque des rêves. J'émergeais, je rêvais, je me sentais comme le vieux mâle dominant d'une espèce animale nouvelle, mi-oiseau mi-mammifère supérieur, guettant du coin de l'œil mes femelles soumises. Je repartais, j'étais cette fois comme un bébé, heureux dans mon berceau douillet, entre les bras tendres et caressants de deux mères. Puis un adolescent timide, bouleversé de vivre cette utopie magique de dormir avec deux filles. Puis, à demi éveillé, j'étais moi-même, mon moi d'aujourd'hui, celui de l'an 2000, et j'étais heureux d'entendre le bruit des corps, le souffle, le léger ronflement, les remous de leurs viscères, un grognement parfois, comme les pépiements d'oisillons dans un nid, tout me réjouissait, il était absolument fabuleux d'être en vie, d'être en vie au milieu d'autres vivants, et, plus que tout, plus que leur présence de chair, leurs odeurs me faisaient défaillir de joie, les odeurs très chaudes et un peu aigrelettes de leurs aisselles, les fragrances lourdes de leurs chevelures étalées dans les plis des draps, les restes délicats de leurs parfums évaporés et, surtout, la moiteur diabolique de leurs chairs intimes qui exhalaient vers mes narines énervées la trace de leurs émois nocturnes, Anna Maria, musquée, brûlante, napolitaine, Marina, plus suave, un peu florale, tiède, britannique, mais toutes deux laissant échapper comme des fleurs leurs senteurs les plus secrètes et traduisant par cet abandon la confiance, peut-être même l'amour... Je me rendormais.

Vers la fin de l'après-midi, Marina s'est levée pour prendre un bain. J'ai émergé à mon tour et je l'ai rejointe dans la salle de bains. Je suis repassé un instant dans la chambre. Il régnait une odeur chaude de ménagerie. Fabuleuse. Nous étions des fauves, nous nous étions maculés les uns les autres de nos puissants sucs de grands mammifères érotiques. Il aurait fallu vivre toujours dans cette délicieuse porcherie. Je suis revenu près de Marina. Nous avons joué un peu dans la baignoire. Nous nous sommes caressés et chatouillés, nous avons regardé flotter nos toisons comme des algues légères, nous avons effleuré nos sexes qui, dans l'eau, prenaient des allures de gentils mollusques mous, exotiques, un peu fripés, nous nous sommes donné sur la bouche des jolis petits baisers d'oiseaux, nous nous sommes savonnés l'un l'autre avec tendresse, savourant le plaisir de passer sur les épaules, sous les bras, entre les cuisses, le long des fesses, des hanches, du ventre, ah mes doigts savonneux dans le sillon de Marina ! Sans vrai désir sexuel, nous avions épuisé nos énergies, mais avec un réel plaisir d'enfance. Nous chuchotions pour ne pas réveiller Anna Maria. Avant de sortir, nous nous sommes regardés en train de faire pipi sous l'eau. J'ai laissé Marina à sa coiffure et à ses maquillages trop subtils. J'ai enfilé un des peignoirs de l'hôtel. J'ai sorti des glaçons que j'ai disposés dans un seau à champagne puis une des bouteilles du réfrigérateur. J'ai préparé un plateau avec trois coupes et j'ai porté le tout sur la terrasse.

Je suis revenu vers le lit parce qu'au passage j'avais aperçu un charmant spectacle. Anna Maria dormait encore, le pouce dans la bouche, un vrai poupon. Elle était en chien de fusil, seulement vêtue de son petit boléro noir, ses deux belles fesses rebondies exposées en pleine lumière, avec le creux sombre qui s'amorçait entre les cuisses, exactement comme mon Aphrodite callipyge, et qui donnait une irrésistible envie d'aller explorer encore une fois ce qu'il y avait au plus profond de ce creux noir. Vision assez délicieuse, digne du meilleur Boucher ou du meilleur Fragonard. J'ai pensé un instant faire à Anna Maria une nouvelle surprise. M'agenouiller au bord du lit, écarter simplement mon peignoir et la pénétrer doucement ainsi par-derrière (*Lente impelle* ! Mais la *pedicare* ou la *futuere* ?). Elle dormait en toute innocence.

Je suis allé m'étendre sur la terrasse. Il y avait trois grands lits de plage, tout était donc parfait. J'ai un peu somnolé. Marina m'a rejoint.

— La petite a décidément de très jolies fesses !

— Oui, et dans l'abandon de l'innocence, c'est encore plus beau. Tout à l'heure, j'ai eu envie de la prendre ainsi…

— Pourquoi ne l'as-tu pas fait ?

— Par pitié pour son sommeil !

— Dommage, j'aurais bien aimé ça : moi sortant de la salle de bains et tombant sur vous deux en train de faire l'amour…

— Tu n'en as pas eu assez cette nuit ?

— Non, pas tout à fait. D'abord, il faisait quand même assez sombre et de plus, quand on participe soi-même à la chose, on perd un peu la tête. J'aurais bien voulu, cette nuit, d'un coup de baguette magique, me sortir de notre aventure, m'asseoir sur une marche et regarder pendant un moment.

— Oui, mais tu as parlé de perdre la tête. Si nous n'avions pas tous les trois perdu un peu la tête, nous ne nous serions jamais amusés autant !

— Il n'empêche que j'aurais bien aimé tout voir…

— Ce soir, tout peut recommencer…

J'ai débouché la bouteille et j'ai servi deux coupes. Nous avons trinqué. Marina s'est allongée au soleil et a fermé les yeux. L'heure passe. Je somnole. Je dors. Plongeon dans des rêves doux mais confus. Des Marina, des Anna Maria, des Andrea. Autres, transformés. Pompéi, dieux d'un Olympe bizarre, beaux décors mais incertains, piscines bleues, petits poissons qui nous caressent les cuisses et le ventre, délices de l'innocence... Je me réveille. J'ai chaud. Nu dans mon peignoir souple et soyeux, je me sens à nouveau oiseau dans son nid. Le soleil a disparu. Les lumières de Naples brillent déjà. Sur le ciel turquoise, vers l'est, l'ombre noire du Vésuve se détache. À sa base, en bord de mer, le ruban de lumières clignotantes de Torre del Greco ou d'Herculanum. Vers Capri qu'on ne voit pas car l'île est cachée par les promontoires de Sorrente, le ciel est rouge et orangé. Du côté d'Ischia, la nuit est percée de petits éclats brefs et blancs : à des kilomètres de moi, les flashes des touristes qui se photographient sur les terrasses de Sant'Angelo ou sur les hauteurs de Barano.

Anna Maria arrive du fond de la suite. Elle est en peignoir blanc. Elle démêle ses cheveux à l'aide d'un grand peigne blanc. Elle regarde vers l'horizon marin. À quoi peut-elle donc bien songer à cet instant ? Moi, soudain, je pense à Nietzsche qui habitait villa Rubinacci, à deux kilomètres d'ici. Aujourd'hui, c'est l'*Istituto del Bambino Gesù*, l'institut de l'Enfant Jésus ! Il venait humblement rendre visite aux Wagner, installés dans le grand luxe, ici même à l'hôtel Vittoria. Et il écrira dans l'un de ses carnets : « La *métamorphose* ininterrompue — tu dois te glisser, en un court intervalle de temps, dans la peau d'un grand nombre d'individus. Le moyen en est la lutte *perpétuelle*. » Anna Maria s'allonge sur la troisième chaise longue. Un petit coup de vent tiède sur la terrasse. Son peignoir s'ouvre haut sur ses cuisses. On voit la touffe noire de son pubis. Indifférente, elle continue de démêler ses mèches. Tout va pouvoir recommencer. Je le sens. Nous avons cette extraordinaire suite d'hôtel, pour la suite justement, la suite de la soirée, la suite de la vie. Certes, demain ou après-demain, chacun va reprendre son chemin, rentrer dans sa vie comme dans sa coquille, on ne se reverra sans doute jamais. Mais pour l'instant, tout n'est pas fini. Dîner, musiques, étreintes, rires. L'éternel retour...

Il dit encore, ce visiteur de l'hôtel, qui était peut-être un soir assis précisément là où je suis assis moi-même, sur cette terrasse, face à la mer : « Apposons sur *notre* vie le sceau de l'éternité ! [...] Ne pas chercher à voir au loin une félicité, un *bienfait* et un *pardon* improbables, mais vivre de telle sorte que nous voulions vivre encore et vivre ainsi pour l'éternité ! »

— Endormie tout à l'heure, Anna Maria, tu avais une pose qui incitait à de nouveaux débordements. Tu offrais royalement ton intimité ! Ce monsieur-là a bien failli te violer !

— Dommage ! En attendant, j'ai très faim !

— Faim de quoi ?

— De nourritures, viandes, pâtes, n'importe quoi. Pour le reste, ça peut attendre, non ?

— On va commander à dîner, ici, sur la terrasse, dit Marina. Le risotto aux agrumes du chef, un prodige, vous verrez. Une salade de poulpe. Un peu de langouste. Et comme dessert, leur *delizia*, le meilleur de la région !

Je remplis leurs coupes. Nous buvons, nous rions. Nous regardons la mer qui passe peu à peu du lapis-lazuli à l'obsidienne. Au nord et à l'ouest, encore des lueurs roses dans le ciel. Et, sur la masse noire des îles, les éclats des flashes. Photos, centaines de photos, où vont-elles ensuite ? Quels albums, quelles cheminées, quels souvenirs figés au loin, loin de Naples et du Vésuve ? À quoi bon toutes ces images ?

Je donne toutes les images pour la chatte d'Anna Maria ou celle de Marina. Et je ne suis pas Courbet. Pour ces choses-là, les mots sont faibles à côté des coups de pinceau. Que voudriez-vous ramener de votre vie ? Pas des trésors en or, non, seulement les chattes de Marina et d'Anna Maria, si différentes l'une de l'autre et pourtant si belles, voluptueuses, sûrement savoureuses. Tiens, ce soir, il faudra que je les mange toutes les deux ! Quelques autres. Sur mon lit de mort, c'est ce qu'il me faudra en fin de compte me remémorer, ma *lumière noire* de Victor Hugo, ma *mehr Licht* de Goethe ! Mon *Origine du monde…* Mais qui entendra alors ces prénoms de femmes ?

Anna Maria chuchote à l'oreille de Marina. Elles rient. Décidément, notre nuit de Pompéi n'aura été qu'un perpétuel éclat de rire. Je ne dis rien. Je laisse passer leur moment de complicité. Je bois encore une gorgée de champagne. Les montagnes, la mer, les falaises. Étrange baie de Naples. Sorte d'immense caldeira que délimitent les îles, Procida, Ischia, Capri ou les caps, Misène, Sorrente, cratère titanesque en bordure duquel celui du Vésuve ne serait qu'une pustule insignifiante. D'ailleurs, certains disent que la prochaine éruption aurait lieu en mer, au centre même de la baie. Belle explosion ! Magma et mer mêlés ! Je pense à mes visites, à mes vacances, à mes escales, à mes rêves. Cette région m'avait très tôt fasciné. J'y ai vécu de curieuses aventures, rencontres, amours, découvertes. Comme si la terre volcanique, soufrée, aimantée, m'avait attiré pour m'initier aux secrets cachés dans les pierres et dans la terre depuis la plus lointaine Antiquité. Quinze ou vingt visites, des escales, des séjours longs, des séjours brefs, des promenades à n'en plus finir, des rêveries, des lectures, des rencontres, tout cela pour me préparer à cette nuit olympienne qui déjà s'enfuit dans le passé, s'embrume peu à peu dans ma mémoire. Le secret, l'éternité, n'est-ce pas tout simplement cette nuit que nous venons de vivre ?

Encore ces vers, parmi les plus beaux de la langue française : *Dans la nuit du tombeau, toi qui m'as consolé / Rends-moi le Pausilippe et la mer d'Italie / La* fleur *qui plaisait tant à mon cœur désolé, / Et la treille où le pampre à la rose s'allie.* À Naples, Nerval était entré en communion avec Virgile, il avait retrouvé le secret de la musique des mots. Et moi, je ne suis ni poète ni musicien, seulement chercheur de trésors. J'ai appris à fabriquer mes paradis. Les îles enchantées, les eaux bleues et tièdes, les grottes fraîches, les sources, les vergers, les vignes, les jardins fleuris, les villas, les viviers argentés, les terrasses, les belvédères, les escaliers, les promontoires, les ermitages, les ruines, les barques sur la baie, les eaux phosphorescentes des nuits d'été, les merveilleuses Napolitaines. Peut-être qu'un seul vers pouvait résumer tout cela à la fois, un vers comme *Et la treille où le pampre à la rose s'allie.* Ou bien *Rends-moi le Pausilippe et la mer d'Italie.* Et cette éternelle question, le paradis doit-il être toujours sous la menace d'un enfer ?

Anna Maria tout à l'heure a réveillé en moi le souvenir de mes lectures du marquis de Sade. Je me souviens du personnage de Juliette, de ses aventures napolitaines, de sa fascination du volcan. Et comment Clairwil et Juliette, après l'avoir torturée et joui d'elle, jettent dans le cratère du Vésuve Olympe Borghese, « douce, aimante, emportée par le plaisir, libertine par tempérament, pleine d'imagination ». Et de conclure : « Le crime était consommé, la nature était satisfaite… » Ce soir, on ne jettera personne dans le Vésuve mais, tous les trois, nous nous transformerons encore une fois en Vésuves. Tremblements, embrasements, éruptions, explosions, coulées...

Un ultime regard au volcan noir avant la fête. Sur le ciel encore clair, il se détache, placide mais massif, élégant mais toujours menaçant malgré les lumières paisibles qui s'étalent à ses pieds. Sentinelle, gardien des Enfers, il a vu se succéder Grecs, Étrusques et Romains, Espagnols et Français, Allemands et Américains. Et maintenant, avec le tourisme, cette nouvelle forme d'invasion, Chinois, Australiens, Japonais, Africains, Scandinaves, Polonais, Tchèques, Turcs, Arabes, Russes, Argentins, Brésiliens, Mexicains... Naples et son Vésuve, c'est Babel... Le volcan en a déjà vu beaucoup, il en verra d'autres. Et tous reviendront, tant ses flancs sont féconds et ses paysages paradisiaques. Il trône avec fierté au centre de la courbe marine. Un peu en retrait, observateur distant, ironique. Il est là, il veille sur la ville, sur le golfe, sur ses rades et sur ses îles fleuries, il lorgne sur l'horizon marin comme un dieu paternel, il apporte la fertilité, la terre noire et grasse d'où surgissent le vin et l'olive, la rose et le citron, et il a ses colères, celui que Leopardi, encore lui, nomme *sterminator*, l'exterminateur, il écrase alors comme des fourmis les humains tapis à ses pieds.

Et il continuera à déclencher dans le corps de ses visiteurs ces puissants spasmes de sang et de fièvre qui les pousseront à inventer, le jour comme la nuit, les plus sauvages étreintes. Des corps et des noms, des postures et des figures dont il ne restera, à tout jamais, rien. Rien, sauf quelques peintures, quelques images, quelques graffitis, quelques amulettes. Mais aussi la magie des récits emboîtés, ressassés, déployés à l'infini.

Composition Nord Compo.
Impression Bussière
à Saint-Amand (Cher),
le 4 septembre 2008.
Dépôt légal : septembre 2008.
Numéro d'imprimeur : 082716/4.
ISBN 978-2-07-012293-6./Imprimé en France

161395